Bibliothèque des Histoires

MICHEL FOUCAULT

HISTOIRE
DE LA SEXUALITÉ

2

L'USAGE
DES PLAISIRS

GALLIMARD

INTRODUCTION

1

MODIFICATIONS

Cette série de recherches paraît plus tard que je n'avais prévu et sous une tout autre forme.

Voici pourquoi. Elles ne devaient être ni une histoire des comportements ni une histoire des représentations. Mais une histoire de la « sexualité » : les guillemets ont leur importance. Mon propos n'était pas de reconstituer une histoire des conduites et pratiques sexuelles, selon leurs formes successives, leur évolution, et leur diffusion. Ce n'était pas non plus mon intention d'analyser les idées (scientifiques, religieuses ou philosophiques) à travers lesquelles on s'est représenté ces comportements. Je voulais d'abord m'arrêter devant cette notion, si quotidienne, si récente de « sexualité » : prendre recul par rapport à elle, contourner son évidence familière, analyser le contexte théorique et pratique auquel elle est associée. Le terme même de « sexualité » est apparu tardivement, au début du XIXe siècle. C'est un fait qui ne doit être ni sous-estimé ni sur-interprété. Il signale autre chose qu'un remaniement de vocabulaire ; mais il ne marque évidemment pas l'émergence soudaine de ce à quoi il se rapporte. L'usage du mot s'est établi en relation avec d'autres phénomènes : le développement de domaines de connaissances diverses (couvrant aussi bien les mécanismes biologiques de la reproduction que les variantes individuelles ou sociales du comportement) ; la mise en place d'un ensemble de règles et de normes, en partie traditionnelles, en partie nouvelles, qui prennent appui sur des institutions religieuses, judiciaires, pédagogiques, médicales ; des changements aussi dans la façon dont les individus sont amenés à prêter sens et valeur à leur conduite, à leurs devoirs, à leurs plaisirs, à leurs sentiments et sensations, à leurs rêves. Il s'agissait en somme de voir comment, dans les sociétés occidentales modernes, une « expérience » s'était constituée, telle que les individus ont eu à se reconnaître comme sujets d'une « sexualité », qui ouvre sur des domaines de connaissance très divers et qui s'articule sur un système de règles et de contraintes. Le projet était donc d'une histoire de la sexualité comme expérience, — si on entend par expérience la corrélation, dans une culture, entre domaines de savoir, types de normativité et formes de subjectivité.

Parler ainsi de la sexualité impliquait qu'on s'affranchisse d'un schéma de pensée qui était alors assez courant : faire de la sexualité un invariant, et supposer que, si elle prend, dans ses manifestations, des formes historiquement singulières, c'est par l'effet des mécanismes divers de répression, auxquels, en toute société, elle se trouve exposée ; ce qui revient à mettre hors champ historique le désir et le sujet du désir, et à demander à la forme générale de l'interdit de rendre compte de ce qu'il peut y avoir d'historique dans la sexualité. Mais le refus de cette hypothèse n'était pas suffisant à lui seul. Parler de la « sexualité » comme d'une expérience historiquement singulière supposait aussi qu'on puisse disposer d'instruments susceptibles d'analyser, dans leur caractère propre et dans leurs corrélations, les trois axes qui la constituent : la formation des savoirs qui se réfèrent à elle, les systèmes de pouvoir qui en règlent la pratique et les formes dans lesquelles les individus peuvent et doivent se reconnaître comme sujets de cette sexualité. Or sur les deux premiers points, le travail que j'avais entrepris antérieurement — soit à propos de la médecine et de la psychiatrie, soit à propos du pouvoir punitif et des pratiques disciplinaires — m'avait donné les outils dont j'avais besoin ; l'analyse des pratiques discursives permettait de suivre la formation des savoirs en échappant au dilemme de la science et de l'idéologie ; l'analyse des relations de pouvoir et de leurs technologies permettait de les envisager comme des stratégies ouvertes, en échappant à l'alternative d'un pouvoir conçu comme domination ou dénoncé comme simulacre.

En revanche, l'étude des modes selon lesquels les individus sont amenés à se reconnaître comme sujets sexuels me faisait beaucoup plus de difficultés. La notion de désir ou celle de sujet désirant constituait alors sinon une théorie, du moins un thème théorique généralement accepté. Cette acceptation même était étrange : c'est ce thème en effet qu'on retrouvait, selon certaines variantes, au cœur même de la théorie classique de la sexualité, mais aussi bien dans les conceptions qui cherchaient à s'en déprendre ; c'était lui aussi qui semblait avoir été hérité, au XIXᵉ et au XXᵉ siècle, d'une longue tradition chrétienne. L'expérience de la sexualité peut bien se distinguer, comme une figure historique singulière, de l'expérience chrétienne de la « chair » : elles semblent dominées toutes deux par le principe de l'« homme de désir ». En tout cas, il semblait difficile d'analyser la formation et le développement de l'expérience de la sexualité à partir du XVIIIᵉ siècle, sans faire, à propos du désir et du sujet désirant, un travail historique et critique. Sans entreprendre, donc, une « généalogie ». Par là, je ne veux pas dire faire une histoire des conceptions successives du désir, de la concupiscence ou de la *libido*, mais analyser les pratiques par lesquelles les individus ont été amenés à porter attention à eux-mêmes, à se déchiffrer, à se reconnaître et à s'avouer comme sujets de désir, faisant jouer entre eux-mêmes et eux-mêmes un certain rapport qui leur permet de découvrir dans le désir la vérité de leur être, qu'il soit naturel ou déchu. Bref, l'idée était, dans cette généalogie, de chercher comment les individus ont été amenés à exercer sur eux-mêmes, et sur les autres, une herméneutique du désir dont leur comportement sexuel a bien été sans doute l'occasion, mais n'a certainement pas été le domaine exclusif. En somme, pour comprendre comment l'individu moderne pouvait faire l'expérience de lui-même comme sujet d'une « sexualité », il était indispensable de dégager auparavant la façon dont, pendant des siècles, l'homme occidental avait été amené à se reconnaître comme sujet de désir.

Un déplacement théorique m'avait paru nécessaire pour analyser ce qui était souvent désigné comme le progrès des connaissances : il m'avait conduit à m'interroger sur les formes de pratiques discursives qui articulaient le savoir. Il avait fallu aussi un déplacement théorique pour analyser ce qu'on décrit souvent comme les manifestations du « pouvoir » : il m'avait conduit à m'interroger plutôt sur les relations multiples, les stratégies ouvertes et les techniques rationnelles qui articulent l'exercice des pouvoirs. Il apparaissait qu'il fallait entreprendre maintenant un troisième déplacement, pour analyser ce qui est désigné comme « le sujet » ; il convenait de chercher quelles sont les formes et les modalités du rapport à soi par lesquelles l'individu se constitue et se reconnaît comme sujet. Après l'étude des jeux de vérité les uns par rapport aux autres — sur l'exemple d'un certain nombre de sciences empiriques au XVIIe et au XVIIIe siècle — puis celle des jeux de vérité par rapport aux relations de pouvoir, sur l'exemple des pratiques punitives, un autre travail semblait s'imposer : étudier les jeux de vérité dans le rapport de soi à soi et la constitution de soi-même comme sujet, en prenant pour domaine de référence et champ d'investigation ce qu'on pourrait appeler l'« histoire de l'homme de désir ».

Mais il était clair qu'entreprendre cette généalogie m'entraînait très loin de mon projet primitif. Je devais choisir : ou bien maintenir le plan établi, en l'accompagnant d'un rapide examen historique de ce thème du désir. Ou bien réorganiser toute l'étude autour de la lente formation, pendant l'Antiquité, d'une herméneutique de soi. C'est pour ce dernier parti que j'ai opté, en réfléchissant qu'après tout, ce à quoi je suis tenu — ce à quoi j'ai voulu me tenir depuis bien des années — c'est une entreprise pour dégager quelques-uns des éléments qui pourraient servir à une histoire de la vérité. Une histoire qui ne serait pas celle de ce qu'il peut y avoir de vrai dans les connaissances ; mais une analyse des « jeux de vérité », des jeux du vrai et du faux à travers lesquels l'être se constitue historiquement comme expérience, c'est-à-dire comme pouvant et devant être pensé. À travers quels jeux de vérité l'homme se donne-t-il à penser son être propre quand il se perçoit comme fou, quand il se regarde comme malade, quand il se réfléchit comme être vivant, parlant et travaillant, quand il se juge et se punit à titre de criminel ? À travers quels jeux de vérité l'être humain s'est-il reconnu comme homme de désir ? Il m'a semblé qu'en posant ainsi cette question et en essayant de l'élaborer à propos d'une période aussi éloignée de mes horizons autrefois familiers, j'abandonnais sans doute le plan envisagé, mais je serrais de plus près l'interrogation que depuis longtemps je m'efforce de poser. Dût cette approche me demander quelques années de travail supplémentaires. Certes, à ce long détour, il y avait des risques ; mais j'avais un motif et il m'a semblé avoir trouvé à cette recherche un certain bénéfice théorique.

Les risques ? C'était de retarder et de bouleverser le programme de publication que j'avais prévu. Je suis reconnaissant à ceux qui ont suivi les trajets et les détours de mon travail — je pense aux auditeurs du Collège de France — et à ceux qui ont eu la patience d'en attendre le terme, — Pierre Nora au premier chef. Quant à ceux pour qui se donner du mal, commencer et recommencer, essayer, se tromper, tout reprendre de fond en comble, et trouver encore le moyen d'hésiter de pas en pas, quant à ceux pour qui, en somme, travailler en se tenant dans la réserve et l'inquiétude vaut démission, eh bien nous ne sommes pas, c'est manifeste, de la même planète.

Le danger était aussi d'aborder des documents de moi trop mal connus[1]. Je risquais de les plier, sans trop m'en rendre compte, à des formes d'analyse ou à des modes de

---

1. Je ne suis ni helléniste ni latiniste. Mais il m'a semblé qu'à la condition d'y mettre assez de soin, de patience, de modestie et d'attention, il était possible d'acquérir, avec les textes de l'Antiquité grecque et romaine, une familiarité suffisante : je veux dire une familiarité qui permette, selon une pratique sans doute constitutive de la philosophie occidentale, d'interroger à la fois la différence qui nous tient à distance d'une pensée où nous reconnaissons l'origine de la nôtre et la proximité qui demeure en dépit de cet éloignement que nous creusons sans cesse.

questionnement qui, venus d'ailleurs, ne leur convenaient guère ; les ouvrages de P. Brown, ceux de P. Hadot, et à plusieurs reprises leurs conversations et leurs avis m'ont été d'un grand secours. Je risquais aussi, à l'inverse, de perdre, dans l'effort pour me familiariser avec les textes anciens, le fil des questions que je voulais poser ; H. Dreyfus et P. Rabinow à Berkeley m'ont permis, par leurs réflexions, leurs questions, et grâce à leur exigence, un travail de reformulation théorique et méthodologique. F. Wahl m'a donné des conseils précieux.

P. Veyne m'a constamment aidé, au cours de ces années. Il sait ce que c'est que rechercher, en véritable historien, le vrai ; mais il connaît aussi le labyrinthe dans lequel on entre dès qu'on veut faire l'histoire des jeux du vrai et du faux ; il est de ceux, assez rares aujourd'hui, qui acceptent d'affronter le danger que porte avec elle, pour toute pensée, la question de l'histoire de la vérité. Son influence sur ces pages serait difficile à circonscrire.

Quant au motif qui m'a poussé, il était fort simple. Aux yeux de certains, j'espère qu'il pourrait par lui-même suffire. C'est la curiosité, — la seule espèce de curiosité, en tout cas, qui vaille la peine d'être pratiquée avec un peu d'obstination : non pas celle qui cherche à s'assimiler ce qu'il convient de connaître, mais celle qui permet de se déprendre de soi-même. Que vaudrait l'acharnement du savoir s'il ne devait assurer que l'acquisition des connaissances, et non pas, d'une certaine façon et autant que faire se peut, l'égarement de celui qui connaît ? Il y a des moments dans la vie où la question de savoir si on peut penser autrement qu'on ne pense et percevoir autrement qu'on ne voit est indispensable pour continuer à regarder ou à réfléchir. On me dira peut-être que ces jeux avec soi-même n'ont qu'à rester en coulisses ; et qu'ils font, au mieux, partie de ces travaux de préparation qui s'effacent d'eux-mêmes lorsqu'ils ont pris leurs effets. Mais qu'est-ce donc que la philosophie aujourd'hui — je veux dire l'activité philosophique — si elle n'est pas le travail critique de la pensée sur elle-même ? Et si elle ne consiste pas, au lieu de légitimer ce qu'on sait déjà, à entreprendre de savoir comment et jusqu'où il serait possible de penser autrement ? Il y a toujours quelque chose de dérisoire dans le discours philosophique lorsqu'il veut, de l'extérieur, faire la loi aux autres, leur dire où est leur vérité, et comment la trouver, ou lorsqu'il se fait fort d'instruire leur procès en positivité naïve ; mais c'est son droit d'explorer ce qui, dans sa propre pensée, peut être changé par l'exercice qu'il fait d'un savoir qui lui est étranger. L'« essai » — qu'il faut entendre comme épreuve modificatrice de soi-même dans le jeu de la vérité et non comme appropriation simplificatrice d'autrui à des fins de communication — est le corps vivant de la philosophie, si du moins celle-ci est encore maintenant ce qu'elle était autrefois, c'est-à-dire une « ascèse », un exercice de soi, dans la pensée.

Les études qui suivent, comme d'autres que j'avais entreprises auparavant, sont des études d'« histoire » par le domaine dont elles traitent et les références qu'elles prennent ; mais ce ne sont pas des travaux d'« historien ». Ce qui ne veut pas dire qu'elles résument ou synthétisent le travail qui aurait été fait par d'autres ; elles sont — si on veut bien les envisager du point de vue de leur « pragmatique » — le protocole d'un exercice qui a été long, tâtonnant, et qui a eu besoin souvent de se reprendre et de se corriger. C'était un exercice philosophique : son enjeu était de savoir dans quelle mesure le travail de penser sa propre histoire peut affranchir la pensée de ce qu'elle pense silencieusement et lui permettre de penser autrement.

Ai-je eu raison de prendre ces risques ? Ce n'est pas à moi de le dire. Je sais seulement qu'en déplaçant ainsi le thème et les repères chronologiques de mon étude j'ai trouvé un certain bénéfice théorique ; il m'a été possible de procéder à deux généralisations qui m'ont permis à la fois de la situer sur un horizon plus large et de mieux préciser sa méthode et son objet.

En remontant ainsi de l'époque moderne, à travers le christianisme, jusqu'à l'Antiquité, il m'a semblé qu'on ne pouvait éviter de poser une question à la fois très simple et très générale : pourquoi le comportement sexuel, pourquoi les activités et les plaisirs qui en relèvent, font-ils l'objet d'une préoccupation morale ? Pourquoi ce souci éthique, qui, au moins à certains moments, dans certaines sociétés ou dans certains groupes, paraît plus important que l'attention morale qu'on porte à d'autres domaines pourtant essentiels dans la vie individuelle ou collective, comme les conduites alimentaires ou l'accomplissement des devoirs civiques ? Je sais bien qu'une réponse vient tout de suite à l'esprit : c'est qu'ils sont l'objet d'interdits fondamentaux dont la transgression est considérée comme une faute grave. Mais c'est donner là comme solution la question elle-même ; et surtout c'est méconnaître que le souci éthique concernant la conduite sexuelle n'est pas toujours, dans son intensité ou dans ses formes, en relation directe avec le système des interdits ; il arrive souvent que la préoccupation morale soit forte là où, précisément, il n'y a ni obligation ni prohibition. Bref, l'interdit est une chose, la problématisation morale en est une autre. Il m'a donc semblé que la question qui devait servir de fil directeur était celle-ci : comment, pourquoi et sous quelle forme l'activité sexuelle a-t-elle été constituée comme domaine moral ? Pourquoi ce souci éthique si insistant, quoique variable dans ses formes et dans son intensité ? Pourquoi cette « problématisation » ? Et, après tout, c'est bien cela la tâche d'une histoire de la pensée, par opposition à l'histoire des comportements ou des représentations : définir les conditions dans lesquelles l'être humain « problématise » ce qu'il est, ce qu'il fait et le monde dans lequel il vit.

Mais en posant cette question très générale, et en la posant à la culture grecque et gréco-latine, il m'est apparu que cette problématisation était liée à un ensemble de pratiques qui ont eu certainement une importance considérable dans nos sociétés : c'est ce qu'on pourrait appeler les « arts de l'existence ». Par là il faut entendre des pratiques réfléchies et volontaires par lesquelles les hommes, non seulement se fixent des règles de conduite, mais cherchent à se transformer eux-mêmes, à se modifier dans leur être singulier, et à faire de leur vie une œuvre qui porte certaines valeurs esthétiques et réponde à certains critères de style. Ces « arts d'existence », ces « techniques de soi » ont sans doute perdu une certaine part de leur importance et de leur autonomie, lorsqu'ils ont été intégrés, avec le christianisme, dans l'exercice d'un pouvoir pastoral, puis plus tard dans des pratiques de type éducatif, médical, ou psychologique. Il n'en demeure pas moins qu'il y aurait sans doute à faire ou à reprendre la longue histoire de ces esthétiques de l'existence et de ces technologies de soi. Il y a longtemps maintenant que Burckhardt a souligné leur importance à l'époque de la Renaissance ; mais leur survie, leur histoire et leur développement ne s'arrêtent pas là[1]. En tout cas, il m'a semblé que l'étude de la problématisation du comportement sexuel dans l'Antiquité pouvait être considérée comme un chapitre — un des premiers chapitres — de cette histoire générale des « techniques de soi ».

Telle est l'ironie de ces efforts qu'on fait pour changer sa façon de voir, pour modifier l'horizon de ce qu'on connaît et pour tenter de s'écarter un peu. Ont-ils effectivement conduit à penser autrement ? Peut-être ont-ils permis tout au plus de penser autrement ce qu'on pensait déjà et d'apercevoir ce qu'on a fait selon un angle différent et sous une lumière plus nette. On croyait s'éloigner et on se trouve à la verticale de soi-même. Le voyage rajeunit les choses, et il vieillit le rapport à soi. Il me semble mieux apercevoir maintenant de quelle façon, un peu à l'aveugle, et par fragments successifs et différents, je m'y étais pris dans cette entreprise d'une histoire de la vérité : analyser non les comportements ni les idées, non les sociétés ni leurs « idéologies », mais les *problématisations* à travers lesquelles l'être se donne comme pouvant et devant être pensé et les *pratiques* à partir desquelles elles se forment. La dimension archéologique de l'analyse permet d'analyser les formes mêmes de la problématisation ; sa dimension généalogique,

---

1. Il serait inexact de croire que depuis Burckhardt, l'étude de ces arts et de cette esthétique de l'existence a été complètement négligée. Qu'on songe à l'étude de Benjamin sur Baudelaire. On peut aussi trouver une analyse intéressante dans le récent livre de S. GREENBLATT, *Renaissance Self-fashioning*, 1980.

leur formation à partir des pratiques et de leurs modifications. Problématisation de la folie et de la maladie à partir de pratiques sociales et médicales, définissant un certain profil de « normalisation » ; problématisation de la vie, du langage et du travail dans des pratiques discursives obéissant à certaines règles « épistémiques » ; problématisation du crime et du comportement criminel à partir de certaines pratiques punitives obéissant à un modèle « disciplinaire ». Et maintenant, je voudrais montrer comment dans l'Antiquité, l'activité et les plaisirs sexuels ont été problématisés à travers des pratiques de soi, faisant jouer les critères d'une « esthétique de l'existence ».

Voilà donc les raisons pour lesquelles j'ai recentré toute mon étude sur la généalogie de l'homme de désir, depuis l'Antiquité classique jusqu'aux premiers siècles du christianisme. J'ai suivi une distribution chronologique simple : un premier volume, *L'Usage des plaisirs*, est consacré à la manière dont l'activité sexuelle a été problématisée par les philosophes et les médecins, dans la culture grecque classique, au IVe siècle avant J.-C ; *Le Souci de soi* est consacré à cette problématisation dans les textes grecs et latins des deux premiers siècles de notre ère ; enfin *Les Aveux de la chair* traitent de la formation de la doctrine et de la pastorale de la chair. Quant aux documents que j'utiliserai, ils seront pour la plupart des textes « prescriptifs » ; par là, je veux dire des textes qui, quelle que soit leur forme (discours, dialogue, traité, recueil de préceptes, lettres, etc.), ont pour objet principal de proposer des règles de conduite. Je ne m'adresserai que pour y trouver des éclaircissements aux textes théoriques sur la doctrine du plaisir ou des passions. Le domaine que j'analyserai est constitué par des textes qui prétendent donner des règles, des avis, des conseils pour se comporter comme il faut : textes « pratiques », qui sont eux-mêmes objets de « pratique » dans la mesure où ils étaient faits pour être lus, appris, médités, utilisés, mis à l'épreuve et où ils visaient à constituer finalement l'armature de la conduite quotidienne. Ces textes avaient pour rôle d'être des opérateurs qui permettaient aux individus de s'interroger sur leur propre conduite, de veiller sur elle, de la former et de se façonner soi-même comme sujet éthique ; ils relèvent en somme d'une fonction « étho-poétique », pour transposer un mot qui se trouve dans Plutarque.

Mais puisque cette analyse de l'homme de désir se trouve au point de croisement d'une archéologie des problématisations et d'une généalogie des pratiques de soi, je voudrais m'arrêter, avant de commencer, sur ces deux notions : justifier les formes de « problématisation » que j'ai retenues, indiquer ce qu'on peut entendre par « pratiques de soi » et expliquer par quels paradoxes et difficultés j'ai été amené à substituer à une histoire des systèmes de morale, qui serait faite à partir des interdits, une histoire des problématisations éthiques faite à partir des pratiques de soi.

2

LES FORMES DE PROBLÉMATISATION

Supposons qu'on accepte un instant des catégories aussi générales que celles de « paganisme », de « christianisme », de « morale » et de « morale sexuelle ». Supposons qu'on demande sur quels points la « morale sexuelle du christianisme » s'est opposée le plus nettement à la « morale sexuelle du paganisme ancien » : prohibition de l'inceste, domination masculine, assujettissement de la femme ? Ce ne sont pas ces réponses, sans doute, qui seraient données : on connaît l'étendue et la constance de ces phénomènes sous leurs formes variées. Plus vraisemblablement, on proposerait d'autres points de différenciation. La valeur de l'acte sexuel lui-même : le christianisme l'aurait associé au mal, au péché, à la chute, à la mort, alors que l'Antiquité l'aurait doté de significations positives. La délimitation du partenaire légitime : le christianisme, à la différence de ce qui se passait dans les sociétés grecques ou romaines, ne l'aurait accepté que dans le mariage monogamique et, à l'intérieur de cette conjugalité, lui aurait imposé le principe d'une finalité exclusivement procréatrice. La disqualification des relations entre individus de même sexe : le christianisme les aurait exclues rigoureusement tandis que la Grèce les aurait exaltées — et Rome, acceptées — au moins entre hommes. À ces trois points d'opposition majeurs, on pourrait ajouter la haute valeur morale et spirituelle que le christianisme, à la différence de la morale païenne, aurait prêtée à l'abstinence rigoureuse, à la chasteté permanente et à la virginité.

En somme, sur tous ces points qui ont été considérés pendant si longtemps comme si importants — nature de l'acte sexuel, fidélité monogamique, rapports homosexuels, chasteté —, il semble que les Anciens aient été plutôt indifférents, et que rien de tout cela n'ait sollicité beaucoup de leur attention ni constitué pour eux des problèmes très aigus.

Or ce n'est guère exact ; et il serait facile de le montrer. On pourrait l'établir en faisant valoir les emprunts directs et les continuités très étroites qu'on peut constater entre les premières doctrines chrétiennes et la philosophie morale de l'Antiquité : le premier grand texte chrétien consacré à la pratique sexuelle dans la vie de mariage — c'est le chapitre X du livre II du *Pédagogue* de Clément d'Alexandrie — prend appui sur un certain nombre de références scripturaires, mais également sur un ensemble de principes et de préceptes directement empruntés à la philosophie païenne. On y voit déjà une certaine association de l'activité sexuelle et du mal, la règle d'une monogamie procréatrice, la condamnation des rapports de même sexe, l'exaltation de la continence. Ce n'est pas tout : sur échelle historique bien plus longue, on pourrait suivre la permanence de thèmes, d'inquiétudes et d'exigences qui ont sans doute marqué l'éthique chrétienne et la morale des sociétés européennes modernes, mais qui étaient déjà clairement présentes au cœur de la pensée grecque ou gréco-romaine. En voici plusieurs témoignages : l'expression d'une peur, un modèle de comportement, l'image d'une attitude disqualifiée, un exemple d'abstinence.

1. *Une peur.*

Les jeunes gens atteints d'une perte de semence « portent dans toute l'habitude du corps l'empreinte de la caducité et de la vieillesse ; ils deviennent lâches, sans force, engourdis, stupides, affaissés, voûtés, incapables de rien, avec le teint pâle, blanc, efféminé, sans appétit, sans chaleur, les membres pesants, les jambes gourdes, d'une faiblesse extrême, en un mot presque totalement perdus. Cette maladie est même,

chez plusieurs, un acheminement à la paralysie ; comment
en effet la puissance nerveuse ne serait-elle pas atteinte, la
nature étant affaiblie dans le principe régénératif et dans la
source même de la vie ? » Cette maladie « honteuse en elle-
même » est « dangereuse en ce qu'elle conduit au marasme,
nuisible à la société en ce qu'elle s'oppose à la propagation
de l'espèce ; parce qu'elle est sous tous les rapports la source
d'une infinité de maux, elle exige de prompts secours[1] ».

Dans ce texte on reconnaît facilement les hantises qui ont
été entretenues par la médecine et la pédagogie depuis le
XVIIIᵉ siècle autour de la pure dépense sexuelle — celle qui
n'a ni fécondité ni partenaire ; l'épuisement progressif de
l'organisme, la mort de l'individu, la destruction de sa race
et finalement le dommage porté à toute l'humanité, ont été
régulièrement, au fil d'une littérature bavarde, promis à qui
abuserait de son sexe. Ces peurs sollicitées semblent avoir
constitué la relève « naturaliste » et scientifique, dans la
pensée médicale du XIXᵉ siècle, d'une tradition chrétienne
qui assignait le plaisir au domaine de la mort et du mal.

Or cette description est, en fait, une traduction — une
traduction libre, dans le style de l'époque — d'un texte écrit
par un médecin grec, Arétée, au premier siècle de notre ère.
Et de cette crainte de l'acte sexuel, susceptible, s'il est déré-
glé, de produire sur la vie de l'individu les effets les plus
nocifs, on trouverait bien des témoignages à la même époque : Soranus, par exemple, considérait que l'activité
sexuelle était, en tout état de cause, moins favorable à la
santé que l'abstention pure et simple et la virginité. Plus
anciennement encore, la médecine avait donné des conseils
pressants de prudence et d'économie dans l'usage des plaisirs sexuels : éviter leur usage intempestif, tenir compte des

---

1. ARÉTÉE, *Des signes et de la cure des maladies chroniques*, II, 5. Le traducteur français, L. Renaud (1834), commente ainsi ce passage (p. 163) : « La gonorrhée dont il est
question ici diffère essentiellement de la maladie qui porte ce nom aujourd'hui, et qu'on
appelle avec plus de raison blennorragie... La gonorrhée simple ou vraie, dont parle ici
Arétée, est caractérisée par un écoulement involontaire et hors du coït de l'humeur
spermatique et mêlée d'humeur prostatique. Cette maladie honteuse est souvent excitée
par la masturbation et en est une suite. » La traduction modifie un peu le sens du texte
grec qu'on peut trouver dans le *Corpus Medicorum Graecorum*.

conditions dans lesquelles on les pratique, redouter leur violence propre et les erreurs de régime. Ne s'y prêter, disent même certains, que « si on veut se nuire à soi-même ». Peur fort ancienne par conséquent.

2. *Un schéma de comportement.*

On sait comment François de Sales exhortait à la vertu conjugale ; aux gens mariés il tendait un miroir naturel en leur proposant le modèle de l'éléphant et des belles mœurs dont il faisait preuve avec son épouse. Ce « n'est qu'une grosse bête, mais la plus digne qui vive sur la terre, et qui a le plus de sens... Il ne change jamais de femelle et aime tendrement celle qu'il a choisie, avec laquelle néanmoins il ne parie que de trois ans en trois ans, et cela pour cinq jours seulement et si secrètement que jamais il n'est vu en cet acte ; mais il est bien vu pourtant le sixième jour auquel, avant toute chose, il va droit à la rivière en laquelle il se lave tout le corps, sans vouloir aucunement retourner au troupeau qu'il ne soit auparavant purifié. Ne sont-ce pas là belles et honnêtes humeurs[1] ? » Or ce texte lui-même est une variation sur un thème qui a été transmis par une longue tradition (à travers Aldrovandi, Gessner, Vincent de Beauvais et le fameux *Physiologus*) ; on en trouve déjà la formulation chez Pline, que l'*Introduction à la vie dévote* suit d'assez près : « C'est par pudeur que les éléphants ne s'accouplent que dans le secret... La femelle ne se laisse couvrir que tous les deux ans, et, dit-on, pendant cinq jours de chaque année, pas davantage ; le sixième, ils se baignent dans la rivière et ne rejoignent leur troupe qu'après le bain. Ils ne connaissent pas l'adultère[2]... » Certes, Pline ne prétendait pas proposer un schéma aussi explicitement didactique que François de Sales ; il se référait cependant à un modèle de conduite visiblement valorisé. Ce n'est pas que la fidélité réciproque des deux conjoints ait été un impératif générale-

---

1. François de Sales, *Introduction à la vie dévote*, III, 39.
2. Pline, *Histoire naturelle*, VIII, 5, 13.

ment reçu et accepté chez les Grecs et les Romains. Mais c'était un enseignement donné avec insistance dans certains courants philosophiques comme le stoïcisme tardif ; c'était aussi un comportement qui était apprécié comme une manifestation de vertu, de fermeté d'âme et de maîtrise de soi. On pouvait louer Caton le Jeune qui, à l'âge où il décida de se marier, n'avait eu encore de relation avec aucune femme, et mieux encore Lælius qui « dans sa longue vie n'approcha qu'une femme, la première et la seule qu'il eût épousée[1] ». On peut remonter plus loin encore dans la définition de ce modèle de conjugalité réciproque et fidèle. Nicoclès, dans le discours que lui prête Isocrate, montre toute l'importance morale et politique qu'il accorde au fait de « n'avoir depuis son mariage jamais eu de relation sexuelle avec personne d'autre qu'avec sa femme[2] ». Et dans sa cité idéale, Aristote veut que soit considérée comme « action déshonorante » (et cela d'une « manière absolue et sans exception ») la relation du mari avec une autre femme ou celle de l'épouse avec un autre homme[3]. La « fidélité » sexuelle du mari à l'égard de son épouse légitime n'était requise ni par les lois ni par les coutumes ; ce n'en était pas moins pourtant une question qu'on posait et une forme d'austérité à laquelle certains moralistes attachaient un grand prix.

3. *Une image.*

Il y a dans les textes du XIXe siècle un portrait type de l'homosexuel ou de l'inverti : ses gestes, sa tenue, la manière dont il s'attife, sa coquetterie, mais aussi la forme et les expressions de son visage, son anatomie, la morphologie féminine de tout son corps font régulièrement partie de cette description disqualificatrice ; celle-ci se réfère à la fois au thème d'une inversion des rôles sexuels et au principe d'un

---

1. Plutarque, *Vie de Caton*, VII.
2. Isocrate, *Nicoclès*, 36.
3. Aristote, *Politique*, VII, 16, 1 335 b.

stigmate naturel de cette offense à la nature ; on croirait, disait-on, que « la nature elle-même s'est rendue complice du mensonge sexuel[1] ». Il y aurait sans doute à faire la longue histoire de cette image (à laquelle des comportements effectifs ont pu correspondre, par un jeu complexe d'inductions et de défis). On lirait, dans l'intensité si vivement négative de ce stéréotype, la difficulté séculaire, dans nos sociétés, à intégrer ces deux phénomènes, d'ailleurs différents, que sont l'interversion des rôles sexuels et la relation entre individus de même sexe. Or cette image, avec l'aura répulsive qui l'entoure, a parcouru les siècles ; elle était déjà fort nettement dessinée dans la littérature gréco-romaine de l'époque impériale. On la rencontre dans le portrait de l'*Effeminatus* tracé par l'auteur d'une *Physiognomonis* anonyme du IVe siècle ; dans la description des prêtres d'Atargatis dont Apulée se moque dans les *Métamorphoses*[2] ; dans la symbolisation que Dion de Pruse propose du *daimōn* de l'intempérance, au cours de l'une de ses conférences sur la monarchie[3] ; dans l'évocation fugitive des petits rhéteurs parfumés et frisés qu'Épictète interpelle dans le fond de sa classe et auxquels il demande s'ils sont hommes ou femmes[4]. On pourrait la voir aussi dans le portrait de la jeunesse décadente, telle que Sénèque le Rhéteur la perçoit avec grande répugnance autour de lui : « La passion malsaine de chanter et de danser remplit l'âme de nos efféminés ; s'onduler les cheveux, rendre sa voix assez ténue pour égaler la caresse des voix féminines, rivaliser avec les femmes pour la mollesse des attitudes, s'étudier à des recherches très obscènes, voilà l'idéal de nos adolescents... Amollis et énervés dès leur naissance, ils le restent volontiers, toujours prêts à attaquer la pudeur des autres et ne s'occupant pas de la leur[5]. » Mais le portrait, avec ses traits essentiels, est plus ancien encore. Le premier discours de Socrate, dans le *Phè-*

---

1. H. DAUVERGNE, *Les Forçats*, 1841, p. 289.
2. APULÉE, *Métamorphoses*, VIII, 26 sq.
3. DION DE PRUSE, *Discours*, IV, 101-115.
4. ÉPICTÈTE, *Entretiens*, III, 1.
5. SÉNÈQUE LE RHÉTEUR, *Controverses*, I. Préface, 8.

dre, y fait allusion, lorsqu'il blâme l'amour qu'on porte aux garçons mollassons, élevés dans la délicatesse de l'ombre, et tout ornés de fards et de parures[1]. C'est bien aussi sous ces traits qu'Agathon apparaît dans les *Thesmophories*, — teint pâle, joues rasées, voix de femme, robe de safran, résille — au point que son interlocuteur se demande s'il est en présence vraiment d'un homme ou d'une femme[2]. Il serait tout à fait inexact de voir là une condamnation de l'amour des garçons ou de ce que nous appelons en général les relations homosexuelles ; mais il faut bien y reconnaître l'effet d'appréciations fortement négatives à propos de certains aspects possibles de la relation entre hommes, ainsi qu'une vive répugnance à l'égard de tout ce qui pourrait marquer un renoncement volontaire aux prestiges et aux marques du rôle viril. Le domaine des amours masculines a bien pu être « libre » dans l'Antiquité grecque, beaucoup plus en tout cas qu'il ne l'a été dans les sociétés européennes modernes ; il n'en demeure pas moins qu'on voit se marquer très tôt des réactions négatives intenses et des formes de disqualification qui se prolongeront longtemps.

4. *Un modèle d'abstention.*

Le héros vertueux qui est capable de se détourner du plaisir comme d'une tentation dans laquelle il sait ne pas tomber est une figure familière au christianisme, comme a été courante l'idée que cette renonciation est capable de donner accès à une expérience spirituelle de la vérité et de l'amour que l'activité sexuelle exclurait. Mais est également connue de l'Antiquité païenne la figure de ces athlètes de la tempérance qui sont assez maîtres d'eux-mêmes et de leurs convoitises pour renoncer au plaisir sexuel. Bien avant un thaumaturge comme Apollonius de Tyane qui avait, une fois pour toutes, fait vœu de chasteté et, de toute sa vie,

---

1. PLATON, *Phèdre*, 239 c-d.
2. ARISTOPHANE, *Thesmophories*, v. 130 sq.

n'avait plus eu de rapports sexuels[1], la Grèce avait connu et honoré de pareils modèles. Chez certains, cette extrême vertu était la marque visible de la maîtrise qu'ils exerçaient sur eux-mêmes et donc du pouvoir qu'ils étaient dignes d'assumer sur les autres : ainsi l'Agésilas de Xénophon non seulement « ne touchait pas à ceux qui ne lui inspiraient aucun désir », mais renonçait à embrasser même le garçon qu'il aimait ; et il prenait soin de ne loger que dans les temples ou dans un endroit visible « pour que tous puissent être témoins de sa tempérance[2] ». Mais pour d'autres cette abstention était directement liée à une forme de sagesse qui les mettait directement en contact avec quelque élément supérieur à la nature humaine et qui leur donnait accès à l'être même de la vérité : tel était bien le Socrate du *Banquet* dont tous voulaient approcher, dont tous étaient amoureux, dont tous cherchaient à s'approprier la sagesse, — cette sagesse qui se manifestait et s'éprouvait justement en ceci qu'il était capable lui-même de ne pas porter la main sur la beauté provocatrice d'Alcibiade[3]. La thématique d'un rapport entre l'abstinence sexuelle et l'accès à la vérité était déjà fortement marquée.

Il ne faut pas cependant trop solliciter ces quelques références. On ne saurait en inférer que la morale sexuelle du christianisme et celle du paganisme forment continuité. Plusieurs thèmes, principes ou notions peuvent bien se retrouver dans l'un et dans l'autre ; ils n'y ont pas pour autant la même place ni la même valeur. Socrate n'est pas un Père du désert luttant contre la tentation, et Nicoclès n'est pas un mari chrétien ; le rire d'Aristophane devant Agathon travesti a peu de traits communs avec la disqualification de l'inverti qu'on trouvera bien plus tard dans le discours médical. De plus, il faut garder à l'esprit que l'Église et la pastorale chrétienne ont fait valoir le principe

1. Philostrate, *Vie d'Apollonius de Tyane*, I, 13.
2. Xénophon, *Agésilas*, 6.
3. Platon, *Banquet*, 217 a-219 e.

d'une morale dont les préceptes étaient contraignants et la portée universelle (ce qui n'excluait ni les différences de prescription relatives au statut des individus, ni l'existence de mouvements ascétiques ayant leurs aspirations propres). Dans la pensée antique, en revanche, les exigences d'austérité n'étaient pas organisées en une morale unifiée, cohérente, autoritaire et imposée de la même façon à tous ; elles étaient plutôt un supplément, et comme un « luxe » par rapport à la morale couramment admise ; elles se présentaient d'ailleurs en « foyers dispersés » ; ceux-ci avaient leur origine dans différents mouvements philosophiques ou religieux ; ils trouvaient leur milieu de développement dans des groupes multiples ; ils proposaient, plus qu'ils n'imposaient, des styles de modération ou de rigueur qui avaient chacun sa physionomie particulière : l'austérité pythagoricienne n'était pas celle des stoïciens qui était très différente à son tour de celle qui était recommandée par Épicure. Des quelques rapprochements qu'on a pu esquisser, il ne faut pas conclure que la morale chrétienne du sexe était en quelque sorte « préformée » dans la pensée ancienne ; il faut plutôt concevoir que très tôt, dans la réflexion morale de l'Antiquité, s'est formée une thématique — une « quadri-thématique » — de l'austérité sexuelle, autour et à propos de la vie du corps, de l'institution du mariage, des relations entre hommes, et de l'existence de sagesse. Et cette thématique, à travers des institutions, des ensembles de préceptes, des références théoriques extrêmement diverses, et en dépit de beaucoup de remaniements, a gardé, à travers le temps, une certaine constance : comme s'il y avait là, depuis l'Antiquité, quatre points de problématisation à partir desquels se reformulait sans cesse — selon des schémas souvent différents — le souci de l'austérité sexuelle.

Or il faut noter que ces thèmes d'austérité ne coïncidaient pas avec les partages que pouvaient tracer les grands interdits sociaux, civils ou religieux. On pourrait penser en effet que c'est là où les prohibitions sont les plus fondamentales, là où les obligations sont les plus coercitives que, d'une façon générale, les morales développent les exigences d'austérité les plus insistantes : le cas peut se produire ; et l'histoire du christianisme ou de l'Europe moderne en donnerait sans doute des exemples[1]. Mais il semble bien qu'il n'en ait pas été ainsi dans l'Antiquité. Ceci apparaît d'abord très clairement dans la dissymétrie très particulière à toute cette réflexion morale sur le comportement sexuel : les femmes sont astreintes en général (et sauf la liberté que peut leur donner un statut comme celui de courtisane) à des contraintes extrêmement strictes ; et pourtant ce n'est pas aux femmes que s'adresse cette morale ; ce ne sont ni leurs devoirs, ni leurs obligations, qui y sont rappelés, justifiés ou développés. C'est une morale d'hommes : une morale pensée, écrite, enseignée par des hommes et adressée à des hommes, évidemment libres. Morale virile, par conséquent, où les femmes n'apparaissent qu'à titre d'objets ou tout au plus de partenaires qu'il convient de former, d'éduquer et de surveiller, quand on les a sous son pouvoir, et dont il faut s'abstenir en revanche quand elles sont sous le pouvoir d'un autre (père, mari, tuteur). C'est sans doute là un des points les plus remarquables de cette réflexion morale : elle n'essaie pas de définir un champ de conduite et un domaine de règles valables — selon les modulations nécessaires — aux deux sexes ; elle est une élaboration de la conduite masculine faite du point de vue des hommes et pour donner forme à leur conduite.

Mieux encore : elle ne s'adresse pas aux hommes à propos de conduites qui pourraient relever de quelques interdits reconnus par tous et solennellement rappelés dans les codes, les coutumes ou les prescriptions religieuses. Elle s'adresse à eux à propos des conduites où justement ils ont à faire usage de leur droit, de leur pouvoir, de leur autorité et de leur liberté : dans les pratiques de plaisirs qui ne sont pas condamnées, dans une vie de mariage aucune règle ni cou-

1. On peut penser que le développement d'une morale des relations du mariage, et plus précisément des réflexions sur le comportement sexuel des époux dans le rapport conjugal (qui ont pris une si grande importance dans la pastorale chrétienne), est une conséquence de l'instauration, d'ailleurs lente, tardive et difficile, du modèle chrétien du mariage au cours du haut Moyen Âge (cf. G. DUBY, *Le Chevalier, La Femme et le Prêtre*, 1981).

tume n'empêche l'homme d'avoir des rapports sexuels extra-conjugaux, dans des rapports avec les garçons, qui, au moins dans certaines limites, sont admis, courants et même valorisés. Il faut comprendre ces thèmes de l'austérité sexuelle, non comme une traduction ou un commentaire de prohibitions profondes et essentielles, mais comme élaboration et stylisation d'une activité dans l'exercice de son pouvoir et la pratique de sa liberté.

Ce qui ne veut pas dire que cette thématique de l'austérité sexuelle ne représente rien de plus qu'un raffinement sans conséquence et une spéculation sans attache avec aucune préoccupation précise. Au contraire, il est facile de voir que chacune de ces grandes figures de l'austérité sexuelle se rapporte à un axe de l'expérience, et à un faisceau de relations concrètes : rapports au corps, avec la question de la santé, et derrière elle tout le jeu de la vie et de la mort ; rapport à l'autre sexe, avec la question de l'épouse comme partenaire privilégiée, dans le jeu de l'institution familiale et du lien qu'elle crée ; rapport à son propre sexe avec la question des partenaires qu'on peut y choisir, et le problème de l'ajustement entre rôles sociaux et rôles sexuels ; enfin rapport à la vérité où se pose la question des conditions spirituelles qui permettent d'avoir accès à la sagesse.

Il m'a paru ainsi qu'il y avait tout un recentrement à opérer. Plutôt que de chercher les interdits de base qui se cachent ou se manifestent dans les exigences de l'austérité sexuelle, il fallait chercher à partir de quelles régions de l'expérience et sous quelles formes le comportement sexuel a été problématisé, devenant objet de souci, élément pour la réflexion, matière à stylisation. Plus précisément, il convenait de se demander pourquoi les quatre grands domaines de relations où il semblait que l'homme libre, dans les sociétés anciennes, ait pu déployer son activité sans rencontrer de prohibition majeure, ont été justement les lieux d'une problématisation intense de la pratique sexuelle. Pourquoi est-ce là, à propos du corps, à propos de l'épouse, à propos des garçons et de la vérité, que la pratique des plaisirs a fait question ? Pourquoi l'interférence de l'activité sexuelle dans ces relations est-elle devenue objet d'inquiétude, de débat et de réflexion ? Pourquoi ces axes de l'expérience quotidienne ont-ils donné lieu à une pensée qui cherchait la raréfaction du comportement sexuel, sa modération, sa mise en forme, et la définition d'un style austère dans la pratique des plaisirs ? Comment le comportement sexuel, dans la mesure où il impliquait ces différents types de relations, a-t-il été réfléchi comme domaine d'expérience morale ?

MORALE ET PRATIQUE DE SOI

Pour répondre à cette question, il faut introduire quelques considérations de méthode ; ou plus précisément il convient de s'interroger sur l'objet qu'on se propose lorsqu'on entreprend d'étudier les formes et transformations d'une « morale ».

On connaît l'ambiguïté du mot. Par « morale », on entend un ensemble de valeurs et de règles d'action qui sont proposées aux individus et aux groupes par l'intermédiaire d'appareils prescriptifs divers, comme peuvent l'être la famille, les institutions éducatives, les Églises, etc. Il arrive que ces règles et valeurs soient très explicitement formulées en une doctrine cohérente et en un enseignement explicite. Mais il arrive aussi qu'elles soient transmises de façon diffuse et que, loin de former un ensemble systématique, elles constituent un jeu complexe d'éléments qui se compensent, se corrigent, s'annulent sur certains points, permettant ainsi compromis ou échappatoires. Sous ces réserves, on peut appeler « code moral » cet ensemble prescriptif. Mais par « morale », on entend aussi le comportement réel des individus, dans son rapport aux règles et valeurs qui leur sont proposées : on désigne ainsi la manière dont ils se soumettent plus ou moins complètement à un principe de conduite, dont ils obéissent ou résistent à un interdit ou une prescription, dont ils respectent ou négligent un ensemble de valeurs ; l'étude de cet aspect de la morale doit déterminer comment, et avec quelles marges de variation ou de transgression, les individus ou les groupes se conduisent en référence à un système prescriptif qui est explicitement ou implicitement donné dans leur culture et dont ils ont une conscience plus ou moins claire. Appelons ce niveau de phénomènes la « moralité des comportements ».

Ce n'est pas tout. Une chose en effet est une règle de conduite ; autre chose la conduite qu'on peut mesurer à cette règle. Mais autre chose encore, la manière dont on doit « se conduire », — c'est-à-dire la manière dont on doit se constituer soi-même comme sujet moral agissant en référence aux éléments prescriptifs qui constituent le code. Un code d'actions étant donné et pour un type déterminé d'actions (qu'on peut définir par leur degré de conformité ou de divergence par rapport à ce code), il y a différentes manières de « se conduire » moralement, différentes manières pour l'individu agissant d'opérer non pas simplement comme agent, mais comme sujet moral de cette action. Soit un code de prescriptions sexuelles enjoignant aux deux époux une fidélité conjugale stricte et symétrique, ainsi que la permanence d'une volonté procréatrice ; il y aura, même dans ce cadre aussi rigoureux, bien des manières de pratiquer cette austérité, bien des manières d'« être fidèle ». Ces différences peuvent porter sur plusieurs points.

Elles concernent ce qu'on pourrait appeler la *détermination de la substance éthique*, c'est-à-dire la façon dont l'individu doit constituer telle ou telle part de lui-même comme matière principale de sa conduite morale. Ainsi, on peut faire porter l'essentiel de la pratique de fidélité sur le strict respect des interdits et des obligations dans les actes mêmes qu'on accomplit. Mais on peut aussi faire consister l'essentiel de la fidélité dans la maîtrise des désirs, dans le combat acharné qu'on mène contre eux, dans la force avec laquelle on sait résister aux tentations : ce qui constitue alors le contenu de la fidélité, c'est cette vigilance et cette lutte ; les mouvements contradictoires de l'âme, beaucoup plus que les actes eux-mêmes dans leur effectuation, seront, dans ces conditions, la matière de la pratique morale. On peut encore la faire consister dans l'intensité, la continuité, la réciprocité des sentiments qu'on éprouve pour le conjoint, et dans la qualité de la relation qui lie, en permanence, les deux époux.

Les différences peuvent aussi porter sur le *mode d'assujettissement*, c'est-à-dire sur la façon dont l'individu établit son rapport à cette règle et se reconnaît comme lié à l'obligation de la mettre en œuvre. On peut, par exemple, pratiquer la fidélité conjugale, et se soumettre au précepte qui l'impose, parce qu'on se reconnaît comme faisant partie du groupe social qui l'accepte, qui s'en réclame à haute voix et qui en conserve silencieusement l'habitude ; mais on peut la pratiquer aussi parce qu'on se considère comme héritier d'un tradition spirituelle qu'on a la responsabilité de maintenir ou de faire revivre ; on peut aussi exercer cette fidélité en répondant à un appel, en se proposant en exemple, ou en cherchant à donner à sa vie personnelle une forme qui réponde à des critères d'éclat, de beauté, de noblesse ou de perfection.

Il y a aussi des différences possibles dans les formes de l'*élaboration*, du *travail éthique* qu'on effectue sur soi-même, et non pas seulement pour rendre son comportement conforme à une règle donnée mais pour essayer de se transformer soi-même en sujet moral de sa conduite. Ainsi l'austérité sexuelle peut-elle se pratiquer à travers un long travail d'apprentissage, de mémorisation, d'assimilation d'un ensemble systématique de préceptes et à travers un contrôle régulier de la conduite destiné à mesurer l'exactitude avec laquelle on applique ces règles ; on peut la pratiquer dans la forme d'une renonciation soudaine, globale et définitive aux plaisirs ; on peut la pratiquer aussi dans la forme d'un combat permanent dont les péripéties — jusque dans les défaites passagères — peuvent avoir leur sens et leur valeur ; elle peut s'exercer aussi à travers un déchiffrement aussi soigneux, permanent et détaillé que possible des mouvements du désir, dans toutes les formes, même les plus obscures sous lesquelles il se cache.

D'autres différences, enfin, concernent ce qu'on pourrait appeler la *téléologie* du sujet moral : car une action n'est pas morale seulement en elle-même et dans sa singularité ; elle l'est aussi par son insertion et par la place qu'elle occupe dans l'ensemble d'une conduite ; elle est un élément et un aspect de cette conduite, et elle marque une étape dans sa durée, un progrès éventuel dans sa continuité. Une action morale tend à son propre accomplissement ; mais en outre elle vise, à travers celui-ci, à la constitution d'une conduite morale qui mène l'individu non pas simplement à des actions toujours conformes à des valeurs et à des règles, mais aussi à un certain mode d'être, caractéristique du sujet moral. Et sur ce point, il y a bien des différences possibles : la fidélité conjugale peut relever d'une conduite morale qui achemine vers une maîtrise de soi de plus en plus complète ; elle peut être une conduite morale qui manifeste un détachement soudain et radical à l'égard du monde ; elle peut tendre à une tranquillité parfaite de l'âme, à une insensibilité totale aux agitations des passions, ou à une purification qui assure le salut après la mort, et l'immortalité bienheureuse.

En somme, une action pour être dite « morale » ne doit pas se réduire à un acte ou à une série d'actes conformes à une règle, une loi ou une valeur. Toute action morale, c'est vrai, comporte un rapport au réel où elle s'effectue et un rapport au code auquel elle se réfère ; mais elle implique aussi un certain rapport à soi ; celui-ci n'est pas simplement « conscience de soi », mais constitution de soi comme « sujet moral », dans laquelle l'individu circonscrit la part de lui-même qui constitue l'objet de cette pratique morale, définit sa position par rapport au précepte qu'il suit, se fixe un certain mode d'être qui vaudra comme accomplissement moral de lui-même ; et, pour ce faire, il agit sur lui-même, entreprend de se connaître, se contrôle, s'éprouve, se perfectionne, se transforme. Il n'y a pas d'action morale particulière qui ne se réfère à l'unité d'une conduite morale ; pas de conduite morale qui n'appelle la constitution de soi-même comme sujet moral ; et pas de constitution du sujet moral sans des « modes de subjectivation » et sans une « ascétique » ou des « pratiques de soi » qui les appuient. L'ac-

tion morale est indissociable de ces formes d'activité sur soi
qui ne sont pas moins différentes d'une morale à l'autre que
le système des valeurs, des règles et des interdits.

Ces distinctions ne doivent pas avoir que des effets théoriques. Elles ont aussi leurs conséquences pour l'analyse
historique. Qui veut faire l'histoire d'une « morale » doit
tenir compte des différentes réalités que recouvre le mot.
Histoire des « moralités » : celle qui étudie dans quelle mesure les actions de tels individus ou de tels groupes sont
conformes ou non aux règles et aux valeurs qui sont proposées par différentes instances. Histoire des « codes », celle
qui analyse les différents systèmes de règles et de valeurs
qui sont en jeu dans une société ou un groupe donné, les
instances ou appareils de contrainte qui les font valoir, et
les formes que prennent leur multiplicité, leurs divergences
ou leurs contradictions. Histoire enfin de la manière dont
les individus sont appelés à se constituer comme sujets de
conduite morale : cette histoire sera celle des modèles pro-
posés pour l'instauration et le développement des rapports à
soi, pour la réflexion sur soi, la connaissance, l'examen, le
déchiffrement de soi par soi, les transformations qu'on
cherche à opérer sur soi-même. C'est là ce qu'on pourrait
appeler une histoire de l'« éthique » et de l'« ascétique »,
entendue comme histoire des formes de la subjectivation
morale et des pratiques de soi qui sont destinées à
l'assurer.

S'il est vrai en effet que toute « morale » au sens large
comporte les deux aspects que je viens d'indiquer, celui des
codes de comportement et celui des formes de subjectivation ; s'il est vrai qu'ils ne peuvent jamais être dissociés
entièrement, mais qu'il leur arrive de se développer l'un et
l'autre dans une relative autonomie, il faut aussi admettre
que, dans certaines morales, l'accent est surtout porté sur le
code, sa systématicité, sa richesse, sa capacité à s'ajuster à
tous les cas possibles et à recouvrir tous les domaines de
comportement ; dans de telles morales, l'important est à
chercher du côté des instances d'autorité qui font valoir ce
code, qui en imposent l'apprentissage et l'observation, qui

sanctionnent les infractions ; dans ces conditions, la subjectivation se fait, pour l'essentiel, dans une forme quasi juridique, où le sujet moral se rapporte à une loi, ou à un ensemble de lois, auxquels il doit se soumettre sous peine de fautes qui l'exposent à un châtiment. Il serait tout à fait inexact de réduire la morale chrétienne — on devrait sans doute dire « les morales chrétiennes » — à un tel modèle ; il n'est peut-être pas faux cependant de penser que l'organisation du système pénitentiel au début du XIIIᵉ siècle et son développement jusqu'à la veille de la Réforme ont provoqué une très forte « juridification » — une très forte « codification » au sens strict — de l'expérience morale : c'est contre elle qu'ont réagi beaucoup de mouvements spirituels et ascétiques qui se sont développés avant la Réforme.

En revanche, on peut bien concevoir des morales dans lesquelles l'élément fort et dynamique est à chercher du côté des formes de subjectivation et des pratiques de soi. Dans ce cas, le système des codes et des règles de comportement peut être assez rudimentaire. Son observation exacte peut être relativement inessentielle, si on le compare du moins à ce qui est exigé de l'individu pour que, dans le rapport qu'il a à lui-même, dans ses différentes actions, pensées, ou sentiments, il se constitue comme sujet moral ; l'accent est mis alors sur les formes des rapports à soi, sur les procédés et les techniques par lesquels on les élabore, sur les exercices par lesquels on se donne à soi-même comme objet à connaître, et sur les pratiques qui permettent de transformer son propre mode d'être. Ces morales « orientées vers l'éthique » (et qui ne coïncident pas forcément avec les morales de ce qu'on appelle le renoncement ascétique) ont été très importantes dans le christianisme à côté des morales « orientées vers le code » : entre elles, il y a eu parfois juxtapositions, parfois rivalités et conflits, parfois composition.

Or il semble bien, du moins en première approche, que les réflexions morales dans l'Antiquité grecque ou gréco-romaine aient été beaucoup plus orientées vers les pratiques de soi et la question de l'*askesis*, que vers les codifications de conduites et la définition stricte du permis et du défendu. Si on fait exception de la *République* et des *Lois*, on trouverait bien peu de références au principe d'un code qui définirait par le menu la conduite à tenir, à la nécessité d'une instance chargée d'en surveiller l'application, à la possibilité de châtiments qui sanctionneraient les infractions commises. Même si la nécessité de respecter la loi et les coutumes — les *nomoi* — est très souvent soulignée, l'important est moins dans le contenu de la loi et ses conditions d'application que dans l'attitude qui fait qu'on les respecte. L'accent est mis sur le rapport à soi qui permet de ne pas se laisser emporter par les appétits et les plaisirs, de garder vis-à-vis d'eux maîtrise et supériorité, de maintenir ses sens dans un état de tranquillité, de demeurer libre de tout esclavage intérieur à l'égard des passions, et d'atteindre à un mode d'être qui peut être défini par la pleine jouissance de soi-même ou la parfaite souveraineté de soi sur soi.

De là, le choix de méthode que j'ai fait tout au long de cette étude sur les morales sexuelles de l'Antiquité païenne et chrétienne : garder à l'esprit la distinction entre les éléments de code d'une morale et les élements d'ascèse ; n'oublier ni leur coexistence, ni leurs relations, ni leur relative autonomie, ni leurs différences possibles d'accentuation ; tenir compte de tout ce qui semble indiquer le privilège, dans ces morales, des pratiques de soi, l'intérêt qu'on pouvait leur porter, l'effort qu'on faisait pour les développer, les perfectionner et les enseigner, le débat qui avait cours à leur sujet. Si bien qu'on aurait ainsi à transformer la question si souvent posée à propos de la continuité (ou de la rupture) entre les morales philosophiques de l'Antiquité et la morale chrétienne ; au lieu de se demander quels sont les éléments de code que le christianisme a pu emprunter à la pensée ancienne et quels sont ceux qu'il a ajoutés de son propre chef, pour définir ce qui est permis et défendu dans l'ordre d'une sexualité supposée constante, il conviendrait de se demander comment, sous la continuité, le transfert ou la modification des codes, les formes du rapport à soi (et les

pratiques de soi qui leur sont liées) ont été définies, modi-
fiées, réélaborées et diversifiées.

On ne suppose pas que les codes soient sans importance,
ni qu'ils demeurent constants. Mais on peut remarquer que
finalement ils tournent autour de quelques principes assez
simples et assez peu nombreux : peut-être les hommes n'in-
ventent-ils pas beaucoup plus dans l'ordre des interdits que
dans celui des plaisirs. Leur permanence aussi est assez
grande : la prolifération sensible des codifications (concernant les lieux, les partenaires, les gestes permis ou défendus) se produira assez tard dans le christianisme. En revanche, il semble — c'est en tout cas l'hypothèse que je voudrais explorer ici — qu'il y a tout un champ d'historicité
complexe et riche dans la manière dont l'individu est appelé
à se reconnaître comme sujet moral de la conduite sexuelle.
Il s'agirait de voir comment, de la pensée grecque classique
jusqu'à la constitution de la doctrine et de la pastorale chrétienne de la chair, cette subjectivation s'est définie et trans-
formée.

Dans ce premier volume, je voudrais marquer quelques
traits généraux qui caractérisent la manière dont le comportement sexuel a été réfléchi par la pensée grecque classique comme domaine d'appréciation et de choix moraux. Je
partirai de la notion alors courante d'« usage des plaisirs »
— *chrèsis aphrodisiōn* — pour dégager les modes de subjectivation auxquels elle se réfère : substance éthique, types
d'assujettissement, formes d'élaboration de soi et de téléologie morale. Puis en partant chaque fois d'une pratique qui
avait dans la culture grecque son existence, son statut et ses
règles (la pratique du régime de santé, celle de la gestion de
la maisonnée, celle de la cour amoureuse), j'étudierai la
façon dont la pensée médicale et philosophique a élaboré cet
« usage des plaisirs » et a formulé quelques thèmes d'austérité qui allaient devenir récurrents sur quatre grands axes
de l'expérience : le rapport au corps, le rapport à l'épouse, le
rapport aux garçons, et le rapport à la vérité.

CHAPITRE I

La problématisation morale des plaisirs

On aurait bien du mal à trouver chez les Grecs (comme chez les Latins d'ailleurs) une notion semblable à celle de « sexualité » et de « chair ». Je veux dire : une notion qui se réfère à une entité unique et qui permet de regrouper, comme étant de même nature, dérivant d'une même origine, ou faisant jouer le même type de causalité, des phénomènes divers et apparemment éloignés les uns des autres : comportements, mais aussi sensations, images, désirs, instincts, passions[1].

Bien sûr, les Grecs disposent de toute une série de mots pour désigner différents gestes ou actes que nous appelons « sexuels ». Ils disposent d'un vocabulaire pour désigner des pratiques précises ; ils ont des termes plus vagues qui se réfèrent d'une façon générale à ce que nous appelons « relation », « conjonction » ou « rapports » sexuels : ainsi *sunousia, homilia, plēsiasmos, mixis, ocheia*. Mais la catégorie d'ensemble sous laquelle tous ces gestes, actes et pratiques sont subsumés est beaucoup plus difficile à saisir. Les Grecs utilisent volontiers un adjectif substantivé : *ta aphrodisia*[2], que les Latins traduisent à peu près par *venerea*. « Choses » ou « plaisirs de l'amour », « rapports sexuels », « actes de la

1. E. LESKI, « Die Zeugungslehre der Antike », *Abhandlungen der Akademie der Wissenschaften und Literatur*, XIX, Mayence, 1950, p. 1248.
2. Cf. K. J. DOVER, « Classical Greek Attitudes to Sexual Behaviour », *Arethusa*, 6, n° 1, 1973, p. 59 ; ID., *Greek Popular Morality*, 1974, p. 205, et *Homosexualité grecque*, pp. 83-84.

chair », « voluptés », on essaie comme on peut d'en donner un équivalent en français. Mais la différence des ensembles notionnels rend malaisée la traduction exacte du terme. Notre idée de « sexualité » ne couvre pas simplement un domaine beaucoup plus large ; elle vise une réalité d'un autre type ; et elle a, dans notre morale et notre savoir, de tout autres fonctions. En revanche nous ne disposons pas, de notre côté, d'une notion qui opère un découpage et qui réunisse un ensemble analogue à celui des *aphrodisia*. On me pardonnera peut-être si, plus d'une fois, je laisse le terme grec sous sa forme originale.

Je ne prétends pas, dans ce chapitre, donner un exposé exhaustif, ni même un résumé systématique des différentes doctrines philosophiques ou médicales qui ont pu, du Ve siècle au début du IIIe, concerner le plaisir en général et les plaisirs sexuels en particulier. En préliminaire à l'étude des quatre types principaux de stylisation de la conduite sexuelle qui ont été développés dans la Diététique au sujet du corps, dans l'Économique au sujet du mariage, dans l'Érotique au sujet des garçons, et dans la Philosophie à propos de la vérité, mon intention est seulement de dégager quelques traits généraux qui leur ont servi de cadre, parce qu'ils étaient communs aux différentes réflexions sur les *aphrodisia*. On peut bien admettre la thèse courante que les Grecs de cette époque acceptaient beaucoup plus facilement que les chrétiens du Moyen Âge ou les Européens de la période moderne certains comportements sexuels ; on peut bien admettre aussi que les fautes et les inconduites en ce domaine suscitaient alors moins de scandale et exposaient à moins de rétorsion, d'autant plus que nulle institution — pastorale ou médicale — ne prétendait déterminer ce qui est, en cet ordre de choses, permis ou défendu, normal ou anormal ; on peut bien admettre aussi que les Grecs attribuaient à toutes ces questions beaucoup moins d'importance que nous. Mais, tout cela admis ou supposé, un point reste irréductible : ils s'en sont pourtant préoccupés : et il y a eu des penseurs, des moralistes, des philosophes, des médecins pour estimer que ce que les lois de la cité prescrivaient ou interdisaient, ce que la coutume générale tolérait ou refusait ne pouvait suffire à régler comme il faut la conduite sexuelle d'un homme soucieux de lui-même ; ils reconnaissaient, dans la manière de prendre ce genre de plaisir, un problème moral.

Ce que je voudrais déterminer dans ces quelques pages, ce sont justement les aspects généraux sous lesquels ils s'en sont préoccupés, la forme générale de l'interrogation morale qu'ils ont posée à propos des *aphrodisia*. Et pour cela, j'aurai recours à des textes fort différents les uns des autres — essentiellement ceux de Xénophon, de Platon et d'Aristote ; et j'essaierai, non de restituer le « contexte doctrinal » qui peut donner à chacun son sens particulier et sa valeur différentielle, mais le « champ de problématisation » qui leur a été commun et qui les a rendus, les uns et les autres, possibles. Il s'agira de faire apparaître, dans ses caractères généraux, la constitution des *aphrodisia* comme domaine de souci moral. J'envisagerai quatre notions qu'on rencontre souvent dans la réflexion sur la morale sexuelle : la notion d'*aphrodisia*, à travers laquelle on peut saisir ce qui, dans le comportement sexuel, était reconnu comme « substance éthique » ; celle d'« usage » de *chrēsis*, qui permet de saisir le type d'assujettissement auquel la pratique de ces plaisirs devait être soumise pour être moralement valorisée ; la notion d'*enkrateia*, de maîtrise qui définit l'attitude qu'il faut avoir à l'égard de soi-même pour se constituer comme sujet moral ; celle enfin de « tempérance », de « sagesse », de *sōphrosunē* qui caractérise le sujet moral dans son accomplissement. Ainsi pourra-t-on cerner ce qui structure l'expérience morale des plaisirs sexuels — son ontologie, sa déontologie, son ascétique et sa téléologie.

APHRODISIA

La *Souda* propose cette définition que répétera Hésychius : les *aphrodisia*, ce sont « les œuvres », « les actes d'Aphrodite », — *erga Aphroditēs*. Sans doute ne faut-il pas s'attendre, dans ce genre d'ouvrages, à un effort de conceptualisation très rigoureuse. Mais c'est un fait que les Grecs n'avaient guère témoigné, ni dans leur pensée théorique, ni dans leur réflexion pratique, d'un souci bien pressant de délimiter ce qu'ils entendent exactement par les *aphrodisia*, — qu'il s'agisse de fixer la nature de la chose désignée, de délimiter l'extension de son domaine ou d'établir le catalogue de ses éléments. Rien qui ressemble en tout cas à ces longues listes d'actes possibles, comme on en trouvera dans les pénitentiels, dans les manuels de confession, ou dans les ouvrages de psychopathologie ; aucun tableau qui serve à définir le légitime, le permis, ou le normal, et à décrire la vaste famille des gestes interdits. Rien non plus qui ressemble au souci — tellement caractéristique de la question de la chair ou de la sexualité — de déceler sous l'inoffensif ou l'innocent la présence insidieuse d'une puissance aux limites incertaines et aux masques multiples. Ni classification ni déchiffrement. On fixera avec soin l'âge auquel il vaut mieux se marier et avoir des enfants, en quelle saison les rapports sexuels doivent être pratiqués ; on ne dira jamais, comme un directeur chrétien, quel geste faire ou éviter, quelles caresses préliminaires sont permises, quelle position prendre, ou dans quelles conditions on peut interrompre l'acte. À ceux qui n'étaient pas suffisamment armés, Socrate recommandait de fuir la vue d'un beau garçon, dût-on même s'exiler pour un an[1] ; et le *Phèdre* évoquait la longue lutte de l'amant contre son propre désir : mais nulle part ne sont dites, comme elles le seront dans la spiritualité chrétienne, les précautions qu'il faut prendre pour empêcher que le désir ne s'introduise subrepticement dans l'âme, ou pour en débusquer les traces secrètes. Plus étrange peut-être : les médecins qui proposent, avec quelque détail, les éléments du régime des *aphrodisia* sont à peu près muets sur les formes que peuvent prendre les actes eux-mêmes ; ils disent bien peu de choses — en dehors de quelques références à la position « naturelle » — sur ce qui est conforme ou contraire à la volonté de la nature.

Pudeur ? Peut-être : car on peut bien attribuer aux Grecs une grande liberté de mœurs ; la représentation des actes sexuels qu'ils suggèrent dans les ouvrages écrits — et même dans la littérature érotique — semble marquée d'une assez grande réserve[2] : et ceci à la différence des spectacles qu'ils se donnaient, ou des représentations iconographiques qu'on a pu retrouver[3]. En tout cas, on sent bien que Xénophon, Aristote et ultérieurement Plutarque n'auraient guère trouvé décent de dispenser, sur les rapports sexuels avec l'épouse légitime, les conseils soupçonneux et appliqués que les auteurs chrétiens ont prodigués à propos des plaisirs conjugaux ; ils n'étaient pas prêts, comme plus tard les directeurs de conscience, à régler le jeu des demandes et des refus, des premières caresses, des modalités de la conjonction, des plaisirs qu'on éprouve et de la conclusion qu'il convient de leur donner.

Mais il y a, à ce que nous pourrions percevoir rétrospectivement comme « réticence », ou « réserve », une raison positive. C'est que la façon dont on envisageait les *aphrodisia*, le genre d'interrogation qu'on leur adressait, était orienté tout

---

1. XÉNOPHON, *Mémorables*, I, 3, 13.
2. K.J. DOVER note une accentuation de cette réserve au cours de l'âge classique : *Greek Popular Morality*, pp. 206-207.
3. Cf. K.J. DOVER, *Homosexualité grecque*, pp. 17 et sq.

autrement que vers la recherche de leur nature profonde, de leurs formes canoniques, ou de leur puissance secrète.

1. Les *aphrodisia* sont des actes, des gestes, des contacts, qui procurent une certaine forme de plaisir. Lorsque saint Augustin rappellera dans ses *Confessions* le souvenir de ses amitiés de jeunesse, l'intensité de ses affections, le plaisir des journées passées ensemble, les conversations, les ferveurs et les rires, il se demandera si tout cela ne relevait pas, sous une apparente innocence, de la chair, et de cette « glu » qui nous y attache[1]. Mais lorsque Aristote dans l'*Éthique à Nicomaque*[2] s'interroge pour savoir quels sont ceux exactement qui méritent d'être appelés « intempérants », sa définition est soigneusement restrictive : ne relèvent de l'intempérance, de l'*akolasia*, que les seuls plaisirs du corps ; et parmi ceux-ci, il faut exclure ceux de la vue, ceux de l'ouïe ou ceux de l'odorat. Ce n'est pas être intempérant que de « prendre plaisir » *(chairein)* aux couleurs, aux gestes, aux dessins, non plus qu'au théâtre ou à la musique ; on peut sans intempérance s'enchanter du parfum des fruits, des roses et de l'encens ; et, comme dit l'*Éthique à Eudème*[3], à celui qui s'absorberait si intensément dans la contemplation d'une statue ou l'audition d'un chant qu'il en perdrait l'appétit ou le goût de pratiquer l'amour, à celui-là, on ne saurait faire reproche d'intempérance, pas plus qu'à celui qui se laisse séduire par les Sirènes. Car il n'y a plaisir susceptible d'*akolasia* que là où il y a toucher et contact : contact avec la bouche, la langue et le gosier (pour les plaisirs de la nourriture et de la boisson), contact avec d'autres parties du corps (pour le plaisir du sexe). Et encore Aristote fait-il remarquer qu'il serait injuste de soupçonner d'intempérance certains plaisirs qu'on éprouve par la surface du corps, — comme les plaisirs nobles qu'occasionnent au gymnase les massages et la chaleur : « Car chez l'in-

---

1. SAINT AUGUSTIN, *Confessions*, IV, chap. 8, 9 et 10.
2. ARISTOTE, *Éthique à Nicomaque*, III, 10 1 118 a-b (trad. R.-A. Gauthier et J.-Y. Jolit).
3. ID., *Éthique à Eudème*, III, 2, 8-9, 1230 b.

tempérant, le toucher n'est pas répandu par tout le corps ; il ne concerne que certaines parties[1]. »

Ce sera un des traits caractéristiques de l'expérience chrétienne de la « chair », puis de celle de la « sexualité », que le sujet y soit appelé à soupçonner souvent et à reconnaître fort loin les manifestations d'une puissance sourde, souple et redoutable qu'il est d'autant plus nécessaire de déchiffrer qu'elle est capable de s'embusquer sous bien d'autres formes que celle des actes sexuels. Un tel soupçon n'habite pas l'expérience des *aphrodisia*. Certes, dans l'éducation et l'exercice de la tempérance, on recommande de se méfier des sons, des images, des parfums. Mais ce n'est pas parce que l'attachement qu'on leur porte ne serait que la forme masquée d'un désir dont l'essence serait d'être sexuel ; c'est parce qu'il y a des musiques qui par leur rythme sont capables d'amollir l'âme, parce qu'il y a des spectacles qui sont capables de toucher l'âme comme un venin et parce que tel parfum, telle image sont de nature à rappeler le « souvenir de la chose désirée[2] ». Et quand on rira des philosophes qui prétendent, des garçons, n'aimer que les belles âmes, on ne les soupçonnera pas d'entretenir des sentiments troubles dont ils n'ont peut-être pas conscience, mais tout simplement d'attendre le tête-à-tête pour glisser leur main sous la tunique du bien-aimé[3].

De ces actes, quelles sont la forme et la variété ? L'histoire naturelle en donne des descriptions, du moins lorsqu'il

---

1. *Éthique à Nicomaque, loc. cit.* Cf. aussi PSEUDO-ARISTOTE, *Problèmes*, XXVIII, 2. Il faut cependant noter l'importance attribuée au regard et aux yeux, par beaucoup de textes grecs, dans la genèse du désir ou de l'amour : ce n'est pas cependant que le plaisir du regard soit intempérant en lui-même ; c'est qu'il constitue une ouverture par où l'âme est atteinte. Cf. à ce sujet XÉNOPHON, *Mémorables*, I, 3, 12-13. Quant au baiser, il a été malgré le danger qu'il porte avec lui (cf. XÉNOPHON, *ibid.*) très hautement valorisé comme plaisir physique et communication de l'âme. En fait, il y aurait à mener toute une étude historique sur le « corps de plaisir » et ses transformations.

2. Pour les dangers de la musique, cf. PLATON, *République*, III, 398 e (les harmonies lydiennes sont pernicieuses même aux femmes, *a fortiori* aux hommes). Pour le rôle mnémonique de l'odeur et de l'image visuelle, cf. ARISTOTE, *Éthique à Nicomaque*, III, 10, 1 118 a.

3. On retrouvera bien plus tard un reproche de ce genre dans les *Amours* attribués à LUCIEN, 53.

s'agit des animaux : l'accouplement, remarque Aristote, n'est pas le même chez tous et ne se fait pas de la même façon[1]. Et dans la partie du livre VI de l'*Histoire des animaux* qui est consacrée plus précisément aux vivipares, il décrit les différentes formes de copulation qu'on peut observer : elles varient selon la forme et l'emplacement des organes, la position que prennent les partenaires, la durée de l'acte ; mais il évoque aussi les types de comportement qui marquent la saison des amours : les sangliers se préparant à la bataille[2], les éléphants dont la fureur va jusqu'à détruire la maison de leur maître ou les étalons qui rassemblent leurs femelles en traçant autour d'elles un grand cercle avant d'aller se jeter sur leurs rivaux[3]. En ce qui concerne le genre humain, si la description des organes et de leur fonctionnement peut être détaillée, les comportements sexuels, avec leurs variantes possibles, sont à peine évoqués. Ce qui ne veut pas dire pourtant qu'il y ait, dans la médecine, la philosophie ou la morale grecques, autour de l'activité sexuelle des humains, une zone de silence rigoureux. Le fait n'est pas qu'on se garde de parler de ces actes de plaisir : mais, lorsqu'on s'interroge à leur sujet, ce qui fait question, ce n'est pas la forme qu'ils revêtent, c'est l'activité qu'ils manifestent. Leur dynamique, beaucoup plus que leur morphologie.

Cette dynamique est définie par le mouvement qui lie entre eux les *aphrodisia*, le plaisir qui leur est associé et le désir qu'ils suscitent. L'attirance exercée par le plaisir et la force du désir qui porte vers lui constituent, avec l'acte même des *aphrodisia*, une unité solide. Ce sera par la suite un des traits fondamentaux de l'éthique de la chair et de la conception de la sexualité que la dissociation — au moins partielle — de cet ensemble. Cette dissociation se marquera d'un côté par une certaine « élision » du plaisir (dévalorisation morale par l'injonction donnée dans la pastorale chré-

---

1. Aristote, *Histoire des animaux*, V, 2, 539 b.
2. *Ibid.*, VI, 18, 571 b.
3. *Ibid.*, VI, 18, 571 b et 572 b.

tienne à ne pas rechercher la volupté comme fin de la pratique sexuelle ; dévalorisation théorique qui se traduit par l'extrême difficulté à faire place au plaisir dans la conception de la sexualité) ; elle se marquera également par une problématisation de plus en plus intense du désir (dans lequel on verra la marque originaire de la nature déchue ou la structure propre à l'être humain). Dans l'expérience des *aphrodisia* en revanche, acte, désir et plaisir forment un ensemble dont les éléments, certes, peuvent être distingués, mais sont fortement associés les uns aux autres. C'est leur lien serré qui fait précisément un des caractères essentiels de cette forme d'activité. La nature a voulu (pour des raisons qu'on verra tout à l'heure) que l'accomplissement de l'acte soit associé à un plaisir ; et c'est ce plaisir qui suscite l'*epithumia*, le désir, mouvement dirigé par nature vers ce qui « fait plaisir », en fonction du principe que rappelle Aristote : le désir est toujours « désir de la chose agréable » *(hē gar epithumia tou hēdeos estin)*[1]. Il est vrai — Platon y revient souvent — qu'il ne saurait y avoir désir sans privation, sans manque de la chose désirée et sans mélange par conséquent d'une certaine souffrance ; mais l'appétit, explique-t-il dans le *Philèbe*, ne peut être provoqué que par la représentation, l'image ou le souvenir de la chose qui fait plaisir ; il en conclut qu'il ne saurait y avoir désir que dans l'âme, car si le corps est atteint par la privation, c'est l'âme et l'âme seule qui peut par le souvenir rendre présente la chose à désirer et donc susciter l'*epithumia*[2]. Ce qui, dans l'ordre de la conduite sexuelle, semble bien constituer pour les Grecs l'objet de la réflexion morale, ce n'est donc exactement ni l'acte lui-même (envisagé sous ses différentes modalités), ni le désir (considéré selon son origine ou sa direction), ni même le plaisir (jaugé d'après les différents objets ou pratiques qui peuvent le provoquer) ; c'est plutôt la dynamique qui les unit tous trois de façon circulaire (le désir qui porte à l'acte, l'acte qui est lié au plaisir et le

---

1. ARISTOTE, *Parties des animaux*, 660 b.
2. PLATON, *Philèbe*, 44 e sq.

plaisir qui suscite le désir). La question éthique qui est posée n'est pas : quels désirs ? quels actes ? quels plaisirs ? Mais : avec quelle force est-on porté « par les plaisirs et les désirs » ? L'ontologie à laquelle se réfère cette éthique du comportement sexuel n'est pas, au moins dans sa forme générale, une ontologie du manque et du désir ; ce n'est pas celle d'une nature fixant la norme des actes ; c'est celle d'une force qui lie entre eux actes, plaisirs et désirs. C'est ce rapport dynamique qui constitue ce qu'on pourrait appeler le grain de l'expérience éthique des *aphrodisia*[1].

Cette dynamique est analysée selon deux grandes variables. L'une est quantitative ; elle concerne le degré d'activité que traduisent le nombre et la fréquence des actes. Ce qui distingue les hommes entre eux, pour la médecine comme pour la morale, ce n'est pas tellement le type d'objets vers lequel ils sont orientés ni le mode de pratique sexuelle qu'ils préfèrent ; c'est avant tout l'intensité de cette pratique. Le partage est entre le moins et le plus : modération ou incontinence. Il est assez rare, lorsqu'on trace le portrait d'un personnage, qu'on fasse valoir sa préférence pour telle ou telle forme de plaisir sexuel[2] ; en revanche, il est toujours important pour sa caractérisation morale de marquer si, dans sa pratique avec les femmes ou les garçons, il a su faire preuve de mesure, comme Agésilas qui poussait la tempérance jusqu'à refuser le baiser du jeune homme qu'il aimait[3], ou s'il s'abandonnait comme Alcibiade ou comme

---

1. Il faut noter la fréquence des expressions qui lient très fortement plaisirs et désirs et qui montrent que l'enjeu de la morale des *aphrodisia* est le contrôle de l'ensemble dynamique constitué par le désir et le plaisir liés à l'acte. Le couple *epithumiai-hēdonai* se trouve de façon très courante chez PLATON : *Gorgias* 484 d, 491 d ; *Banquet* 196 c ; *Phèdre* 237 d ; *République*, IV, 430 e, 431 c et d ; IX, 571 b ; *Lois*, I, 647 e ; IV, 714 a ; VI, 782 c ; VII, 802 e ; 864 b ; X, 8 886 b, etc. Cf. également ARISTOTE, *Éthique à Nicomaque*, VII, 4, 1 148 a. Fréquentes aussi sont les expressions qui évoquent le plaisir comme force qui persuade, entraîne, triomphe ; ainsi chez XÉNOPHON, *Mémorables*, I, 2, 23 ; I, 4, 14 ; I, 8 ; IV, 5, 3, etc.

2. Il arrive qu'on mentionne pour la nécessité d'un récit le goût particulier d'un homme pour les garçons. Ainsi fait XÉNOPHON dans l'*Anabase*, à propos d'un certain Épisthénès (VII, 4). Mais quand il trace le portrait négatif de Ménon (II, 6), il ne lui reproche pas ce genre de goût, mais de faire de tels plaisirs un mauvais usage : obtenir trop jeune un commandement ; ou aimer, encore imberbe, un garçon trop vieux.

3. XÉNOPHON, *Agésilas*, V.

Arcésilas à l'appétit des plaisirs qu'on peut prendre avec les deux sexes[1]. On peut relever à ce sujet le célèbre passage du 1er livre des *Lois* : il est vrai que Platon y oppose très clairement le rapport « conforme à la nature » qui lie l'homme et la femme pour les fins de la génération, et la relation « contre nature » du mâle avec le mâle, de la femelle avec la femelle[2]. Mais cette opposition, aussi marquée qu'elle soit en termes de nature, est référée, par Platon, à la distinction plus fondamentale de la continence et de l'incontinence : les pratiques qui contreviennent à la nature et au principe de la procréation ne sont pas expliquées comme l'effet d'une nature anormale ou d'une forme particulière de désir ; elles ne sont que la suite de la démesure : « c'est l'intempérance dans le plaisir » *(akrateia hēdonēs)* qui est à leur origine[3]. Et lorsque, dans le *Timée*, Platon expose que la luxure doit être prise pour l'effet non d'une volonté mauvaise de l'âme, mais d'une maladie du corps, ce mal est décrit selon une grande pathologie de l'excès : le sperme, au lieu de rester enfermé dans la moelle et dans son armature osseuse, aurait débordé et se serait mis à ruisseler à travers tout le corps ; celui-ci serait devenu semblable à un arbre dont la puissance de végétation dépasserait toute mesure : ainsi l'individu, pendant une grande partie de son existence, serait mis en folie par l'« excès des plaisirs et des douleurs[4] ». Que l'immoralité dans les plaisirs du sexe soit toujours de l'ordre de l'exagération, du surplus et de l'excès, c'est une idée qu'on retrouve dans le 3e livre de l'*Éthique à Nicomaque* ; pour les désirs naturels qui sont communs à tous, les seules fautes qu'on puisse commettre sont, explique Aristote, de l'ordre de la quantité : elles relèvent du « plus » *(to pleion)* ; alors que le désir naturel consiste seulement à satisfaire le besoin, « boire et manger n'importe quoi jusqu'à en être sursaturé,

---

1. Sur Arcésilas, cf. DIOGÈNE LAËRCE, *Vie des Philosophes*, IV, 6. Plutarque notera ainsi que Hypéride était porté aux *aphrodisia*, *Vie de dix orateurs*, 849 d.

2. PLATON, *Lois*, I, 636 c.

3. On trouvera de la même façon dans DION DE PRUSE une explication de l'apparition de l'amour des garçons par un excès d'intempérance (*Discours*, VII, 150).

4. PLATON, *Timée*, 86 c-e.

c'est dépasser en quantité *(tōi plēthei)* ce que demande la nature ». Il est vrai qu'Aristote fait place aussi aux plaisirs particuliers des individus ; il arrive qu'on commette différents types de fautes, soit qu'on ne prenne pas son plaisir « là où il faudrait », soit qu'on se comporte « comme la foule », soit qu'on ne le prenne pas « comme il faut ». Mais, ajoute Aristote, « les intempérants, c'est de toutes ces manières qu'ils excèdent *(huperballousi)*, soit qu'ils prennent plaisir à des satisfactions à éviter, soit, si ces actes sont permis, qu'ils en tirent plus de plaisir que ne le font la plupart des gens ». Ce qui constitue l'intempérance, c'est l'excès dans ce domaine, « et c'est quelque chose de blâmable[1] ». Il semble bien que la première ligne de partage qui soit marquée dans le domaine du comportement sexuel par l'appréciation morale ne soit pas tracée à partir de la nature de l'acte, avec ses variantes possibles, mais à partir de l'activité et de ses gradations quantitatives.

La pratique des plaisirs relève aussi d'une autre variable qu'on pourrait dire de « rôle » ou de « polarité ». Au terme *aphrodisia* correspond le verbe *aphrodisiazein* ; il se réfère à l'activité sexuelle en général : ainsi parle-t-on du moment où les animaux arrivent à l'âge où ils sont capables d'*aphrodisiazein*[2] ; il désigne aussi l'accomplissement d'un acte sexuel quelconque : ainsi Antisthène évoque-t-il chez Xénophon l'envie qu'il a parfois d'*aphrodisiazein*[3]. Mais le verbe peut aussi être employé avec sa valeur active ; dans ce cas, il se rapporte de façon particulière au rôle dit « masculin » dans le rapport sexuel, et à la fonction « active » définie par la pénétration. Et inversement, on peut l'employer dans sa forme passive ; il désigne alors l'autre rôle dans la

1. ARISTOTE, *Éthique à Nicomaque*, III, 11, 1 118 b. Il faut noter cependant qu'Aristote se préoccupe à plusieurs reprises de la question des « plaisirs honteux » que certains peuvent rechercher (*Éthique à Nicomaque*, VII, 5, 1 148 b ; X, 3, 1 173 b.). Sur la question du désir, de son objet naturel et de ses variations, cf. PLATON, *République*, IV, 437 d-c.
2. ARISTOTE, *Histoire des animaux*, VIII, 1, 581 a. PLATON dans la *République*, IV, 426 a-b, parle des malades qui au lieu de suivre un régime continuent à manger, boire et *aphrodisiazein*.
3. XÉNOPHON, *Banquet*, IV, 38. PSEUDO-ARISTOTE, *Sur la stérilité*, V, 636 b.

conjonction sexuelle : le rôle « passif » du partenaire-objet.
Ce rôle, c'est celui que la nature a réservé aux femmes —
Aristote parle de l'âge auquel les jeunes filles deviennent
susceptibles d'*aphrodisiasthēnai*[1] ; c'est celui qui peut être
imposé par la violence à quelqu'un qui se trouve réduit à
être l'objet du plaisir de l'autre[2] ; c'est aussi le rôle accepté
par le garçon ou par l'homme qui se laisse pénétrer par son
partenaire — l'auteur de *Problèmes* s'interroge ainsi sur la
raison pour laquelle certains hommes prennent plaisir à
l'*aphrodisiazeisthai*[3].

On a sans doute raison de dire qu'il n'y a pas, dans le
vocabulaire grec, de nom qui regrouperait dans une notion
commune ce qu'il peut y avoir de spécifique dans la sexualité masculine et dans la sexualité féminine[4]. Mais il faut
relever que, dans la pratique des plaisirs sexuels, on distingue clairement deux rôles et deux pôles, comme on peut les
distinguer aussi dans la fonction génératrice ; ce sont deux
valeurs de position — celle du sujet et celle de l'objet, celle
de l'agent et celle du patient : comme le dit Aristote, « la
femelle en tant que femelle est bien un élément passif, et le
mâle en tant que mâle un élément actif[5] ». Alors que l'expérience de la « chair » sera considérée comme une expérience
commune aux hommes et aux femmes, même si elle ne
prend pas chez elles la même forme que chez eux, alors que
la « sexualité » sera marquée par la grande césure entre
sexualité masculine et féminine, les *aphrodisia* sont pensés
comme une activité impliquant deux acteurs, avec chacun
son rôle et sa fonction — celui qui exerce l'activité et celui
sur qui elle s'exerce.

De ce point de vue, et dans cette éthique (dont il faut
toujours se rappeler que c'est une morale d'homme, faite
par et pour les hommes), on peut dire que la ligne de parta-

1. ARISTOTE, *Histoire des animaux*, IX, 5, 637 a ; VII, I, 581 b.
2. XÉNOPHON, *Hiéron*, III, 4.
3. PSEUDO-ARISTOTE, *Problèmes*, IV, 26.
4. P. MANULI, « Fisiologia e patologia del feminile negli scritti hippocratici », *Hippo-cratica*, 1980, p. 393 sq.
5. ARISTOTE, *De la génération des animaux*, I, 21, 729 b.

ge passe principalement entre les hommes et les femmes —
en raison même de la très forte différenciation entre
le monde des hommes et celui des femmes dans beaucoup de
sociétés anciennes. Mais plus généralement encore, elle passe plutôt entre ce qu'on pourrait appeler les « acteurs actifs »
sur la scène des plaisirs, et les « acteurs passifs » : d'un côté
ceux qui sont sujets de l'activité sexuelle (et qui ont à faire
en sorte de l'exercer de façon mesurée et opportune) ; et de
l'autre ceux qui sont les partenaires-objets, les figurants sur
lesquels et avec lesquels elle s'exerce. Les premiers, cela va
de soi, sont les hommes, mais plus précisément, ce sont les
hommes adultes et libres ; les seconds, bien entendu, com-
prennent les femmes, mais elles n'y figurent que comme
l'un des éléments d'un ensemble plus vaste auquel on se
réfère parfois pour désigner les objets de plaisir possible :
« les femmes, les garçons, les esclaves ». Dans le texte connu
comme le serment d'Hippocrate, le médecin s'engage à
s'abstenir, dans toute maison où il entre, des *erga aphrodisia*, avec une personne quelconque, femme, homme libre ou
esclave[1]. Se maintenir dans son rôle ou l'abandonner, être
sujet de l'activité ou en être l'objet, passer du côté de ceux
qui la subissent, alors qu'on est un homme, ou rester du
côté de ceux qui l'exercent, c'est là la seconde grande variable, avec celle de la « quantité d'activité » qui donne prise à
l'appréciation morale. L'excès et la passivité sont, pour un
homme, les deux formes majeures de l'immoralité dans la
pratique des *aphrodisia*.

2. Si l'activité sexuelle doit être ainsi objet de différenciation et d'appréciation morales, la raison n'en est pas que
l'acte sexuel soit en lui-même un mal ; ce n'est pas non plus
qu'il porte avec lui la marque d'une déchéance première.
Même lorsque la forme actuelle de la relation sexuelle et de
l'amour est rapportée, comme elle l'est par Aristophane
dans le *Banquet*, à quelque drame originaire — orgueil des
humains et châtiment des dieux —, ni l'acte ni le plaisir ne

---

1. HIPPOCRATE, *Le Serment*, in *Œuvres*, éd. Loeb, I, p. 300.

sont pour autant considérés comme mauvais ; ils tendent, au contraire, à la restauration de ce qui était pour les humains le mode d'être le plus achevé[1]. D'une façon générale, l'activité sexuelle est perçue comme naturelle (naturelle et indispensable) puisque c'est par elle que les vivants peuvent se reproduire, que l'espèce dans son ensemble échappe à la mort[2] et que les cités, les familles, les noms et les cultes peuvent se prolonger bien au-delà des individus voués à disparaître. C'est parmi les désirs les plus naturels et nécessaires que Platon classe ceux qui nous portent aux *aphrodisia*[3] ; et les plaisirs que ceux-ci nous procurent ont pour cause, au dire d'Aristote, des choses nécessaires qui intéressent le corps et la vie du corps en général[4]. En somme l'activité sexuelle, si profondément ancrée dans la nature et de façon si naturelle, ne saurait être — Rufus d'Éphèse le rappellera — considérée comme mauvaise[5]. En cela, bien entendu, l'expérience morale des *aphrodisia* est radicalement différente de ce que sera celle de la chair.

Mais aussi naturelle et même nécessaire qu'elle puisse être, elle n'en est pas moins l'objet d'un souci moral ; elle appelle une délimitation qui permette de fixer jusqu'à quel point et dans quelle mesure il est convenable de la pratiquer. Cependant, si elle peut relever du bien et du mal, ce n'est pas en dépit de sa naturalité, ou parce que celle-ci aurait été altérée ; c'est en raison même de la manière dont elle a été disposée par la nature. Deux traits en effet marquent le plaisir auquel elle est associée. D'abord son caractère inférieur : sans oublier cependant que pour Aristippe et les cyrénaïques « les plaisirs ne diffèrent pas entre eux[6] », on caractérise en général le plaisir sexuel comme étant, non pas porteur de mal, mais ontologiquement ou qualitativement inférieur : parce que commun aux animaux et aux

---

1. PLATON, *Banquet*, 189 d-193 d. Sur un temps mythique sans génération sexuelle, cf. Le *Politique*, 271 a-272 b.
2. ARISTOTE, *De la génération des animaux*, II, 1, 731 b ; cf. *De l'âme*, II, 4, 415 a-b.
3. PLATON, *République*, VIII, 559 c.
4. ARISTOTE, *Éthique à Nicomaque*, VII, 4, 2, 1 147 b.
5. RUFUS D'ÉPHÈSE, *Œuvres*, éd. Daremberg, p. 318.
6. DIOGÈNE LAËRCE, *Vie des Philosophes*, II, 8.

hommes (et ne constituant pas une marque spécifique à ceux-ci) ; parce que mélangé à la privation et à la souffrance (et en cela il s'oppose aux plaisirs que peuvent donner la vue et l'ouïe) ; parce que dépendant du corps et de ses nécessités et parce que destiné à rétablir l'organisme dans son état antérieur au besoin[1]. Mais d'autre part, ce plaisir conditionné, subordonné et inférieur est un plaisir d'une extrême vivacité ; comme l'explique Platon, au début des *Lois*, si la nature a fait en sorte que les hommes et les femmes soient attirés les uns vers les autres, c'est afin que la procréation soit possible et que la survie de l'espèce soit assurée[2]. Or, cet objectif est si important et il est si essentiel que les humains se donnent une descendance, que la nature a attaché à l'acte de procréation un plaisir extrêmement intense ; tout comme la nécessité de s'alimenter et d'assurer ainsi leur survie individuelle est rappelée aux animaux par le plaisir naturel lié à la nourriture et à la boisson, de même la nécessité d'engendrer et de laisser derrière soi une progéniture leur est sans cesse rappelée par le plaisir et le désir qui sont associés à la conjonction des sexes. Les *Lois* évoquent ainsi l'existence de ces trois grands appétits fondamentaux, qui concernent la nourriture, la boisson et la génération : tous trois sont forts, impérieux, ardents, mais le troisième surtout, bien qu'il soit « le dernier à poindre », est « le plus vif de nos amours[3] ». À son interlocuteur de la *République*, Socrate demandait s'il connaissait « plaisir plus grand et plus vif que le plaisir d'amour[4] ».

C'est justement cette vivacité naturelle du plaisir avec l'attirance qu'il exerce sur le désir qui porte l'activité sexuelle à déborder les limites qui ont été fixées par la nature lorsqu'elle a fait du plaisir des *aphrodisia* un plaisir inférieur, subordonné et conditionné. À cause de cette vivacité

---

1. Sur la communauté de cette sorte de plaisir avec les animaux, cf. XÉNOPHON, *Hiéron*, VII ; sur le caractère mélangé du plaisir physique, cf. PLATON, *République*, IX, 583 b et sq. ; *Philèbe*, 44 et sq. ; sur le plaisir accompagnant la restauration de l'état antérieur du corps, PLATON, *Timée*, 64 d-65 a ; ARISTOTE, *Éthique à Nicomaque*, VII, 4, 1 147 b.

2. PLATON, *Lois*, I, 636 c.

3. *Ibid.*, VI, 783 a-b.

4. PLATON, *République*, III, 403 a.

on est porté à renverser la hiérarchie, à placer ces appétits et leur satisfaction au premier rang, à leur donner pouvoir absolu sur l'âme. À cause d'elle aussi, on est porté à aller au-delà de la satisfaction des besoins et à continuer à chercher le plaisir après même la restauration du corps. Tendance à la révolte et au soulèvement, c'est la virtualité « stasiastique » de l'appétit sexuel ; tendance au dépassement, à l'excès, c'est sa virtualité « hyperbolique[1] ». La nature a placé dans l'être humain cette force nécessaire et redoutable, toujours prête à déborder l'objectif qui lui a été fixé. On voit pourquoi, dans ces conditions, l'activité sexuelle exige une discrimination morale dont on a vu qu'elle était beaucoup plus dynamique que morphologique. S'il faut, comme le dit Platon, lui imposer les trois freins les plus forts — la crainte, la loi et le discours vrai[2] —, s'il faut, selon Aristote, que la faculté de désirer obéisse à la raison comme l'enfant aux commandements de son maître[3], si Aristippe lui-même voulait, sans cesser de se « servir » des plaisirs, qu'on veille à ne pas se laisser emporter par eux[4], la raison n'en est pas que l'activité sexuelle soit un mal ; ce n'est pas non plus parce qu'elle risquerait de dévier par rapport à un modèle canonique ; c'est parce qu'elle relève d'une force, d'une *energeia* qui est par elle-même portée à l'excès. Dans la doctrine chrétienne de la chair, la force excessive du plaisir trouve son principe dans la chute et le défaut qui marque depuis lors la nature humaine. Pour la pensée grecque classique, cette force est par nature virtuellement excessive, et la question morale sera de savoir comment affronter cette force, comment la maîtriser et en assurer l'économie convenable.

Que l'activité sexuelle apparaisse sous les espèces d'un jeu de forces établies par la nature, mais susceptibles d'abus, la

---

1. Sur l'hyperbole *(huperbolē, huperballein)* des plaisirs, voir, par exemple, PLATON, *République*, 402 e ; *Timée*, 86 b ; ARISTOTE, *Éthique à Nicomaque*, III, 11, 1 118 b ; VII, 4, 1 148 a ; VII, 7, 1 150 a ; VII, 7, 1 150 b. Sur la révolte *(epanastasis, stasiazein)*, PLATON, *République*, IV, 442 d ; IV, 444 b ; IX, 586 e ; *Phèdre*, 237 d.
2. PLATON, *Lois*, VI, 783 a.
3. ARISTOTE, *Éthique à Nicomaque*, III, 12, 1 119 b.
4. DIOGÈNE LAËRCE, *Vie des Philosophes*, VI, 8.

rapproche de la nourriture et des problèmes moraux que celle-ci peut poser. Cette association entre la morale du sexe et celle de la table est un fait constant dans la culture ancienne. On en trouverait mille exemples. Lorsque, dans le premier livre des *Mémorables*, il veut montrer combien Socrate, par son exemple et ses propos, était utile à ses disciples, Xénophon expose les préceptes et la conduite de son maître « sur le boire, le manger et les plaisirs de l'amour[1] ». Les interlocuteurs de la *République*, quand ils traitent de l'éducation des gardiens, tombent d'accord que la tempérance, la *sōphrosunē*, exige la triple maîtrise des plaisirs du vin, de l'amour et de la table *(potoi, aphrodisia, edōdai)*[2]. De même Aristote : dans l'*Éthique à Nicomaque*, les trois exemples qu'il donne de « plaisirs communs » sont ceux de la nourriture, de la boisson, et pour les jeunes gens et les hommes dans la force de l'âge, les « voluptés du lit[3] » ; à ces trois formes de plaisir, il reconnaît le même type de danger, celui de l'excès qui va au-delà du besoin ; il leur trouve même un principe physiologique commun puisqu'il voit dans les uns et les autres des plaisirs de contact et de toucher (nourriture et boisson ne suscitent selon lui le plaisir qui leur est propre qu'à entrer en contact avec la langue et surtout le gosier)[4]. Le médecin Éryximaque, quand il prend la parole dans le *Banquet*, revendique pour son art la capacité à donner des conseils sur la manière dont il faut faire usage des plaisirs de la table et du lit ; ce sont les médecins, selon lui, qui ont à dire, à propos de la bonne chère, comment y prendre plaisir sans se rendre malade ; ils ont aussi à prescrire, à ceux qui pratiquent l'amour physique — « le Pandémien » — comment ils peuvent trouver leur jouissance sans qu'il en résulte aucun dérèglement[5].

Il serait sans doute intéressant de suivre la longue histoire des rapports entre morale alimentaire et morale sexuelle,

---

1. XÉNOPHON, *Mémorables*, I, 3, 15.
2. PLATON, *République*, III, 389 d-e ; cf. aussi IX, 580 e.
3. ARISTOTE, *Éthique à Nicomaque*, III, 11, 1, 1 118 b.
4. *Ibid.*, III, 10, 9, 1 118 a.
5. PLATON, *Banquet*, 187 e.

à travers les doctrines, mais aussi à travers les rites religieux, ou les règles diététiques ; il faudrait essayer de voir
comment, sur la longue durée, a pu s'opérer le décrochage
entre le jeu des prescriptions alimentaires et celui de la
morale sexuelle : l'évolution de leur importance respective
(avec le moment sans doute assez tardif où le problème de la
conduite sexuelle est devenu plus préoccupant que celui des
comportements alimentaires) et la différenciation progressive de leur structure propre (le moment où le désir sexuel a
été interrogé en des termes autres que l'appétit alimentaire). En tout cas, dans la réflexion des Grecs à l'époque classique, il semble bien que la problématisation morale de la
nourriture, de la boisson, et de l'activité sexuelle ait été faite
de façon assez semblable. Les mets, les vins, les rapports
avec les femmes et les garçons constituent une matière éthique analogue ; ils mettent en jeu des forces naturelles mais
qui tendent toujours à être excessives : et ils posent les uns
et les autres la même question : comment peut-on et comment faut-il « se servir » *(chrēsthai)* de cette dynamique des
plaisirs, des désirs et des actes ? Question du bon usage.
Comme le dit Aristote : « Tout le monde, dans quelque
mesure, tire du plaisir de la table, du vin et de l'amour ;
mais tous ne le font pas comme il convient *(ouch' hōs
dei)*[1]. »

---

1. ARISTOTE, *Éthique à Nicomaque*, VII, 14, 7, 1 154 a.

2

CHRĒSIS

Comment prendre son plaisir « comme il faut » ? À quel principe se référer pour modérer, limiter, régler cette activité ? Quel type de validité reconnaître à ces principes, qui puisse justifier qu'on ait à s'y plier ? Ou, en d'autres termes, quel est le mode d'assujettissement qui est impliqué dans cette problématisation morale de la conduite sexuelle ?

La réflexion morale sur les *aphrodisia* tend beaucoup moins à établir un code systématique qui fixerait la forme canonique des actes sexuels, tracerait la frontière des interdits et distribuerait les pratiques de part et d'autre d'une ligne de partage qu'à élaborer les conditions et les modalités d'un « usage » : le style de ce que les Grecs appelaient la *chrēsis aphrodisiōn*, l'usage des plaisirs. L'expression courante *chrēsis aphrodisiōn* se rapporte, d'une façon générale, à l'activité sexuelle (on parlera ainsi des moments de l'année ou de l'âge de la vie où il est bon de *chrēsthai aphrodisiois*)[1]. Mais le terme se rapporte aussi à la manière dont un individu mène son activité sexuelle, sa façon de se conduire dans cet ordre de choses, le régime qu'il se permet ou s'impose, les conditions dans lesquelles il effectue les actes sexuels, la part qu'il leur fait dans sa vie[2]. Question non de

---

1. ARISTOTE, *Histoire des animaux*, VII, I, 581 b ; *De la génération des animaux*, II, 7, 747 a.

2. PLATON (*République*, V, 451 c) parle de ce que doit être la correcte « possession et pratique » *(ktēsis te kai chreia)* des femmes et des enfants ; il s'agit donc là de l'ensemble des rapports et des formes de relations qu'on peut avoir avec eux. POLYBE évoque la

ce qui est permis ou défendu parmi les désirs qu'on éprouve ou les actes qu'on commet, mais de prudence, de réflexion, de calcul dans la manière dont on distribue et dont on contrôle ses actes. Dans l'usage des plaisirs, s'il est vrai qu'il faut respecter les lois et coutumes du pays, ne pas faire offense aux dieux et se référer à ce que veut la nature, les règles morales auxquelles on se soumet sont fort éloignées de ce qui peut constituer un assujettissement à un code bien défini[1]. Il s'agit beaucoup plus d'un ajustement varié, et dans lequel on doit tenir compte de différents éléments : l'un qui est celui du besoin et de ce qui est rendu nécessaire par la nature, l'autre qui est celui, temporel et circonstanciel, de l'opportunité, le troisième qui est celui du statut de l'individu lui-même. La *chrēsis* doit se décider en tenant compte de ces différentes considérations. On peut reconnaître dans la réflexion sur l'usage des plaisirs le souci d'une triple stratégie : celle du besoin, celle du moment, celle du statut.

1. La stratégie du besoin. On connaît le geste scandaleux de Diogène : lorsqu'il avait besoin de satisfaire son appétit sexuel, il se soulageait lui-même, sur la place publique[2]. Comme beaucoup de provocations cyniques, celle-ci est à double entente. La provocation porte en effet sur le caractère public de la chose — ce qui en Grèce allait contre tous les usages ; on donnait volontiers, comme raison de ne pratiquer l'amour que la nuit, la nécessité de s'en cacher aux regards ; et dans la précaution à ne pas se laisser voir dans ce genre de rapports, on voyait le signe que la pratique des *aphrodisia* n'était pas quelque chose qui honorait ce qu'il y avait de plus noble en l'homme. C'est bien contre cette

chreia aphrodisiōn qui avec le luxe des vêtements et de la nourriture caractérise les mœurs des souverains héréditaires et provoque le mécontentement et la révolution (*Histoires*, VI, 7).

1. La *Rhétorique* d'ARISTOTE (I, 9) définit la tempérance comme ce qui nous fait nous conduire, quant aux plaisirs du corps, « comme le veut le *nomos* ». Sur la notion de *nomos*, cf. J. DE ROMILLY, *L'Idée de loi dans la pensée grecque*.

2. DIOGÈNE LAËRCE, *Vie des Philosophes*, VI, 2, 46. Voir aussi DION DE PRUSE, *Discours*, VI, 17-20, et GALIEN, *Des lieux affectés*, VI, 5.

règle de non-publicité que Diogène adresse sa critique
« gestuelle » ; Diogène Laërce rapporte en effet qu'il avait
coutume « de tout faire en public, les repas et l'amour » et
qu'il raisonnait ainsi : « s'il n'y a pas de mal à manger, il
n'y en a pas non plus à manger en public[1] ». Mais par ce
rapprochement avec la nourriture, le geste de Diogène
prend aussi une autre signification : la pratique des *aphrodisia*, qui ne peut être honteuse puisqu'elle est naturelle,
n'est rien de plus, rien de moins que la satisfaction d'un
besoin ; et tout comme le cynique cherchait la nourriture
qui puisse satisfaire le plus simplement son estomac (il
aurait essayé de manger de la viande crue), de même il
trouvait dans la masturbation le moyen le plus direct
d'apaiser son appétit ; il regrettait même qu'il n'y ait pas
possibilité de donner une satisfaction aussi simple à la faim
et à la soif : « Plût au ciel qu'il suffît de se frotter le ventre
pour apaiser sa faim. »

En cela, Diogène ne faisait que pousser à la limite un des
grands préceptes de la *chrēsis aphrodisiōn*. Il réduisait au
minimum la conduite qu'Antisthène exposait déjà dans le
Banquet de Xénophon : « Suis-je sollicité, disait-il, de quelque désir amoureux, je me contente de la première venue et
les femmes à qui je m'adresse me comblent de caresses,
puisque personne d'autre ne consent à les approcher. Et
toutes ces jouissances me paraissent si vives qu'en me
livrant à chacune d'elles, je ne souhaite pas en tirer de plus
vives ; je les voudrais plutôt moins vives, tellement certaines
d'entre elles dépassent les bornes de l'utile[2]. » Ce régime
d'Antisthène n'est pas très éloigné dans son principe (même
si les conséquences pratiques en sont très différentes) de
plusieurs préceptes ou exemples que Socrate, selon Xénophon, donnait à ses disciples. Car s'il recommandait à ceux
qui étaient insuffisamment armés contre les plaisirs de
l'amour de fuir la vue des beaux garçons, et de s'exiler
même si besoin était, il ne prescrivait pas, en tout état de

---

1. Diogène Laërce, *Vie des Philosophes*, VI, 2, 69.
2. Xénophon, *Banquet*, IV, 38.

cause, une abstention totale, définitive et inconditionnelle ;
« l'âme » — c'est du moins ainsi que Xénophon présente la
leçon socratique — « n'approuve ces plaisirs que si le besoin
physique en est pressant et peut être satisfait sans dommage[1] ».

Mais dans cet usage des *aphrodisia* régulé par le besoin,
l'objectif n'est pas d'annuler le plaisir ; il s'agit au contraire
de le maintenir et de le maintenir par le besoin qui suscite
le désir ; on sait bien que le plaisir s'émousse s'il n'offre pas
satisfaction à la vivacité d'un désir : « Mes amis », dit la Vertu dans le discours de Prodicos que rapporte Socrate, « jouissent du manger et du boire avec plaisir *(hēdeia... apolausis)*
et sans se donner de peine *(apragmōn)* : car ils attendent
d'en sentir le désir[2]. » Et dans une discussion avec Euthydème, Socrate rappelle que « la faim, la soif, le désir amoureux
(aphrodisiōn epithumia), les veilles sont les seules causes du
plaisir qu'on a à manger, à boire, à faire l'amour, à se reposer et à dormir, lorsqu'on a attendu et supporté ces besoins
jusqu'à ce que la satisfaction en soit aussi agréable que possible *(hōs eni hēdista)*[3] ». Mais s'il faut, par le désir, soutenir
la sensation de plaisir, il ne faut pas, inversement, multiplier les désirs par des recours à des plaisirs qui ne sont pas
dans la nature : c'est la fatigue, est-il dit encore dans le
discours de Prodicos, et non pas l'oisiveté entretenue qui
doit donner envie de dormir ; et si on peut satisfaire, quand
ils se manifestent, les désirs sexuels, il ne faut pas créer des
désirs qui vont au-delà des besoins. Le besoin doit servir de
principe recteur dans cette stratégie dont on voit bien
qu'elle ne peut jamais prendre la forme d'une codification
précise ou d'une loi applicable à tous de la même façon dans
toutes les circonstances. Elle permet un équilibre dans la
dynamique du plaisir et du désir : elle l'empêche de « s'emballer » et de tomber dans l'excès en lui fixant comme limite
interne la satisfaction d'un besoin ; et elle évite que cette

---

1. XÉNOPHON, *Mémorables*, I, 3, 14.
2. *Ibid.*, II, 1, 33.
3. *Ibid.*, IV, 5, 9.

force naturelle n'entre en sédition et n'usurpe une place qui n'est pas la sienne : car elle n'accorde que ce qui, nécessaire au corps, est voulu par la nature, sans rien de plus.

Cette stratégie permet de conjurer l'intempérance, laquelle est en somme une conduite qui n'a pas son repère dans le besoin. C'est pourquoi, elle peut prendre deux formes contre lesquelles le régime moral des plaisirs doit lutter. Il y a une intempérance qu'on pourrait dire de « pléthore », de « remplissage »[1] : elle accorde au corps tous les plaisirs possibles avant même qu'il en ait éprouvé le besoin, ne lui laissant le temps de n'éprouver « ni la faim, ni la soif, ni les désirs amoureux, ni les veilles » et étouffant par là même toute sensation de plaisir. Il y a aussi une intempérance qu'on pourrait dire d'« artifice » et qui est la conséquence de la première : elle consiste à aller chercher les voluptés dans la satisfaction de désirs hors nature : c'est elle qui « pour manger avec plaisir cherche des cuisiniers, pour boire avec plaisir se procure des vins coûteux, et en été court chercher de la neige » ; c'est elle qui pour trouver de nouveaux plaisirs dans les *aphrodisia* se sert d'« hommes comme s'ils étaient des femmes[2] ». Ainsi conçue, la tempérance ne peut pas prendre la forme d'une obéissance à un système de lois ou à une codification des conduites ; elle ne peut valoir non plus comme un principe d'annulation des plaisirs ; elle est un art, une pratique des plaisirs qui est capable en « usant » de ceux qui sont fondés sur le besoin de se limiter elle-même : « La tempérance, dit Socrate, qui seule nous fait endurer les besoins dont j'ai parlé, seule également nous fait éprouver un plaisir digne de mémoire[3]. » Et c'est bien ainsi qu'en usait Socrate lui-même dans la vie quotidienne, si on en croit Xénophon : « Il ne prenait de nourriture qu'autant qu'il avait de plaisir à manger et il arrivait à son repas dans une disposition telle que l'appétit lui servait d'assaisonne-

---

1. Cf. PLATON, *Gorgias*, 492 a-b, 494 c, 507 e ; *République*, VIII, 561 b.
2. XÉNOPHON, *Mémorables*, II, 1, 30.
3. *Ibid.*, IV, 5, 9.

ment. Toute boisson lui était agréable puisqu'il ne buvait jamais sans soif[1]. »

2. Une autre stratégie consiste à déterminer le moment opportun, le *kairos*. C'est là un des objectifs les plus importants, et les plus délicats, dans l'art de faire usage des plaisirs. Platon le rappelle dans les *Lois* : heureux (qu'il s'agisse d'un particulier ou d'un État) celui qui, dans cet ordre de choses, sait ce qu'il faut faire, « quand il le faut et autant qu'il le faut » ; celui au contraire qui agit « sans savoir s'y prendre *(anepistēmonōs)* » et « hors des moments voulus *(ektos tōn kairōn)* », celui-là a « une tout autre vie[2] ».

Il faut garder à l'esprit que ce thème du « quand il faut » a toujours occupé pour les Grecs une place importante non seulement comme problème moral, mais aussi comme question de science et de technique. Ces savoirs pratiques que sont — selon un rapprochement très traditionnel — la médecine, le gouvernement, le pilotage, impliquent ainsi qu'on ne se contente pas de connaître les principes généraux mais qu'on soit capable de déterminer le moment où il faut intervenir et la manière précise de le faire en fonction des circonstances dans leur actualité. Et c'est justement un des aspects essentiels de la vertu de prudence de donner l'aptitude à mener comme il faut la « politique du moment », dans les différents domaines — qu'il s'agisse de la cité ou de l'individu, du corps ou de l'âme, — où il importe de saisir le *kairos*. Dans l'usage des plaisirs, la morale aussi est un art du « moment ».

Ce moment peut être déterminé selon plusieurs échelles. Il y a l'échelle de la vie tout entière ; les médecins pensent qu'il n'est pas bon d'entamer trop jeune la pratique de ces plaisirs : ils estiment aussi qu'elle peut être nocive si on la prolonge à un âge trop avancé ; elle a sa saison dans l'existence : on la fixe en général à une période qui est caractérisée non seulement comme celle où la procréation est possi-

---

1. *Ibid.*, I, 3, 5.
2. PLATON, *Lois*, I, 636 d-e. Sur la notion de *kairos* et son importance dans la morale grecque, cf. P. AUBENQUE, *La Prudence chez Aristote*, Paris, 1963, p. 95 sq.

ble, mais comme celle où la descendance est saine, bien formée, bien portante[1]. Il y a aussi l'échelle de l'année, avec les saisons : les régimes diététiques, on le verra plus loin, accordent une grande importance à la corrélation entre l'activité sexuelle et le changement d'équilibre dans le climat, entre le chaud et le froid, l'humidité et la sécheresse[2]. Il convient aussi de choisir le moment de la journée : un des *Propos de table* de Plutarque traitera de ce problème, en lui proposant une solution qui semble avoir été traditionnelle ; des raisons diététiques, mais aussi des arguments de décence, et des motifs religieux recommandent de préférer le soir : car c'est le moment le plus favorable pour le corps, le moment où l'ombre dérobe les images peu convenables, et celui qui permet d'intercaler le temps d'une nuit avant les pratiques religieuses du lendemain matin[3]. Le choix du moment — du *kairos* — doit dépendre également des autres activités. Si Xénophon peut citer son Cyrus en exemple de tempérance, ce n'est point parce qu'il avait renoncé aux plaisirs ; c'est parce qu'il savait les distribuer comme il faut au fil de son existence, ne se laissant point détourner par eux de ses occupations, et ne les autorisant qu'après un travail préalable qui ouvrait la voie à des délassements honorables[4].

L'importance du « bon moment » dans l'éthique sexuelle apparaît assez clairement dans un passage des *Mémorables* consacré à l'inceste. Socrate pose sans équivoque que « l'interdiction des rapports entre un père et ses filles, entre un fils et sa mère » constitue bien un précepte universel, et établi par les dieux : il en voit la preuve dans le fait que ceux qui le transgressent reçoivent un châtiment. Or, ce châtiment consiste en ce que, malgré les qualités intrinsèques que peuvent avoir les parents incestueux, leur descendance

---

1. Cet âge était fixé tard ; pour Aristote, le sperme reste infécond jusqu'à vingt et un ans. Mais l'âge qu'un homme doit attendre pour espérer une belle descendance est plus tardif encore : « Après vingt et un ans, les femmes sont en bonne condition pour faire des enfants, tandis que les hommes ont encore à se développer » (*Histoire des animaux*, VII, 1, 582 a).
2. Tout ceci sera développé dans le chapitre suivant.
3. PLUTARQUE, *Propos de table*, III, 6.
4. XÉNOPHON, *Cyropédie*, VIII, 1, 32.

est mal venue. Et pourquoi ? Parce qu'ils ont méconnu le principe du « moment », et mêlé à contretemps la semence de géniteurs dont l'un est forcément beaucoup plus vieux que l'autre : c'est toujours « procréer dans de mauvaises conditions » que d'engendrer lorsqu'on n'est plus « dans la fleur de l'âge[1] ». Xénophon ou Socrate ne disent pas que l'inceste n'est condamnable que sous la forme d'un « contretemps » ; mais il est remarquable que le mal de l'inceste se manifeste de la même façon et par les mêmes effets que la méconnaissance du temps.

3. L'art d'user du plaisir doit se moduler aussi en considération de celui qui en use et selon le statut qui est le sien. L'auteur de l'*Eroticos*, attribué à Démosthène, le rappelle après le *Banquet* : tout esprit sensé sait bien que les relations amoureuses d'un garçon ne sont pas « vertueuses ou déshonnêtes de manière absolue », mais qu'« elles diffèrent du tout au tout selon les intéressés » ; il serait donc « déraisonnable de suivre la même maxime dans tous les cas[2] ».

Sans doute est-ce un trait commun à bien des sociétés que les règles de conduite sexuelle varient selon l'âge, le sexe, la condition des individus, et qu'obligations et interdictions ne soient pas imposées à tous de la même façon. Mais, pour s'en tenir au cas de la morale chrétienne, cette spécification se fait dans le cadre d'un système d'ensemble qui définit selon des principes généraux la valeur de l'acte sexuel, et indique sous quelles conditions il pourra être légitime ou non selon qu'on est marié ou non, lié ou non par des vœux, etc. ; il s'agit là d'une universalité modulée. Il semble bien que dans la morale ancienne, et sauf quelques préceptes qui valent pour tout le monde, la morale sexuelle fasse toujours partie du mode de vie, lui-même déterminé par le statut qu'on a reçu et les finalités qu'on a choisies. C'est encore le Pseudo-Démosthène de l'*Eroticos* qui s'adresse à Épicrate pour lui « donner des conseils propres à mettre sa conduite

1. Xénophon, *Mémorables*, IV, 4, 21-23.
2. Platon, *Banquet*, 180 c-181 a ; 183 d. Pseudo-Démosthène, *Eroticos*, 4.

en plus grande estime » ; il ne voudrait pas en effet que le jeune homme prenne des résolutions à propos de lui-même « qui ne soient pas conformes aux meilleurs avis » ; et ces bons conseils n'ont pas pour rôle de rappeler des principes généraux de conduite, mais de faire valoir la légitime différence des critères moraux : « quelqu'un est-il d'une condition obscure et humble, nous ne le critiquons pas, même en cas de faute peu honorable » ; en revanche, s'il est, comme Épicrate lui-même, « parvenu à la notoriété, la moindre négligence sur un point qui intéresse l'honneur le couvre de honte[1] ». C'est un principe généralement admis que plus on est en vue, plus on a ou plus on veut avoir d'autorité sur les autres, plus on cherche à faire de sa vie une œuvre éclatante dont la réputation s'étendra loin et longtemps, plus il est nécessaire de s'imposer, par choix et volonté, des principes rigoureux de conduite sexuelle. Tel était le conseil donné par Simonide à Hiéron à propos « du boire, du manger, du sommeil et de l'amour » : ces « jouissances sont communes à tous les animaux indistinctement », alors que l'amour de l'honneur et de la louange est propre aux humains ; et c'est cet amour qui permet d'endurer les dangers comme les privations[2]. Et telle était bien aussi la manière dont Agésilas se conduisait, toujours selon Xénophon, à l'égard des plaisirs « par lesquels beaucoup d'hommes se laissent maîtriser » ; il estimait en effet qu'« un chef doit se distinguer des particuliers, non par la mollesse, mais par l'endurance[3] ».

La tempérance est très régulièrement représentée parmi les qualités qui appartiennent — ou du moins devraient appartenir — non pas à n'importe qui, mais de façon privilégiée à ceux qui ont rang, statut et responsabilité dans la cité. Quand le Socrate des *Mémorables* fait à Critobule le portrait de l'homme de bien dont il est utile de rechercher l'amitié, il place la tempérance dans le tableau des qualités qui caractérisent un homme socialement estimable : être

---

1. *Ibid.*
2. Xénophon, *Hiéron*, VII.
3. Id., *Agésilas*, V.

prêt à rendre service à un ami, être disposé à rendre les bienfaits reçus, être accommodant dans les affaires[1]. À son disciple Aristippe qui « poussait le dérèglement jusqu'à l'excès », Socrate, toujours selon Xénophon, montre les avantages de la tempérance en lui posant la question : s'il avait à former deux élèves, l'un qui aurait à mener une vie quelconque et l'autre qui serait destiné à commander, auquel des deux enseignerait-il à être « maître de ses désirs amoureux », pour qu'ils ne l'empêchent pas de faire ce qu'il aurait à faire[2] ? Nous préférons, disent ailleurs les *Mémorables*, avoir des esclaves qui ne sont pas intempérants ; à plus forte raison, si nous voulions nous choisir un chef, « irions-nous choisir celui que nous saurions esclave de son ventre, du vin, des plaisirs de l'amour, de la mollesse et du sommeil[3] ? » Il est vrai que Platon veut donner à l'État tout entier la vertu de tempérance ; mais il n'entend pas par là que tous seront également tempérants ; la *sōphrosunē* caractérisera l'État où ceux qui doivent être dirigés obéiront, et où ceux qui doivent commander commanderont effectivement : on trouvera donc une multitude « de désirs, de plaisirs et de peines », du côté des enfants, des femmes, des esclaves, ainsi que du côté d'une masse de gens sans valeur ; « mais les désirs simples et modérés qui, sensibles au raisonnement, se laissent guider par l'intelligence et l'opinion juste », on ne les trouvera que « dans un petit nombre de gens, ceux qui joignent au plus beau naturel la plus belle éducation ». Dans l'État tempérant, les passions de la multitude vicieuse sont dominées par « les passions et l'intelligence d'une minorité vertueuse[4] ».

On est là très loin d'une forme d'austérité qui tendrait à assujettir tous les individus de la même façon et les plus orgueilleux comme les plus humbles, sous une loi universelle, dont seule l'application pourrait être modulée par la mise en jeu d'une casuistique. Tout ici au contraire est

---

1. XÉNOPHON, *Mémorables*, II, 6, 1-5.
2. *Ibid.*, II, 1, 1-4.
3. *Ibid.*, I, 5, 1.
4. PLATON, *République*, IV, 431, c-d.

affaire d'ajustement, de circonstance, de position personnelle. Les quelques grandes lois communes — de la cité, de la religion ou de la nature — restent présentes, mais comme si elles dessinaient au loin un cercle très large, à l'intérieur duquel la pensée pratique doit définir ce qu'il convient de faire. Et pour cela, elle n'a pas besoin de quelque chose comme un texte qui ferait loi, mais d'une *technē* ou d'une « pratique », d'un savoir-faire qui en tenant compte des principes généraux guiderait l'action dans son moment, selon son contexte et en fonction de ses fins. Ce n'est donc pas en universalisant la règle de son action que, dans cette forme de morale, l'individu se constitue comme sujet éthique ; c'est au contraire par une attitude et par une recherche qui individualisent son action, la modulent, et peuvent même lui donner un éclat singulier par la structure rationnelle et réfléchie qu'elle lui prête.

3

ENKRATEIA

On oppose souvent l'intériorité de la morale chrétienne à l'extériorité d'une morale païenne qui n'envisagerait les actes que dans leur accomplissement réel, dans leur forme visible et manifeste, dans leur adéquation à des règles et selon l'aspect qu'ils peuvent prendre dans l'opinion ou le souvenir qu'ils laissent derrière eux. Mais cette opposition traditionnellement reçue risque de manquer l'essentiel. Ce qu'on appelle l'intériorité chrétienne est un mode particulier de rapport à soi, qui comporte des formes précises d'attention, de soupçon, de déchiffrement, de verbalisation, d'aveu, d'autoaccusation, de lutte contre les tentations, de renoncement, de combat spirituel, etc. Et ce qui est désigné comme l'« extériorité » de la morale ancienne implique aussi le principe d'un travail sur soi, mais sous une forme très différente. L'évolution qui se produira, avec d'ailleurs beaucoup de lenteur, entre paganisme et christianisme ne consistera pas en une intériorisation progressive de la règle, de l'acte et de la faute ; elle opérera plutôt une restructuration des formes du rapport à soi et une transformation des pratiques et techniques sur lesquelles ce rapport prenait appui.

Un terme, dans la langue classique, est utilisé pour désigner cette forme de rapport à soi, cette « attitude » qui est nécessaire à la morale des plaisirs et qui se manifeste dans le bon usage qu'on en fait : *enkrateia*. En fait, le mot est resté longtemps assez voisin de *sōphrosunē* : on les trouve souvent employés ensemble ou alternativement, avec des acceptions très proches. Xénophon, pour désigner la tempérance — qui fait partie avec la piété, la sagesse, le courage, la justice des cinq vertus qu'il reconnaît couramment —, emploie tantôt le mot *sōphrosunē*, tantôt le mot *enkrateia*[1]. Platon se réfère à cette proximité des deux mots lorsque Socrate, interrogé par Calliclès sur ce que c'est que « se commander à soi-même *(auton heauton archein)* », répond : cela consiste à « être sage et à se dominer *(sōphrona onta kai enkratē auton heautou)*, à commander en soi aux plaisirs et aux désirs *(archein tōn hēdonōn kai epithumiōn)*[2] ». Et lorsque, dans la *République*, il envisage tour à tour les quatre vertus fondamentales — sagesse, courage, justice et tempérance *(sōphrosunē)* —, il donne de celle-ci une définition par l'*enkrateia* : « La tempérance *(sōphrosunē)* est une sorte d'ordre et d'empire *(kosmos kai enkrateia)* sur certains plaisirs et désirs[3]. »

On peut noter cependant que si les significations de ces deux mots sont très voisines, il s'en faut qu'ils soient exactement synonymes. Chacun des deux se réfère à un mode un peu différent de rapport à soi. La vertu de *sōphrosunē* est plutôt décrite comme un état très général qui assure qu'on se conduise « comme il convient envers les dieux et envers les hommes », c'est-à-dire qu'on soit non seulement tempérant mais pieux et juste, et courageux aussi[4]. En revanche, l'*enkrateia* se caractérise plutôt par une forme active de maîtrise de soi, qui permet de résister ou de lutter, et d'assurer sa domination dans le domaine des désirs et des plaisirs. Aristote aurait été le premier, selon H. North, à distinguer systématiquement entre la *sōphrosunē* et

1. Xénophon, *Cyropédie*, VIII, I, 30. Sur la notion de *sōphrosunē* et son évolution, cf. H. North, *Sōphrosunē* ; l'auteur souligne la proximité des deux mots *sōphrosunē* et *enkrateia* chez Xénophon (pp. 123-132).

2. Platon, *Gorgias*, 491 d.

3. Platon, *République*, IV, 430 b. Aristote dans l'*Éthique à Nicomaque* (VII, 1, 6, 1 145 b) rappelle l'opinion selon laquelle celui qui est *sōphrōn* est *enkratēs* et *karterikos*.

4. Platon, *Gorgias*, 507 a-b. Cf. également *Lois*, III, 697 b. Considérer « comme les premiers et les plus précieux des biens de l'âme quand la tempérance y réside ».

l'*enkrateia*[1]. La première est caractérisée, dans l'*Éthique à Nicomaque*, par le fait que le sujet choisit délibérément des principes d'action conformes à la raison, qu'il est capable de les suivre et de les appliquer, qu'il tient ainsi, dans sa conduite, le « juste milieu » entre l'insensibilité et les excès (juste milieu qui n'est pas une équidistance, car en fait la tempérance est beaucoup plus éloignée de ceux-ci que de celle-là), et qu'il prend plaisir à la modération dont il fait preuve ; à la *sōphrosunē* s'oppose l'intempérance *(akolasia)* dans laquelle on suit volontairement, et par choix délibéré, de mauvais principes, s'abandonnant aux désirs même les plus faibles et prenant plaisir à cette mauvaise conduite : l'intempérant est sans regret ni guérison possible. L'*enkrateia*, avec son opposé l'*akrasia*, se situe sur l'axe de la lutte, de la résistance et du combat : elle est retenue, tension, « continence » ; l'*enkrateia* domine les plaisirs et les désirs, mais en ayant besoin de lutter pour l'emporter. À la différence de l'homme « tempérant », le « continent » éprouve d'autres plaisirs que ceux qui sont conformes à la raison ; mais il ne se laisse plus entraîner par eux et son mérite sera d'autant plus grand que ces désirs sont forts. En regard, l'*akrasia* n'est pas, comme l'intempérance, un choix délibéré de mauvais principes ; il faut plutôt la comparer à ces villes qui ont de bonnes lois mais ne sont pas capables de les appliquer ; l'incontinent se laisse emporter malgré lui et en dépit des principes raisonnables qui sont les siens, soit qu'il n'ait pas la force de les mettre en œuvre, soit qu'il n'y ait pas suffisamment réfléchi : c'est cela même qui fait que l'incontinent peut guérir et accéder à la maîtrise de soi[2]. En ce sens, l'*enkrateia* est la condition de la *sōphrosunē*, la forme de travail et de contrôle que l'individu doit exercer sur lui-même pour devenir tempérant *(sōphrōn)*.

En tout cas, le terme d'*enkrateia* dans le vocabulaire classique semble se référer en général à la dynamique d'une domination de soi par soi et à l'effort qu'elle demande.

---

1. Cf. H. NORTH, *Sōphrosunē*, *op. cit.*, pp. 202-203.
2. ARISTOTE, *Éthique à Nicomaque*, III, 11 et 12, 1 118 b-1 119 a et VII, 7, 849, 1 150 a-1 152 a.

1. Cet exercice de la domination implique d'abord un rapport agonistique. L'Athénien, dans les *Lois*, le rappelle à Clinias : s'il est vrai que l'homme le mieux doué pour le courage ne sera que « la moitié de lui-même », sans l'« épreuve et l'entraînement » des combats, on peut penser qu'on ne pourra devenir tempérant *(sōphrōn)* « sans avoir soutenu la lutte contre tant de plaisirs et de désirs *(pollais hēdonais kai epithumiais diamemachēmenos)* ni remporté la victoire grâce à la raison, à l'exercice, à l'art *(logos, ergon, technē)* soit dans les jeux, soit dans l'action[1] ». Ce sont presque les mêmes mots qu'employait de son côté Antiphon le Sophiste : « N'est pas sage *(sōphrōn)* celui qui n'a pas désiré *(epithumein)* le laid et le mal, qui n'en a pas tâté ; car alors, il n'y a rien dont il ait triomphé *(kratein)* et qui lui permette de s'affirmer vertueux *(kosmios)*[2]. » On ne peut se conduire moralement qu'en instaurant par rapport aux plaisirs une attitude de combat. Les *aphrodisia*, on l'a vu, sont rendus non seulement possibles, mais désirables par un jeu de forces dont l'origine et la finalité sont naturelles, mais les virtualités, du fait de leur énergie propre, portent à la révolte et à l'excès. De ces forces, on ne peut faire l'usage modéré qui convient que si l'on est capable de s'opposer à elles, de leur résister et de les maîtriser. Certes, s'il faut s'affronter à elles, c'est parce que ce sont des appétits inférieurs que nous nous trouvons partager — comme la faim et la soif — avec les animaux[3] ; mais cette infériorité de nature ne serait pas en elle-même une raison d'avoir à la combattre, n'était le danger que, l'emportant sur tout le reste, elles étendent leur domination sur tout l'individu et ne le réduisent finalement à l'esclavage. En d'autres termes, ce n'est pas leur nature intrinsèque, leur disqualification de principe qui appelle l'attitude « polémique » avec soi-même, mais leur emprise éventuelle et leur empire. La conduite morale, en matière de plaisirs, est sous-tendue par une

---

1. PLATON, *Lois*, I, 647 e.
2. ANTIPHON, in STOBÉE, *Florilège*, V, 33. C'est le fragment n° 16 dans les *Œuvres* d'Antiphon (C.U.F.).
3. XÉNOPHON, *Hiéron*, VII. ARISTOTE, *Éthique à Nicomaque*, III, 10, 8, 1 117 b.

bataille pour le pouvoir. Cette perception des *hēdonai* et *epithumiai* comme force redoutable et ennemie, et la constitution corrélative de soi-même comme adversaire vigilant qui les affronte, joute contre eux et cherche à les dompter, se traduit dans toute une série d'expressions employées traditionnellement pour caractériser la tempérance et l'intempérance : s'opposer aux plaisirs et aux désirs, ne pas leur céder, résister à leurs assauts ou au contraire se laisser emporter par eux[1], les vaincre ou être vaincu par eux[2], être armé ou équipé contre eux[3]. Elle se traduit aussi par des métaphores comme celle de la bataille à mener contre des adversaires armés[4], ou comme celle de l'âme-acropole, attaquée par une troupe hostile et qui devrait se défendre grâce à une garnison solide[5] ou comme celle des frelons qui s'en prennent aux désirs sages et modérés, les tuent et les chassent[6] si on ne parvient pas à s'en débarrasser. Elle s'exprime également par des thèmes comme celui des forces sauvages du désir qui envahissent l'âme pendant son sommeil si elle n'a pas su se protéger à l'avance par les précautions nécessaires[7]. Le rapport aux désirs et aux plaisirs est conçu comme un rapport batailleur : à leur égard, il faut se mettre dans la position et le rôle de l'adversaire, soit selon le modèle du soldat qui se bat, soit sur le modèle du lutteur dans un

---

1. On trouve ainsi toute une série de mots comme *agein, ageisthai* (mener, être mené) ; PLATON, *Protagoras*, 355 a ; *République*, IV, 431 e ; ARISTOTE, *Éthique à Nicomaque*, VII, 7, 3, 1 150 a. *Kolazein* (contenir) : *Gorgias*, 491 e, *République*, VIII, 559 b ; IX, 571 b. *Antiteinein* (s'opposer) : *Éthique à Nicomaque*, VII, 2, 4, 1 146 a ; VII, 7, 5 et 6, 1 150 b. *Emphrassein* (faire obstacle) : ANTIPHON, *Fragm.* 15. *Antechein* (résister) : *Éthique à Nicomaque*, VII, 7, 4 et 6, 1 150 a et b.

2. *Nikan* (vaincre) : PLATON, *Phèdre*, 238 c ; *Lois*, I, 634 b ; VIII, 634 b ; ARISTOTE, *Éthique à Nicomaque*, VII, 7, 1 150 a ; VII, 9, 1 151 a ; ANTIPHON, *Fragm.* 15. *Kratein* (dominer) : PLATON, *Protagoras*, 353 c ; *Phèdre*, 237 e-238 a ; *République*, IV, 431 a-c ; *Lois*, 840 c ; XÉNOPHON, *Mémorables*, I, 2, 24 ; ANTIPHON, *Fragm.* 15 et 16 ; ARISTOTE, *Éthique à Nicomaque*, VII, 4 c, 1 148 a ; VII, 5, 1 149 a. *Hēttasthai* (être vaincu) : *Protagoras*, 352 e ; *Phèdre*, 233 c ; *Lois*, VIII, 840 c ; *Lettre VII*, 351 a ; *Éthique à Nicomaque*, VII, 6, 1, 1 149 b ; VII, 7, 4, 1 150 a ; VII, 7, 6, 1 150 b ; ISOCRATE, *Nicoclès*, 39.

3. XÉNOPHON, *Mémorables*, I, 3, 14.

4. XÉNOPHON, *Économique*, I, 23.

5. PLATON, *République*, VIII, 560 b.

6. *Ibid.*, IX, 572 d-573 b.

7. *Ibid.*, IX, 571 d.

concours. N'oublions pas que l'Athénien des *Lois*, quand il parle de la nécessité de contenir les trois grands appétits fondamentaux, évoque « l'appui des Muses et des dieux qui président aux jeux *(theoi agōnioi)*[1] ». La longue tradition du combat spirituel, qui devait prendre tant de formes diverses, était déjà clairement articulée dans la pensée grecque classique.

2. Cette relation de combat avec des adversaires est aussi une relation agonistique avec soi-même. La bataille à mener, la victoire à remporter, la défaite qu'on risque de subir sont des processus et des événements qui ont lieu entre soi et soi. Les adversaires que l'individu doit combattre ne sont pas simplement en lui ou au plus près de lui. Ils sont une partie de lui-même. Bien sûr, il faudrait tenir compte de diverses élaborations théoriques qui ont été proposées de cette différenciation entre la part de soi-même qui doit combattre et celle qui doit être combattue : parties de l'âme qui devraient respecter entre elles un certain rapport hiérarchique ? Corps et âme entendus comme deux réalités d'origine différente, et dont l'une doit chercher à se libérer de l'autre ? Forces qui tendent à des buts différents et s'opposent l'une à l'autre comme les deux chevaux d'un attelage ? Mais ce qui de toute façon doit être retenu pour définir le style général de cette « ascétique », c'est que l'adversaire à combattre, aussi éloigné qu'il soit, par sa nature, de ce que peut être l'âme, ou la raison ou la vertu, ne représente pas une puissance autre, ontologiquement étrangère. Ce sera un des traits essentiels de l'éthique chrétienne de la chair que le lien de principe entre le mouvement de la concupiscence, sous ses formes les plus insidieuses et les plus secrètes, et la présence de l'Autre, avec ses ruses et son pouvoir d'illusion. Dans l'éthique des *aphrodisia*, la nécessité et la difficulté du combat tiennent au contraire à ce qu'il se déroule comme une joute avec soi-même : lutter contre « les désirs et les plaisirs », c'est se mesurer avec soi.

1. PLATON, *Lois*, VI, 783 a-b.

Dans la *République*, Platon souligne combien est à la fois étrange, un peu risible et usée une expression familière, à laquelle lui-même a recours plusieurs fois[1] : c'est celle qui consiste à dire qu'on est « plus fort » ou « plus faible » que soi *(kreittōn, hēttōn heautou)*. Il y a en effet un paradoxe à prétendre qu'on est plus fort que soi-même, puisque cela implique qu'on soit, en même temps et de ce seul fait, plus faible que soi. Mais l'expression, selon Platon, se soutient du fait qu'elle suppose la distinction entre deux parties de l'âme, l'une qui est meilleure et l'autre moins bonne, et qu'en partant de la victoire ou de la défaite de soi sur soi, c'est du point de vue de la première qu'on se place : « Quand la partie qui est naturellement la meilleure maintient la moins bonne sous son empire, on le marque par l'expression "être plus fort que soi", et c'est un éloge. Quand au contraire, par suite d'une mauvaise éducation ou de certaine fréquentation, la partie la meilleure se trouvant plus faible est vaincue par les forces de la mauvaise, alors on dit de l'homme qui est en cet état, et c'est un reproche et un blâme, qu'il est esclave de lui-même et intempérant[2]. » Et que cet antagonisme de soi à soi ait à structurer l'attitude éthique de l'individu à l'égard des désirs et des plaisirs, c'est ce qui est clairement affirmé au début des *Lois* : la raison donnée pour qu'il y ait dans chaque État un commandement et une législation, c'est que, même dans la paix, tous les États sont en guerre les uns avec les autres ; de la même façon, il faut concevoir que si « dans la vie publique tout homme est pour tout homme un ennemi », dans la vie privée « chacun, vis-à-vis de soi-même, en est un pour lui-même » ; et de toutes les victoires qu'il est possible de remporter, « la première et la plus glorieuse », c'est celle qu'on remporte « sur soi-même », alors que « la plus honteuse » des défaites, « la plus lâche », « consiste à être vaincu par soi-même »[3].

---

1. PLATON, *Phèdre*, 232 a ; *République*, IV, 430 c ; *Lois*, I, 626 e, 633 e ; VIII, 840 c ; *Lettre VI*, 337 a.
2. PLATON, *République*, IV, 431 a.
3. PLATON, *Lois*, I, 626 d-e.

3. Une telle attitude « polémique » à l'égard de soi-même tend à un résultat qui est tout naturellement exprimé en termes de victoire — victoire beaucoup plus belle, disent les *Lois*, que celles de la palestre et des concours[1]. Il arrive que cette victoire soit caractérisée par l'extirpation totale ou l'expulsion des désirs[2]. Mais beaucoup plus souvent, elle est définie par l'instauration d'un état solide et stable de domination de soi sur soi ; la vivacité des désirs et des plaisirs n'a pas disparu, mais le sujet tempérant exerce sur elle une maîtrise assez complète pour n'être jamais emporté par la violence. La fameuse épreuve de Socrate, capable de ne pas se laisser séduire par Alcibiade, ne le montre pas « purifié » de tout désir à l'égard des garçons : elle rend visible son aptitude à lui résister exactement quand il veut et comme il veut. Une telle épreuve, les chrétiens la blâmeront, car elle atteste la présence maintenue, et pour eux immorale, du désir ; mais longtemps avant eux, Bion de Borysthène s'en était moqué, faisant valoir que si Socrate avait du désir pour Alcibiade, il était sot de s'en abstenir, et qu'il n'avait aucun mérite s'il n'en éprouvait point[3]. De la même façon, dans l'analyse d'Aristote, l'*enkrateia*, définie comme maîtrise et victoire, suppose bien la présence des désirs et elle a d'autant plus de valeur qu'elle parvient à dominer ceux qui sont violents[4]. La *sōphrosunē* elle-même, qu'Aristote définit pourtant comme un état de vertu, n'implique pas la suppression des désirs mais leur domination : il la place en position intermédiaire entre un dérèglement *(akolasia)* dans lequel on s'abandonne de plein gré à ses plaisirs, et une insensibilité *(anaisthēsia)*, d'ailleurs extrêmement rare, dans laquelle on n'éprouverait aucun plaisir ; le tempérant n'est pas celui qui n'a plus de désirs, mais celui qui désire « avec modération, pas plus qu'il ne faut, ni quand il ne faut pas[5] ».

---

1. Platon, *Lois*, VIII, 840 c.
2. Platon, *République*, IX, 571 b. Dans l'*Éthique à Nicomaque*, il est question de « donner congé au plaisir », comme les vieillards de Troie voulaient le faire avec Hélène (II, 9, 1 109 b).
3. Diogène Laërce, *Vie des Philosophes*, IV, 7, 49.
4. Aristote, *Éthique à Nicomaque*, VII, 2, 1146 a.
5. *Ibid.*, III, 11, 1119 a.

La vertu, dans l'ordre des plaisirs, n'est pas conçue comme un état d'intégrité, mais comme un rapport de domination, une relation de maîtrise : ce que montrent les termes qu'on utilise — que ce soit chez Platon, Xénophon, Diogène, Antiphon ou Aristote — pour définir la tempérance : « dominer les désirs et les plaisirs », « exercer sur eux le pouvoir », « leur commander » *(kratein, archein)*. D'Aristippe, qui avait pourtant du plaisir une théorie assez différente de celle de Socrate, on rapporte cet aphorisme qui traduit bien une conception générale de la tempérance : « Le mieux, c'est de dominer ses plaisirs sans se laisser vaincre par eux ; ce n'est pas ne pas y avoir recours » *(to kratein kai mē hēttasthai hēdonōn ariston, ou to mē chrēsthai)*[1]. En d'autres termes, pour se constituer comme sujet vertueux et tempérant dans l'usage qu'il fait de ses plaisirs, l'individu doit instaurer un rapport à soi qui est du type « domination-obéissance », « commandement-soumission », « maîtrise-docilité » (et non pas, comme ce sera le cas dans la spiritualité chrétienne, un rapport de type « élucidation-renoncement », « déchiffrement-purification »). C'est ce qu'on pourrait appeler la structure « héautocratique » du sujet dans la pratique morale des plaisirs.

4. Cette forme héautocratique est developpée suivant plusieurs modèles : ainsi chez Platon, celui de l'attelage avec son cocher, et chez Aristote, celui de l'enfant avec l'adulte (notre faculté de désirer doit se conformer aux prescriptions de la raison « comme l'enfant doit vivre selon les commandements de son pédagogue[2] »). Mais elle est surtout rapportée à deux autres grands schémas. Celui de la vie domestique : tout comme la maisonnée ne peut être en bon ordre qu'à la condition que la hiérarchie et l'autorité du maître y soient respectées, de même l'homme sera tempérant dans la mesure où il saura commander à ses désirs comme à des

---

1. Diogène Laërce, *Vie des Philosophes*, II, 8, 75.
2. Aristote, *Éthique à Nicomaque*, VII, 2, 1 119 b. Cf. aussi Platon, *République*, IX, 590 e.

serviteurs. L'intempérance inversement peut être lue comme un intérieur mal géré. Xénophon, au début de l'*Économique* — où il va être question justement du rôle de maître de maison et de l'art de gouverner son épouse, son patrimoine et ses serviteurs —, décrit l'âme désordonnée ; c'est à la fois un contre-exemple de ce que doit être une maison bien réglée, et un portrait de ces mauvais maîtres qui, incapables de se gouverner eux-mêmes, conduisent leur patrimoine à la ruine ; dans l'âme de l'homme intempérant, des maîtres « méchants », « intraitables » — il s'agit de la gourmandise, de l'ivrognerie, de la lubricité, de l'ambition — réduisent en esclavage celui qui devrait commander, et après l'avoir exploité dans sa jeunesse, lui préparent une vieillesse misérable[1]. On a recours aussi, pour définir l'attitude de tempérance, au modèle de la vie civique. C'est un thème connu chez Platon que l'assimilation des désirs à un bas peuple qui s'agite et cherche toujours à se révolter, si on ne lui tient pas la bride[2] ; mais la corrélation stricte entre individu et cité, qui soutient la réflexion de la *République*, permet de développer tout au long le modèle « civique » de la tempérance et de son contraire. L'éthique des plaisirs y est de même ordre que la structure politique : « Si l'individu ressemble à la cité, n'est-ce pas une nécessité qu'il se passe en lui les mêmes choses ? » ; et l'homme sera intempérant, lorsque fera défaut la structure de pouvoir, l'*archē*, qui lui permet de vaincre, de dominer *(kratein)* les puissances inférieures ; alors « une servitude et une bassesse extrêmes » rempliront son âme ; de celle-ci, les parties « les plus honnêtes » tomberont dans l'esclavage et « une minorité, formée de la partie la plus mauvaise et la plus furieuse y commandera en maîtresse[3] ». À la fin de l'avant-dernier livre de la *République*, après avoir dressé le modèle de la cité, Platon reconnaît que le philosophe n'aura guère d'occasion de rencontrer dans ce monde des États aussi parfaits et d'y exercer

---

1. XÉNOPHON, *Économique*, I, 22-23.
2. PLATON, *Lois*, III, 689 a-b : « La partie qui souffre et qui jouit est dans l'âme ce que le peuple et la multitude sont dans la cité. »
3. PLATON, *République*, IX, 577 d.

son activité ; cependant, ajoute-t-il, le « paradigme » de la
cité se trouve dans le ciel pour qui veut le contempler ; et le
philosophe, en le regardant, pourra « régler son gouvernement particulier » *(heauton katoikizein)* : « Peu importe que
cet État soit réalisé quelque part ou soit encore à réaliser :
c'est de celui-là et de nul autre qu'il suivra les lois[1]. » La
vertu individuelle a à se structurer comme une cité.

5. Pour une semblable lutte, les entraînements sont
nécessaires. La métaphore de la joute, du combat sportif ou
de la bataille ne sert pas simplement à désigner la nature du
rapport qu'on a aux désirs et aux plaisirs, à leur force toujours prête à la sédition et à la révolte ; elle se rapporte aussi
à la préparation qui permet de soutenir cet affrontement.
Platon le dit : on ne peut s'opposer à eux, ni les vaincre, si
on est *agumnastos*[2]. L'exercice n'est pas moins indispensable dans cet ordre de choses que s'il s'agit d'acquérir n'importe quelle autre technique : la *mathēsis* à elle seule ne
saurait suffire si elle ne s'appuie sur un entraînement, une
askēsis. On a là une des grandes leçons socratiques ; elle ne
dément pas le principe qu'on ne saurait commettre le mal
volontairement et le sachant ; elle donne à ce savoir une
forme qui ne se réduit pas à la seule connaissance d'un
principe. Xénophon, à propos des accusations portées contre
Socrate, prend soin de distinguer son enseignement de celui
des philosophes — ou des « prétendus philosophes » — pour
qui, une fois qu'il a appris ce que c'est que d'être juste ou
tempérant *(sōphrōn)*, l'homme ne peut devenir injuste et
débauché. Comme Socrate, Xénophon s'oppose à cette théorie : si on n'exerce pas son corps, on ne peut remplir les
fonctions du corps *(ta tou sōmatos erga)* ; de même, si on
n'exerce pas l'âme, on ne peut remplir les fonctions de
l'âme : on est incapable alors de « faire ce qu'il faut et de
s'abstenir de ce qu'il faut éviter[3] ». C'est pourquoi, Xéno-

---

1. *Ibid.*, IX, 592 b.
2. Platon, *Lois*, I, 647 d.
3. Xénophon, *Mémorables*, I, 2, 19.

phon ne veut pas qu'on tienne Socrate pour responsable de la mauvaise conduite d'Alcibiade : celui-ci n'a pas été victime de l'enseignement reçu, mais après tous ses succès auprès des hommes et des femmes, et du peuple tout entier qui l'a porté au premier rang, il a fait comme beaucoup d'athlètes : une fois la victoire obtenue, il a cru qu'il pouvait « négliger l'exercice *(amelein tēs askēseōs)*[1] ».

Ce principe socratique de l'*askēsis*, Platon le reprendra souvent. Il évoquera Socrate montrant à Alcibiade ou à Calliclès qu'ils ne sauraient prétendre à s'occuper de la cité et à gouverner les autres s'ils n'ont d'abord appris ce qui est nécessaire et s'ils ne s'y sont entraînés : « Quand nous aurons ensemble pratiqué suffisamment cet exercice *(askēsantes)*, nous pourrons, si bon nous semble, aborder alors la politique[2]. » Et il associera cette exigence de l'exercice à la nécessité de s'occuper de soi-même : l'*epimeleia heautou*, l'application à soi, qui est une condition préalable pour pouvoir s'occuper des autres et les diriger, comporte non seulement la nécessité de connaître (de connaître ce qu'on ignore, de connaître qu'on est ignorant, de connaître ce qu'on est), mais de s'appliquer effectivement à soi et de s'exercer soi-même et se transformer[3]. La doctrine et la pratique des cyniques accordent aussi une très grande importance à l'*askēsis*, au point que la vie cynique peut apparaître tout entière comme une sorte d'exercice permanent. Diogène voulait qu'on entraîne à la fois le corps et l'âme : chacun des deux exercices « est impuissant sans l'autre, la bonne santé et la force n'étant pas moins utiles que le reste, puisque ce qui concerne le corps concerne l'âme aussi ». Ce double entraînement vise à la fois à pouvoir affronter sans souffrir les privations lorsqu'elles se présentent, et à rabattre en permanence les plaisirs sur la seule satisfaction élémentaire des besoins. L'exercice est tout ensemble réduction à la nature, victoire sur soi et économie naturelle d'une vie de vraies

1. *Ibid.*, I, 2, 24.
2. PLATON, *Gorgias*, 527 d.
3. Sur le lien entre l'exercice et le souci de soi, cf. *Alcibiade*, 123 d.

satisfactions : « On ne peut rien faire dans la vie, disait Diogène, sans exercice et l'exercice permet aux hommes de tout
vaincre *(pan eknikēsai)*... En laissant de côté les peines futi-
les que nous nous donnons, et en nous exerçant conformément à la nature, nous pourrions et nous devrions vivre
heureux... Le mépris même du plaisir nous donnerait, si
nous nous exercions, beaucoup de satisfaction. Si ceux qui
ont pris l'habitude de vivre dans les plaisirs souffrent quand
il leur faut changer de vie, ceux qui se sont exercés à supporter les choses pénibles méprisent sans peine les plaisirs
(hēdion autōn tōn hēdonōn kataphronousi)[1]. »

L'importance de l'exercice ne sera jamais oubliée dans la
tradition philosophique ultérieure. Elle prendra même une
ampleur considérable : on multipliera les exercices, on en
définira les procédures, les objectifs, les variantes possibles ;
on discutera de leur efficacité ; l'*askēsis* sous ses différentes
formes (d'entraînement, de méditation, d'épreuves de pensée, d'examen de conscience, de contrôle des représentations) deviendra matière d'enseignement et constituera un
des instruments essentiels de la direction d'âme. En revanche, dans les textes de l'époque classique, on trouve assez
peu de détails sur la forme concrète que peut prendre
l'*askēsis* morale. Sans doute la tradition pythagoricienne
reconnaissait-elle de nombreux exercices : régime alimentaire, récollection des fautes à la fin de la journée, ou encore
pratiques de méditation qui doivent précéder le sommeil de
façon à conjurer les mauvais rêves et à favoriser les visions
qui peuvent venir des dieux : à ces préparations spirituelles
du soir, Platon fait d'ailleurs une référence précise dans un
passage de la *République* où il évoque le danger des désirs
toujours prompts a envahir l'âme[2]. Mais en dehors de ces
pratiques pythagoriciennes, on ne trouve guère — que ce
soit chez Xénophon, Platon, Diogène ou Aristote — de spécification de l'*askēsis* comme exercice de continence. Il y a
sans doute à cela deux raisons. La première, c'est que l'exer-

1. Diogène Laërce, *Vie des Philosophes*, VI, 2, 70.
2. Platon, *République*, IX, 571 c-572 b.

cice est conçu comme la pratique même de ce à quoi il faut s'entraîner ; il n'y a pas de singularité de l'exercice par rapport au but à atteindre : on s'habitue par entraînement à la conduite qu'il faudra par la suite tenir[1]. Ainsi Xénophon loue-t-il l'éducation spartiate dans laquelle on apprend aux enfants à supporter la faim en rationnant leur nourriture, à supporter le froid en ne leur donnant qu'un vêtement, à supporter la souffrance en les exposant aux châtiments physiques, tout comme on leur apprend à pratiquer la continence en leur imposant la plus stricte modestie de tenue (marcher dans les rues en silence, les yeux baissés et les mains sous le manteau)[2]. De même, Platon envisage de soumettre les jeunes gens à des épreuves de courage qui consisteraient à les exposer à des dangers fictifs ; ce serait là un moyen de les habituer, de les perfectionner et de jauger en même temps leur valeur : tout comme on mène « les poulains dans le bruit et le vacarme pour voir s'ils sont peureux », il conviendrait de « transporter nos guerriers, quand ils sont jeunes, au milieu d'objets effrayants, puis de les relancer dans les plaisirs » ; ainsi aurait-on un moyen de les éprouver « avec plus de soin qu'on éprouve l'or par le feu, pour savoir s'ils résistent aux séductions, s'ils gardent la décence en toute circonstance, s'ils sont les fidèles gardiens d'eux-mêmes et de la musique dont ils ont reçu les leçons[3] ». Il va même, dans les *Lois*, jusqu'à rêver d'une drogue qui n'a pas encore été inventée : elle ferait apparaître toute chose comme effrayante aux yeux de qui l'aurait absorbée ; et on pourrait s'en servir pour s'exercer au courage : soit seul, si on pense qu'« il ne faut pas se laisser voir avant d'être bien dressé », soit en groupe et même en public « avec de nombreux convives », pour montrer qu'on est capable de dominer l'« ébranlement inévitable du breuvage[4] » ; c'est sur ce modèle factice et idéal que les banquets peuvent

---

1. Cf. PLATON, *Lois*, I, 643 b : « Quiconque veut exceller un jour en quoi que ce soit, doit s'appliquer *(meletan)* à cet objet dès l'enfance, en trouvant à la fois son amusement et son occupation dans tout ce qui s'y rapporte. »
2. XÉNOPHON, *République des Lacédémoniens*, 2 et 3.
3. PLATON, *République*, III, 413 d sq.
4. PLATON, *Lois*, I, 647 e-648 c.

être acceptés et organisés comme des sortes d'épreuves de
tempérance. Aristote l'a dit d'un mot qui montre la circula-
rité de l'apprentissage moral et de la vertu qu'on apprend :
« C'est en s'écartant des plaisirs qu'on devient tempérant ;
mais c'est quand on l'est devenu qu'on peut le mieux s'en
écarter[1]. »

Quant à l'autre raison qui peut expliquer qu'il n'y ait
d'art spécifique de l'exercice de l'âme, elle tient au fait que
la maîtrise de soi et la maîtrise des autres sont considérées
comme ayant la même forme ; puisqu'on doit se gouverner
soi-même comme on gouverne sa maison et comme on joue
son rôle dans la cité, il suit que la formation des vertus
personnelles, et singulièrement de l'*enkrateia*, n'est pas différente par nature de la formation qui permet de l'emporter
sur les autres citoyens et de les diriger. Le même apprentissage doit rendre capable de vertu et capable de pouvoir.
Assurer la direction de soi-même, exercer la gestion de sa
maison, participer au gouvernement de la cité sont trois
pratiques de même type. L'*Économique* de Xénophon montre bien, entre ces trois « arts », continuité, isomorphisme
ainsi que succession chronologique de leur mise en œuvre
dans l'existence d'un individu. Le jeune Critobule affirme
qu'il est désormais en mesure de se dominer lui-même et de
ne plus se laisser emporter par ses désirs et ses plaisirs (et
Socrate lui rappelle que ceux-ci sont comme des domesti-
ques sur lesquels il convient de garder autorité) ; le moment
est donc venu pour lui de se marier et d'assurer avec son
épouse la direction de la maison ; et ce gouvernement
domestique — entendu comme gestion d'un intérieur et
exploitation d'un domaine, maintien ou développement du
patrimoine —, Xénophon fait valoir, à plusieurs reprises,
qu'il constitue, lorsqu'on s'y consacre comme il faut, un
remarquable entraînement physique et moral pour qui veut
exercer ses devoirs civiques, asseoir son autorité publique,
et assumer des tâches de commandement. D'une façon
générale, tout ce qui servira à l'éducation politique de

---

1. ARISTOTE, *Éthique à Nicomaque*, II, 2, 1 104 a.

l'homme en tant que citoyen lui servira aussi à son entraînement à la vertu, et inversement : les deux vont de pair.
L'*askēsis* morale fait partie de la *paideia* de l'homme libre
qui a un rôle à jouer dans la cité et par rapport aux autres ;
elle n'a pas à utiliser de procédés distincts ; la gymnastique
et les épreuves d'endurance, la musique et l'apprentissage
des rythmes virils et vigoureux, la pratique de la chasse et
des armes, le soin à se bien tenir en public, l'acquisition de
l'*aidōs* qui fait qu'on se respecte soi-même à travers le respect qu'on porte à autrui — tout cela est à la fois formation
de l'homme qui sera utile à sa cité et exercice moral de celui
qui veut se maîtriser lui-même. Évoquant les épreuves de
peur artificielle qu'il recommande, Platon y voit un moyen
de repérer parmi les jeunes gens ceux qui seront le plus
capables d'être « utiles à eux-mêmes et à l'État » ; ce sont
eux qui seront recrutés pour gouverner : « Nous établirons
chef et gardien de la cité celui qui, ayant subi toutes les
épreuves successives de l'enfance, de la jeunesse et de l'âge
mûr, en sera sorti intact *(akēratos)*[1]. » Et lorsque dans les
Lois, l'Athénien veut donner la définition de ce qu'il entend
par *paideia*, il la caractérise comme ce qui forme « dès l'enfance à la vertu » et inspire « le désir passionné de devenir
un citoyen accompli, sachant commander et obéir selon la
justice[2] ».

On peut dire en un mot que le thème d'une *askēsis*, comme entraînement pratique indispensable pour que l'individu se constitue comme sujet moral, est important — insistant même — dans la pensée grecque classique, et à tout le
moins dans la tradition issue de Socrate. Cependant, cette
« ascétique » n'est pas organisée ni réfléchie comme un corpus de pratiques singulières qui constituerait une sorte d'art
spécifique de l'âme, avec ses techniques, ses procédures, ses
recettes. D'une part, elle n'est pas distincte de la pratique de
la vertu elle-même ; elle en est la répétition anticipatrice.
D'autre part, elle se sert des mêmes exercices que ceux qui

---

1. PLATON, *République*, III, 413 e.
2. PLATON, *Lois*, I, 643 e.

forment le citoyen : le maître de soi et des autres se forme
en même temps. Bientôt cette ascétique commencera à
prendre son indépendance, ou du moins une autonomie
partielle et relative. Et cela de deux façons ; il y aura décrochage entre les exercices qui permettent de se gouverner
soi-même et l'apprentissage de ce qui est nécessaire pour
gouverner les autres ; il y aura décrochage aussi entre les
exercices dans leur forme propre et la vertu, la modération,
la tempérance auxquelles ils servent d'entraînement : leurs
procédures (épreuves, examens, contrôle de soi) tendront à
constituer une technique particulière, plus complexe que la
simple répétition de la conduite morale à laquelle ils tendent. On verra alors l'art de soi prendre sa figure propre par
rapport à la *paideia* qui forme son contexte et par rapport à
la conduite morale qui lui sert d'objectif. Mais pour la pensée grecque de l'époque classique, l'« ascétique » qui permet
de se constituer comme sujet moral fait intégralement partie, jusque dans sa forme même, de l'exercice d'une vie vertueuse qui est aussi la vie de l'homme « libre » au sens plein,
positif et politique du terme.

LIBERTÉ ET VÉRITÉ

1. « Dis-moi, Euthydème, crois-tu que la liberté soit un bien noble et magnifique, qu'il s'agisse d'un particulier ou d'un État ? — C'est le plus beau qu'il soit possible d'avoir, répondit Euthydème. — Mais celui qui se laisse dominer par les plaisirs du corps et qui, par la suite, est dans l'impuissance de pratiquer le bien, le tiens-tu pour un homme libre ? — Pas du tout, dit-il[1]. »

La *sōphrosunē*, l'état auquel on tend à parvenir, par l'exercice de la maîtrise et par la retenue dans la pratique des plaisirs, est caractérisée comme une liberté. S'il est à ce point important de gouverner désirs et plaisirs, si l'usage qu'on en fait constitue un enjeu moral d'un tel prix, ce n'est pas pour conserver ou retrouver une innocence d'origine ; ce n'est pas en général — sauf bien entendu dans la tradition pythagoricienne — pour préserver une pureté[2] ; c'est afin d'être libre et de pouvoir le rester. On pourrait voir là, s'il en était encore besoin, la preuve que la liberté, dans la pensée grecque, n'est pas simplement réfléchie comme l'indépendance de la cité tout entière, alors que les citoyens

---

1. XÉNOPHON, *Mémorables*, IV, 5, 2-3.
2. Il ne s'agit pas évidemment de dire que le thème de la pureté a été absent de la morale grecque des plaisirs à l'époque classique ; il a occupé une place considérable chez les pythagoriciens ; et il a été fort important pour Platon. Cependant, il semble bien que d'une façon générale, pour ce qui est des désirs et plaisirs physiques, l'enjeu de la conduite morale était réfléchi surtout comme une domination. La montée et le développement d'une éthique de la pureté, avec les pratiques de soi qui lui sont corrélatives, sera un phénomène historique de longue portée.

n'en seraient par eux-mêmes que des éléments sans indivi-
dualité ni intériorité. La liberté qu'il convient d'instaurer et
de préserver, c'est bien sûr celle des citoyens dans leur
ensemble, mais c'est aussi, pour chacun, une certaine forme
de rapport de l'individu à lui-même. La constitution de la
cité, le caractère des lois, les formes de l'éducation, la
manière dont les chefs se conduisent sont, évidemment, des
facteurs importants pour le comportement des citoyens ;
mais en retour, la liberté des individus, entendue comme la
maîtrise qu'ils sont capables d'exercer sur eux-mêmes, est
indispensable à l'État tout entier. Écoutons Aristote, dans la
Politique : « Une cité est vertueuse du fait que les citoyens
participant à son gouvernement sont eux-mêmes vertueux ;
or, dans notre État, tous les citoyens ont part au gouvernement. Le point à considérer est donc celui-ci : comment un
homme devient-il vertueux ? Car, même s'il était possible
que le corps entier des citoyens fût vertueux sans qu'aucun
d'eux le fût individuellement, c'est cependant la vertu individuelle qu'il faudrait préférer, puisque la vertu du corps
social tout entier suit logiquement de la vertu de chaque
citoyen[1]. » L'attitude de l'individu à l'égard de lui-même, la
manière dont il assure sa propre liberté à l'égard de ses
désirs, la forme de souveraineté qu'il exerce sur soi sont
un élément constitutif du bonheur et du bon ordre de la
cité.

Cette liberté individuelle, cependant, ne doit pas être
comprise comme l'indépendance d'un libre arbitre. Son
vis-à-vis, la polarité à quoi elle s'oppose, n'est pas un
déterminisme naturel ni la volonté d'une toute-puissan-
ce : c'est un esclavage — et l'esclavage de soi par soi. Être
libre par rapport aux plaisirs, c'est n'être pas à leur service, c'est n'être pas leur esclave. Beaucoup plus que la
souillure, le danger que portent avec eux les *aphrodisia*,
c'est la servitude. Diogène disait que les serviteurs étaient
esclaves de leurs maîtres, et que les gens immoraux
l'étaient de leurs désirs *(tous de phaulous tais epithumiais*

---

1. Aristote, *Politique*, VII, 14, 1 332 a.

douleuein)[1]. Contre cette servitude, Socrate avertissait Critobule, au début de l'*Économique*[2], ainsi qu'Euthydème dans un dialogue des *Mémorables* qui est un hymne à la tempérance considérée comme liberté : « Tu crois sans doute que pratiquer le bien, c'est être libre, et que d'avoir des maîtres qui empêchent de le faire, c'est être esclave ? — C'est véritablement ma pensée, dit-il. — Il est donc véritable pour toi que les intempérants sont esclaves... — Et quelle est selon toi la pire des servitudes ? — Selon moi, dit-il, c'est celle où on a les plus méchants maîtres. — Alors, la pire des servitudes est celle des intempérants... — Si je te comprends bien, Socrate, tu prétends que l'homme asservi aux plaisirs des sens n'a rien de commun avec aucune vertu ? — Oui, Euthydème, dit Socrate, car en quoi l'homme intempérant l'emporte-t-il sur la bête la plus stupide[3] ? »

Mais cette liberté est plus qu'un non-esclavage, plus qu'un affranchissement qui rendrait l'individu indépendant de toute contrainte extérieure ou intérieure ; dans sa forme pleine et positive, elle est un pouvoir qu'on exerce sur soi-même dans le pouvoir qu'on exerce sur les autres. Celui, en effet, qui, par statut, se trouve placé sous l'autorité des autres n'a pas à attendre de lui-même le principe de sa tempérance ; il lui suffira d'obéir aux ordres et prescriptions qu'on lui donnera. C'est ce qu'explique Platon à propos de l'artisan : ce qu'il y a de dégradant chez lui, c'est que la meilleure partie de son âme « est si faible par nature qu'il ne peut commander à ses bêtes intérieures, qu'il les flatte et ne peut apprendre autre chose qu'à les flagorner » ; or, que faire si on veut que cet homme soit régi par un principe raisonnable, comme celui « qui gouverne l'homme supérieur » ? Le seul moyen, c'est de le placer sous l'autorité et le pouvoir de cet homme supérieur : « Qu'il se fasse l'esclave de celui chez qui l'élément divin com-

---

1. DIOGÈNE LAËRCE, *Vie des Philosophes*, VI, 2, 66. L'esclavage à l'égard des plaisirs est une expression très fréquente. XÉNOPHON, *Économique*, I, 22 ; *Mémorables*, IV, 5. PLATON, *République*, IX, 577 d.

2. XÉNOPHON, *Économique*, I, 1, 17 sq.

3. ID, *Mémorables*, IV, 5, 2-11.

mande[1]. » En revanche, celui qui doit diriger les autres,
c'est celui-là qui doit être capable d'exercer une autorité
parfaite sur lui-même : à la fois parce que, dans sa position
et avec le pouvoir qu'il exerce, il lui serait facile de satisfaire
tous ses désirs, et donc de s'y abandonner, mais aussi parce
que les désordres de sa conduite ont leurs effets sur tous et
dans la vie collective de la cité. Pour n'être pas excessif et ne
pas faire violence, pour échapper au couple de l'autorité
tyrannique (sur les autres) et de l'âme tyrannisée (par ses
désirs), l'exercice du pouvoir politique appellera, comme son
propre principe de régulation interne, le pouvoir sur soi. La
tempérance entendue comme un des aspects de la souveraineté sur soi est, non moins que la justice, le courage ou la
prudence, une vertu qualificatrice de celui qui a à exercer sa
maîtrise sur les autres. L'homme le plus royal est roi de
lui-même *(basilikos, basileuōn heautou)*[2].

De là, l'importance accordée dans la morale des plaisirs à
deux hautes figures de l'exemplification morale. D'un côté,
le mauvais tyran ; il est incapable de maîtriser ses propres
passions ; il se trouve de ce fait toujours enclin à abuser de
son propre pouvoir et de faire violence *(hubrizein)* à ses
sujets ; il introduit le trouble dans son État, et voit les
citoyens se révolter contre lui ; les abus sexuels du despote,
lorsqu'il entreprend de déshonorer les enfants — garçons
ou filles — des citoyens, sont souvent invoqués comme
motif initial des complots pour renverser les tyrannies et
rétablir la liberté : ainsi pour les Pisistratides à Athènes,
pour Périandre à Ambracie et d'autres encore qu'Aristote
mentionne au livre V de la *Politique*[3]. En face, se dessine
l'image positive du chef qui est capable d'exercer un strict
pouvoir sur lui-même dans l'autorité qu'il exerce sur les
autres ; sa maîtrise de soi modère sa maîtrise sur autrui.
Témoin le Cyrus de Xénophon, qui aurait pu plus que tout
autre abuser de sa puissance et qui pourtant, au milieu de

1. PLATON, *République*, IX, 590 c.
2. *Ibid.*, IX, 580 c.
3. ARISTOTE, *Politique*, V, 10.

sa cour, affichait la maîtrise de ses sentiments : « Aussi un
tel comportement créait-il à la cour chez les inférieurs un
exact sentiment de leur rang qui les faisait céder à leurs
supérieurs et, entre eux, un exact sentiment de respect et de
courtoisie[1]. » De même, lorsque le Nicoclès d'Isocrate fait lui-
même l'éloge de sa tempérance et de sa fidélité conjugale, il
se réfère aux exigences de son statut politique : comment
pourrait-il prétendre obtenir l'obéissance des autres, s'il ne
pouvait assurer la soumission de ses propres désirs[2] ? C'est en
termes de prudence qu'Aristote recommandera au souverain
absolu de ne pas s'abandonner à toute débauche ; il doit en
effet tenir compte de l'attachement des hommes de bien pour
leur honneur ; pour cette raison, il serait imprudent s'il les
exposait à l'humiliation des châtiments corporels ; pour la
même raison, il lui faudra se garder « des offenses à la
pudeur du jeune âge ». « Que ses relations intimes avec la
jeunesse soient dictées par des raisons d'ordre sentimental et
non par l'idée que tout lui est permis et que d'une manière
générale, il rachète tout ce qui semble perte de considération
par des honneurs accrus[3]. » Et on peut se rappeler que tel
était l'enjeu du débat entre Socrate et Calliclès : ceux qui gou-
vernent les autres, faut-il les concevoir par rapport à eux-
mêmes comme « gouvernants ou gouvernés *(archontas ē
archomenous)*, — ce gouvernement de soi étant défini par le
fait d'être *sōphrōn* et *enkratēs*, c'est-à-dire de « commander
en soi aux plaisirs et aux désirs[4] » ?

Un jour viendra où le paradigme le plus souvent utilisé
pour illustrer la vertu sexuelle sera celui de la femme, ou de
la jeune fille, qui se défend contre les assauts de celui qui a
tout pouvoir sur elle ; la sauvegarde de la pureté et de la
virginité, la fidélité aux engagements et aux vœux constitue-
ront alors l'épreuve type de la vertu. Cette figure, certes,
n'est pas inconnue dans l'Antiquité ; mais il semble bien
que l'homme, le chef, le maître capable de maîtriser lui-

1. XÉNOPHON, *Cyropédie*, VIII, 1, 30-34.
2. ISOCRATE, *Nicoclès*, 37-39.
3. ARISTOTE, *Politique*, V, 11, 1 315 a.
4. PLATON, *Gorgias*, 491 d.

même son propre appétit dans le moment où son pouvoir sur autrui lui donne la possibilité d'en user à son gré, représente mieux, pour la pensée grecque, un modèle de ce qu'est, en sa nature propre, la vertu de tempérance.

2. À travers cette conception de la maîtrise comme liberté active, ce qui est affirmé, c'est le caractère « viril » de la tempérance. Tout comme, dans la maison, c'est l'homme qui commande, tout comme, dans la cité, ce n'est ni aux esclaves, ni aux enfants, ni aux femmes d'exercer le pouvoir, mais aux hommes et aux hommes seulement, de même chacun doit faire valoir sur lui-même ses qualités d'homme. La maîtrise de soi est une manière d'être homme par rapport à soi-même, c'est-à-dire de commander à ce qui doit être commandé, de contraindre à l'obéissance ce qui n'est pas capable de se diriger soi-même, d'imposer les principes de la raison à ce qui en est dépourvu ; c'est une façon, en somme, d'être actif, par rapport à ce qui de nature est passif et doit le demeurer. Dans cette morale d'hommes faite pour les hommes, l'élaboration de soi comme sujet moral consiste à instaurer de soi-même à soi-même une structure de virilité : c'est en étant homme par rapport à soi qu'on pourra contrôler et maîtriser l'activité d'homme qu'on exerce vis-à-vis des autres dans la pratique sexuelle. Ce à quoi il faut tendre dans la joute agonistique avec soi-même et dans la lutte pour dominer les désirs, c'est le point où le rapport à soi sera devenu isomorphe au rapport de domination, de hiérarchie et d'autorité qu'à titre d'homme et d'homme libre, on prétend établir sur ses inférieurs ; et c'est à cette condition de « virilité éthique » qu'on pourra, selon un modèle de « virilité sociale », donner la mesure qui convient à l'exercice de la « virilité sexuelle ». Dans l'usage de ses plaisirs de mâle, il faut être viril à l'égard de soi-même, comme on est masculin dans son rôle social. La tempérance est au sens plein une vertu d'homme.

Ce qui ne veut pas dire évidemment que les femmes n'ont pas à être tempérantes, qu'elles ne sont pas capables d'*en-krateia*, ou qu'elles ignorent la vertu de *sōphrosunē*. Mais cette vertu, en elles, est toujours référée d'une certaine façon à la virilité. Référence institutionnelle, puisque ce qui leur impose la tempérance, c'est leur statut de dépendance à l'égard de leur famille et de leur mari et leur fonction procréatrice permettant la permanence du nom, la transmission des biens, la survie de la cité. Mais aussi référence structurelle puisqu'une femme, pour pouvoir être tempérante, doit établir à elle-même un rapport de supériorité et de domination qui est en lui-même de type viril. Il est significatif que Socrate, dans l'*Économique* de Xénophon, après avoir entendu Ischomaque vanter les mérites de l'épouse qu'il a lui-même formée, déclare (non sans avoir invoqué la déesse de la matrimonialité austère) : « Par Héra, voilà qui révèle chez ta femme une âme bien virile *(andrikē dianoia).* » À quoi Ischomaque, pour introduire la leçon de maintien sans coquetterie qu'il avait donnée à son épouse, ajoute cette réplique où se lisent les deux éléments essentiels de cette virilité vertueuse de la femme — force d'âme personnelle et dépendance à l'égard de l'homme : « Je veux te citer encore d'autres traits de sa force d'âme *(megalophrōn)* et te faire voir avec quelle promptitude elle m'obéissait, après avoir entendu mes conseils[1]. »

Aristote, on le sait, s'est opposé explicitement à la thèse socratique d'une unité essentielle de la vertu, et donc d'une identité de celle-ci chez les hommes et les femmes. Pourtant, il ne décrit pas des vertus féminines qui seraient strictement féminines ; celles qu'il reconnaît aux femmes se définissent en référence à une vertu essentielle, qui trouve sa forme pleine et achevée chez l'homme. Et il en voit la raison dans le fait qu'entre l'homme et la femme, la relation est « politique » : c'est la relation d'un gouvernement et d'un gouverné. Il faut bien, pour le bon ordre de la relation, que tous deux aient part aux mêmes vertus ; mais chacun y aura part à sa manière. Celui qui commande — l'homme, donc — « possède la vertu éthique dans sa plénitude », alors que pour les gouvernés — et pour la femme — il suffit

---

1. XÉNOPHON, *Économique*, X, 1.

d'avoir « la somme de vertu qui est appropriée à chacun d'eux ». La tempérance et le courage sont donc chez l'homme vertu pleine et complète « de commandement » ; quant à la tempérance ou au courage de la femme, ce sont des vertus « de subordination », c'est-à-dire qu'elles ont en l'homme à la fois leur modèle accompli et achevé et le principe de leur mise en œuvre[1].

Que la tempérance soit de structure essentiellement virile a une autre conséquence, symétrique et inverse de la précédente : c'est que l'intempérance, elle, relève d'une passivité qui l'apparente à la féminité. Être intempérant, en effet, c'est être, à l'égard de la force des plaisirs, dans un état de non-résistance, et en position de faiblesse et de soumission ; c'est être incapable de cette attitude de virilité à l'égard de soi-même qui permet d'être plus fort que soi. En ce sens, l'homme de plaisirs et de désirs, l'homme de la non-maîtrise *(akrasia)* ou de l'intempérance *(akolasia)* est un homme qu'on pourrait dire féminin, mais à l'égard de lui-même plus essentiellement encore qu'à l'égard des autres. Dans une expérience de la sexualité comme la nôtre, où une scansion fondamentale oppose le masculin et le féminin, la féminité de l'homme est perçue dans la transgression effective ou virtuelle de son rôle sexuel. D'un homme que l'amour des femmes porte à l'excès, nul ne serait tenté de dire qu'il est efféminé, sauf à opérer sur son désir tout un travail de déchiffrement et à débusquer l'« homosexualité latente » qui habite en secret son rapport instable et multiplié aux femmes. Au contraire, pour les Grecs, c'est l'opposition entre activité et passivité qui est essentielle et qui marque le domaine des comportements sexuels comme celui des attitudes morales ; on voit bien alors pourquoi un homme peut préférer les amours masculines sans que nul ne songe à le soupçonner de féminité, du moment qu'il est actif dans le rapport sexuel et actif dans la maîtrise morale sur lui-même ; en revanche, un homme qui n'est pas suffisamment maître de ses plaisirs — quel que soit le choix d'objet qu'il

---

1. Aristote, *Politique*, I, 13, 1 260 a.

fait — est considéré comme « féminin ». La ligne de partage
entre un homme viril et un homme efféminé ne coïncide
pas avec notre opposition entre hétéro- et homosexualité ;
elle ne se réduit pas non plus à l'opposition entre homosexualité active et passive. Elle marque la différence d'attitude à l'égard des plaisirs ; et les signes traditionnels de
cette féminité — paresse, indolence, refus des activités un
peu rudes du sport, goût pour les parfums et les ornements,
mollesse... *(malakia)* — n'affecteront pas forcément celui
qu'on appellera au XIXe siècle l'« inverti », mais celui qui se
laisse aller aux plaisirs qui l'attirent : il est soumis à ses
propres appétits comme à ceux des autres. Devant un garçon trop apprêté, Diogène se fâche ; mais il considère que
cette tenue féminine peut trahir son goût tant des femmes
que des hommes[1]. Ce qui constitue, aux yeux des Grecs, la
négativité éthique par excellence, ce n'est évidemment pas
d'aimer les deux sexes ; ce n'est pas non plus de préférer son
propre sexe à l'autre ; c'est d'être passif à l'égard des plaisirs.

3. Cette liberté-pouvoir qui caractérise le mode d'être de
l'homme tempérant ne peut pas se concevoir sans un rapport à la vérité. Dominer ses plaisirs et les soumettre au
logos ne forment qu'une seule et même chose : le tempérant, dit Aristote, ne désire que « ce que prescrit la droite
raison » *(orthos logos)*[2]. On connaît le long débat qui à partir de la tradition socratique s'est développé à propos du rôle
de la connaissance, dans la vertu en général et dans la
tempérance en particulier. Xénophon, dans les *Mémorables*,
a rappelé la thèse de Socrate selon laquelle on ne saurait
séparer science et tempérance : à ceux qui évoquent la possibilité de savoir ce qu'il faut faire et d'agir cependant en
sens contraire, Socrate répond que les intempérants sont
toujours en même temps des ignorants, car de toute façon
les hommes « choisissent entre toutes les actions celles qu'ils

1. Diogène Laërce, *Vie des Philosophes*, VI, 2, 54.
2. Aristote, *Éthique à Nicomaque*, III, 12, 1 119 b.

jugent les plus avantageuses[1] ». Ces principes seront longuement discutés par Aristote, sans que sa critique ait clôturé
un débat qui se poursuivra encore dans le stoïcisme et
autour de lui. Mais qu'on admette ou non la possibilité de
commettre le mal en le sachant, et quel que soit le mode de
savoir qu'on suppose chez ceux qui agissent en dépit des
principes qu'ils connaissent, il est un point qui n'est pas
contesté : c'est qu'on ne peut pratiquer la tempérance sans
une certaine forme de savoir qui en est au moins une des
conditions essentielles. On ne peut pas se constituer comme
sujet moral dans l'usage des plaisirs sans se constituer en
même temps comme sujet de connaissance.

Le rapport au logos dans la pratique des plaisirs a été
décrit par la philosophie grecque du IVe siècle sous trois formes principales. Une forme structurale : la tempérance implique que le *logos* soit mis en position de souveraineté dans
l'être humain et qu'il puisse se soumettre les désirs et qu'il
soit en mesure de régler le comportement. Alors que, chez
l'intempérant, la puissance qui désire usurpe la première
place et exerce la tyrannie, chez celui qui est *sōphrōn*, c'est
la raison qui commande et prescrit, conformément à la
structure de l'être humain : « N'appartient-il pas, demande
Socrate, à la raison de commander puisqu'elle est sage et
qu'elle est chargée de veiller sur l'âme tout entière ? » ; et à
partir de là, il définit le *sōphrōn* comme celui chez qui les
différentes parties de l'âme sont en amitié et harmonie
quand celle qui commande et celles qui obéissent sont d'accord pour reconnaître que c'est à la raison de commander
et qu'elles ne lui disputent point l'autorité[2]. Et en dépit de
toutes les différences qui opposent la tripartition platonicienne de l'âme et la conception aristotélicienne à l'époque
de l'*Éthique à Nicomaque*, c'est bien en termes de supériorité de la raison sur le désir que se trouve caractérisée la
sōphrosunē dans ce dernier texte : « le désir du plaisir est
insatiable et tout l'excite chez l'être dépourvu de raison » ;

---

1. XÉNOPHON, *Mémorables*, III, 9, 4.
2. PLATON, *République*, IV, 431 e-432 b.

le désir s'accroîtra donc de façon excessive « si on n'est pas docile et soumis à l'autorité » ; et cette autorité, c'est celle du *logos* à laquelle doit se conformer « la faculté de convoitise » *(to epithumētikon)*[1].

Mais l'exercice du *logos*, dans la tempérance, est décrit aussi sous une forme instrumentale. En effet, dès lors que la domination des plaisirs assure un usage qui sait s'adapter aux besoins, aux moments, aux circonstances, une raison pratique est nécessaire qui puisse déterminer, selon l'expression d'Aristote, « ce qu'on doit, comme on le doit, quand on le doit[2] ». Platon soulignait l'importance qu'il y a pour l'individu comme pour la cité à ne pas user des plaisirs « hors des circonstances opportunes *(ektos tōn kairōn)* et sans savoir *(anepistēmonōs)*[3] ». Et dans un esprit assez voisin, Xénophon montrait que l'homme de tempérance était aussi l'homme de la dialectique — apte à commander et à discuter, capable d'être le meilleur —, car, comme l'explique Socrate dans les *Mémorables*, « les hommes tempérants seuls sont capables de considérer parmi les choses celles qui sont les meilleures, de les classer par genres pratiquement et théoriquement, de choisir les bonnes et de s'abstenir des mauvaises[4] ».

Enfin, chez Platon, l'exercice du *logos* dans la tempérance apparaît sous une troisième forme : celle de la reconnaissance ontologique de soi par soi. C'était un thème socratique que la nécessité de se connaître soi-même pour pratiquer la vertu, et maîtriser les désirs. Mais sur la forme que doit prendre cette connaissance de soi, un texte comme le grand discours du *Phèdre* où sont racontés le voyage des âmes et la naissance de l'amour apporte des précisions. On a là, sans doute, dans la littérature ancienne, la première description de ce qui deviendra par la suite « le combat spirituel ». On y trouve — fort loin de l'impassibilité et des exploits d'endurance ou d'abstinence dont Socrate savait faire preuve selon

---

1. ARISTOTE, *Éthique à Nicomaque*, III, 12, 1 119 b.
2. *Ibid.*
3. PLATON, *Lois*, I, 636 d-e.
4. XÉNOPHON, *Mémorables*, IV, 5, 11.

l'Alcibiade du *Banquet* — toute une dramaturgie de l'âme luttant avec elle-même et contre la violence de ses désirs ; ces différents éléments auront une longue destinée dans l'histoire de la spiritualité : le trouble qui s'empare de l'âme et dont elle ignore jusqu'au nom, l'inquiétude qui la tient en éveil, le bouillonnement mystérieux, la souffrance et le plaisir qui alternent et se mêlent, le mouvement qui emporte l'être, la lutte entre les puissances opposées, les chutes, les blessures, les souffrances, la récompense et l'apaisement final. Or, tout au long de ce récit qui se donne comme la manifestation de ce qu'est, dans sa vérité, la nature de l'âme aussi bien humaine que divine, le rapport à la vérité joue un rôle fondamental. En effet, l'âme, pour avoir contemplé « les réalités qui sont en dehors du ciel » et en avoir perçu le reflet dans une beauté d'ici-bas, est saisie par le délire d'amour, est mise hors d'elle-même et ne se possède plus ; mais c'est aussi parce que ses souvenirs la portent « vers la réalité de la beauté », c'est parce qu'elle « la revoit, accompagnée de la sagesse et dressée sur son socle sacré » qu'elle se retient, qu'elle entreprend de brider le désir physique et qu'elle cherche à s'affranchir de tout ce qui pourrait l'alourdir et l'empêcher de retrouver la vérité qu'elle a vue[1]. Le rapport de l'âme à la vérité est à la fois ce qui fonde l'Éros dans son mouvement, sa force et son intensité et ce qui, l'aidant à se dégager de toute jouissance physique, lui permet de devenir le véritable amour.

On le voit : que ce soit sous la forme d'une structure hiérarchique de l'être humain, sous la forme d'une pratique de prudence ou d'une reconnaissance par l'âme de son être propre, le rapport au vrai constitue un élément essentiel de la tempérance. Il est nécessaire pour l'usage mesuré des plaisirs, nécessaire pour la domination de leur violence. Mais il faut bien voir que ce rapport au vrai ne prend jamais la forme d'un déchiffrement de soi par soi et d'une herméneutique du désir. Il est constitutif du mode d'être du sujet tempérant ; il n'équivaut pas à une obligation pour le

---

1. PLATON, *Phèdre*, 254 b.

sujet de dire vrai sur lui-même ; il n'ouvre jamais l'âme comme un domaine de connaissance possible où les traces difficilement perceptibles du désir devraient être lues et interprétées. Le rapport à la vérité est une condition structurale, instrumentale et ontologique de l'instauration de l'individu comme sujet tempérant et menant une vie de tempérance ; il n'est pas une condition épistémologique pour que l'individu se reconnaisse dans sa singularité de sujet désirant et pour qu'il puisse se purifier du désir ainsi mis au jour.

4. Or, si ce rapport à la vérité, constitutif du sujet tempérant, ne conduit pas à une herméneutique du désir, comme ce sera le cas dans la spiritualité chrétienne, il ouvre en revanche sur une esthétique de l'existence. Et par là, il faut entendre une façon de vivre dont la valeur morale ne tient ni à sa conformité à un code de comportement, ni à un travail de purification, mais à certaines formes ou plutôt à certains principes formels généraux dans l'usage des plaisirs, dans la distribution qu'on en fait, dans les limites qu'on observe, dans la hiérarchie qu'on respecte. Par le *logos*, par la raison et le rapport au vrai qui la gouverne, une telle vie s'inscrit dans le maintien ou la reproduction d'un ordre ontologique ; elle reçoit d'autre part l'éclat d'une beauté manifeste aux yeux de ceux qui peuvent la contempler ou en garder la mémoire. De cette existence tempérante dont la mesure, fondée en vérité, est à la fois respect d'une structure ontologique et profil d'une beauté visible, Xénophon, Platon et Aristote ont donné bien souvent des aperçus. Voici par exemple dans le *Gorgias* la façon dont Socrate la décrit, faisant lui-même à ses propres questions les réponses de Calliclès silencieux : « La qualité propre à chaque chose, meuble, corps, âme, animal quelconque, ne lui vient pas par hasard : elle résulte d'un certain ordre, d'une certaine justesse, d'un certain art *(taxis, orthotēs, technē)* adaptés à la nature de cette chose. Est-ce vrai ? Pour ma part, je l'affirme. — Ainsi donc, la vertu de chaque chose consiste en une ordonnance et une disposition heureuse

résultant de l'ordre ? Je le soutiendrais. — Par conséquent, une certaine beauté d'arrangement *(kosmos tis)* propre à la nature de chaque chose est ce qui, par sa présence, rend cette chose bonne ? Je le crois. — Et par conséquent aussi, une âme en laquelle se trouve l'ordre qui convient à l'âme vaut mieux que celle d'où cet ordre est absent ? Nécessairement. — Or une âme qui possède l'ordre est une âme bien ordonnée ? Sans doute. — Et une âme bien ordonnée est tempérante et sage ? De toute nécessité. — Donc une âme tempérante est bonne... Voilà quant à moi ce que j'affirme et tiens pour certain. Si cela est vrai, il me semble donc que chacun de nous, pour être heureux, doit rechercher la tempérance et s'y exercer *(diōkteon kai askēteon)*[1]. »

Comme écho à ce texte qui lie la tempérance et la beauté d'une âme dont l'ordonnance correspond à sa nature propre, la *République* montrera inversement à quel point sont incompatibles l'éclat d'une âme et d'un corps avec l'excès et la violence des plaisirs : « Si un homme réunit à la fois un beau caractère *(kala ēthē)* dans son âme et dans son extérieur des traits qui s'accordent et s'ajustent à son caractère, parce qu'ils participent du même modèle, n'est-ce pas le plus beau des spectacles pour qui peut le voir ? — Le plus beau de beaucoup. — Or le plus beau est aussi le plus aimable *(erasmiōtaton)* ? — Sans contredit... Mais dis-moi, l'abus du plaisir s'accorde-t-il avec la tempérance ? — Comment cela pourrait-il être, puisqu'il ne trouble pas moins l'âme que la douleur ? — Et avec la vertu en général ? — Non. — Et avec la violence et l'incontinence *(hubris, akolasia)* ? — Plus qu'avec toute autre chose. Mais peux-tu citer un plaisir plus grand et plus vif que le plaisir d'amour ? — Non, il n'y en a pas de plus furieux. — Au contraire, l'amour qui est selon la raison *(ho orthos erōs)* est un amour sage et réglé de l'ordre et de la beauté ? — Certainement. — Il ne faut donc laisser approcher de l'amour raisonnable ni la folie, ni rien qui touche à l'incontinence[2]. »

---

1. PLATON, *Gorgias*, 506 d-507 d.
2. PLATON, *République*, III, 402 d-403 b.

On peut aussi se rappeler la description idéale que Xénophon proposait de la cour de Cyrus, qui se donnait à elle-
même le spectacle de la beauté, par la parfaite domination
que chacun exerçait sur soi ; le souverain manifestait osten-
siblement une maîtrise et une retenue autour desquelles se
distribuaient chez tous, et selon les rangs, une conduite
mesurée, le respect de soi et des autres, le contrôle soigneux
de l'âme et du corps, l'économie des gestes, si bien que nul
mouvement involontaire et violent ne venait troubler une
ordonnance de beauté qui semblait présente à l'esprit de
tous : « Jamais on n'aurait pu entendre quelqu'un vociférer
dans sa colère et dans sa joie, rire à gorge déployée, mais on
aurait dit en les voyant qu'ils avaient la beauté pour modèle[1]. » L'individu s'accomplit comme sujet moral dans la
plastique d'une conduite exactement mesurée, bien visible
de tous et digne d'une longue mémoire.

*

Ce n'est là qu'une esquisse, à des fins préliminaires ;
quelques traits généraux qui caractérisent la manière dont
on a réfléchi, dans la pensée grecque classique, la pratique
sexuelle et dont on l'a constituée comme domaine moral.
Les éléments de ce domaine — la « substance éthique » —
étaient formés par des *aphrodisia*, c'est-à-dire des actes voulus par la nature, associés par elle à un plaisir intense et
auxquels elle porte par une force toujours susceptible
d'excès et de révolte. Le principe selon lequel on devait
régler cette activité, le « mode d'assujettissement », n'était
pas défini par une législation universelle, déterminant les
actes permis et défendus ; mais plutôt par un savoir-faire,
un art qui prescrivait les modalités d'un usage en fonction
de variables diverses (besoin, moment, statut). Le travail
que l'individu devait exercer sur lui-même, l'ascèse nécessaire, avait la forme d'un combat à mener, d'une victoire à
remporter en établissant une domination de soi sur soi,

1. XÉNOPHON, *Cyropédie*, VIII, 1, 33.

selon le modèle d'un pouvoir domestique ou politique. Enfin, le mode d'être auquel on accédait par cette maîtrise de soi se caractérisait comme une liberté active, indissociable d'un rapport structural, instrumental et ontologique à la vérité.

On va le voir maintenant : cette réflexion morale a développé, à propos du corps, à propos du mariage, à propos de l'amour des garçons des thèmes d'austérité qui ne sont pas sans ressemblance avec les préceptes et interdits qu'on pourra trouver par la suite. Mais sous cette continuité apparente, il faut bien garder à l'esprit que le sujet moral ne sera pas constitué de la même façon. Dans la morale chrétienne du comportement sexuel, la substance éthique sera définie non par les *aphrodisia*, mais par un domaine des désirs qui se cachent dans les arcanes du cœur, et par un ensemble d'actes soigneusement définis dans leur forme et leurs conditions ; l'assujettissement prendra la forme non d'un savoir-faire mais d'une reconnaissance de la loi et d'une obéissance à l'autorité pastorale ; ce n'est donc pas tellement la domination parfaite de soi par soi dans l'exercice d'une activité de type viril qui caractérisera le sujet moral, mais plutôt le renoncement à soi, et une pureté dont le modèle est à chercher du côté de la virginité. À partir de là, on peut comprendre l'importance dans la morale chrétienne de ces deux pratiques, à la fois opposées et complémentaires : une codification des actes sexuels qui deviendra de plus en plus précise et le développement d'une herméneutique du désir et des procédures de déchiffrement de soi.

On pourrait dire schématiquement que la réflexion morale de l'Antiquité à propos des plaisirs ne s'oriente ni vers une codification des actes ni vers une herméneutique du sujet, mais vers une stylisation de l'attitude et une esthétique de l'existence. Stylisation, car la raréfaction de l'activité sexuelle se présente comme une sorte d'exigence ouverte : on pourra le constater facilement : ni les médecins donnant des conseils de régime, ni les moralistes demandant aux maris de respecter leur épouse, ni ceux qui donnent des conseils sur la bonne conduite à tenir dans l'amour des garçons ne diront très exactement ce qu'il faut faire ou ne pas faire dans l'ordre des actes ou pratiques sexuels. Et la raison n'en est pas sans doute dans la pudeur ou la réserve des auteurs, mais dans le fait que le problème n'est pas là : la tempérance sexuelle est un exercice de la liberté qui prend forme dans la maîtrise de soi ; et celle-ci se manifeste dans la manière dont le sujet se tient et se retient dans l'exercice de son activité virile, la façon dont il a rapport à lui-même dans le rapport qu'il a aux autres. Cette attitude, beaucoup plus que les actes qu'on commet ou les désirs qu'on cache, donne prise aux jugements de valeur. Valeur morale qui est aussi une valeur esthétique et valeur de vérité puisque c'est en visant la satisfaction des vrais besoins, en respectant la vraie hiérarchie de l'être humain et en n'oubliant jamais ce qu'on est en vérité qu'on pourra donner à sa conduite la forme qui assure le renom et mérite la mémoire.

Il faut voir maintenant comment quelques-uns des grands thèmes de l'austérité sexuelle, qui allaient avoir une destinée historique bien au-delà de la culture grecque, se sont formés et développés dans la pensée du IVe siècle. Je ne partirai pas des théories générales du plaisir ou de la vertu ; je prendrai appui sur des pratiques existantes et reconnues par lesquelles les hommes cherchaient à donner forme à leur conduite : pratique du régime, pratique du gouvernement domestique, pratique de la cour dans le comportement amoureux ; j'essaierai de montrer comment ces trois pratiques ont été réfléchies dans la médecine ou la philosophie et comment ces réflexions ont proposé diverses manières, non de codifier précisément la conduite sexuelle, mais plutôt de la « styliser » : stylisations dans la Diététique, comme art du rapport quotidien de l'individu à son corps, dans l'Économique comme art de la conduite de l'homme en tant que chef de famille, dans l'Érotique comme art de la conduite réciproque de l'homme et du garçon dans la relation d'amour[1].

---

1. L'ouvrage de Henri JOLY, *Le Renversement platonicien*, donne un exemple de la manière dont on peut analyser, dans la pensée grecque, les rapports entre le domaine des pratiques et la réflexion philosophique.

CHAPITRE II

Diététique

La réflexion morale des Grecs sur le comportement sexuel n'a pas cherché à justifier des interdits, mais à styliser une liberté : celle qu'exerce, dans son activité, l'homme « libre ». De là, ce qui peut passer, au premier regard, pour un paradoxe : les Grecs ont pratiqué, accepté, valorisé les rapports entre hommes et garçons ; et leurs philosophes ont pourtant conçu et édifié à ce sujet une morale de l'abstention. Ils ont parfaitement admis qu'un homme marié puisse aller chercher ses plaisirs sexuels en dehors du mariage, et pourtant leurs moralistes ont conçu le principe d'une vie matrimoniale où le mari n'aurait de rapport qu'avec sa propre épouse. Ils n'ont jamais conçu que le plaisir sexuel était en lui-même un mal ou qu'il pouvait faire partie des stigmates naturels d'une faute ; et pourtant leurs médecins se sont inquiétés des rapports de l'activité sexuelle avec la santé et ils ont développé toute une réflexion sur les dangers de sa pratique.

Commençons par ce dernier point. Il faut tout de suite noter que leur réflexion ne portait pas pour l'essentiel sur l'analyse des différents effets pathologiques de l'activité sexuelle ; elle ne cherchait pas non plus à organiser ce comportement comme un domaine où on pourrait distinguer conduites normales et pratiques anormales et pathologiques. Sans doute, ces thèmes n'étaient-ils pas totalement absents. Mais ce n'était pas là ce qui constituait le thème général de l'interrogation sur les rapports entre les *aphrodisia,* la santé, la vie et la mort. Le souci principal de cette réflexion, c'était de définir l'usage des plaisirs, — ses conditions favorables, sa pratique utile, sa raréfaction nécessaire — en fonction d'une certaine façon de s'occuper de son corps. La préoccupation était beaucoup plus « diététique » que « thérapeutique » : affaire de régime visant à régler une activité qui était reconnue comme importante pour la santé. La problématisation médicale du comportement sexuel s'est faite moins à partir du soin à en éliminer les formes pathologiques qu'à partir de la volonté de l'intégrer le mieux possible à la gestion de la santé et à la vie du corps.

1

DU RÉGIME EN GÉNÉRAL

Pour éclairer l'importance que les Grecs portaient au régime, le sens général qu'ils donnaient à la « diététique » et la façon dont ils liaient sa pratique à la médecine, on peut se rapporter à deux récits d'origine ; l'un se trouve dans la collection hippocratique, l'autre chez Platon.

L'auteur du traité sur l'*Ancienne médecine*, loin de concevoir le régime comme une pratique adjacente à l'art médical — une de ses applications, ou un de ses prolongements —, fait naître au contraire la médecine de la préoccupation première et essentielle du régime[1]. L'humanité, selon lui, se serait détachée de la vie animale, par une sorte de rupture de diète ; à l'origine, en effet, les hommes auraient fait usage d'une alimentation semblable à celle des animaux : viande, végétaux crus et sans préparation. Pareille manière de se nourrir, qui pouvait endurcir les plus vigoureux, était sévère aux plus fragiles : bref, on mourait jeune ou vieux. Les hommes auraient donc cherché un régime mieux adapté « à leur nature » : c'est ce régime qui caractérise encore l'actuelle manière de vivre. Mais grâce à cette diète plus douce, les maladies seraient devenues moins immédiatement mortelles ; on se serait alors aperçu que la nourriture des bien portants ne pouvait convenir aux malades : d'autres aliments leur étaient nécessaires. La médecine se serait alors formée comme « diète » propre aux malades, et à partir

1. Hippocrate, *L'Ancienne médecine*, III.

d'une interrogation sur le régime spécifique qui leur convient. Dans ce récit d'origine, c'est la diététique qui apparaît initiale ; elle donne lieu à la médecine comme à une de ses applications particulières.

Platon — assez méfiant à l'égard de la pratique diététique, ou du moins des excès qu'il en redoute, pour les raisons politiques et morales qu'on verra — pense au contraire que la préoccupation du régime est née d'une modification dans les pratiques médicales[1] : à l'origine, le dieu Asclèpios aurait enseigné aux hommes comment guérir maladies et blessures par des remèdes drastiques et des opérations efficaces. De cette pratique des médications simples, Homère porterait, selon Platon, le témoignage, dans le récit qu'il fait des guérisons de Ménélas et d'Eurypyle, sous les murs de Troie : on suçait le sang des blessés, on versait sur leurs plaies quelques émollients et on leur donnait à boire du vin saupoudré de farine et de fromage râpé[2]. C'est plus tard, lorsque les hommes se furent éloignés de la vie rude et saine des anciens temps, qu'on chercha à suivre les maladies « pas à pas » et à soutenir par un long régime ceux qui étaient en mauvaise santé, et qui l'étaient justement parce que, ne vivant plus comme il fallait, ils étaient victimes de maux durables. La diététique apparaît, selon cette genèse, comme une sorte de médecine pour les temps de mollesse ; elle était destinée aux existences mal conduites et qui cherchaient à se prolonger. Mais on le voit bien : si, pour Platon, la diététique n'est pas un art originaire, ce n'est pas parce que le régime, la *diaitē* soit sans importance ; la raison pour laquelle, à l'époque d'Asclèpios ou de ses premiers successeurs, on ne se préoccupait pas de diététique, c'est que le « régime » réellement suivi par les hommes, la manière dont ils se nourrissaient et prenaient de l'exercice, était conforme à la nature[3]. Dans une telle perspective, la diététique a bien été une inflexion de la médecine ; mais elle n'est

---

1. PLATON, *République*, III, 405 e-408 d.

2. En fait les indications données par Platon ne sont pas exactement celles qu'on trouve dans l'*Iliade* (XI, 624 et 833).

3. PLATON, *République*, III, 407 c.

devenue ce prolongement de l'art de guérir que du jour où le régime comme manière de vivre s'est séparé de la nature ; et si elle constitue toujours le nécessaire accompagnement de la médecine, c'est dans la mesure où on ne saurait soigner personne sans rectifier le genre de vie qui l'a rendu effectivement malade[1].

En tout cas, qu'on fasse du savoir diététique un art primitif ou qu'on y voie une dérivation ultérieure, il est clair que la « diète » elle-même, le régime, est une catégorie fondamentale à travers laquelle on peut penser la conduite humaine ; elle caractérise la manière dont on mène son existence, et elle permet de fixer à la conduite un ensemble de règles : un mode de problématisation du comportement, qui se fait en fonction d'une nature qu'il faut préserver et à laquelle il convient de se conformer. Le régime est tout un art de vivre.

1. Le domaine qu'un régime convenablement réfléchi doit couvrir est défini par une liste qui a pris avec le temps une valeur à peu près canonique. C'est celle qu'on trouve au livre VI des *Épidémies* ; elle comprend : « les exercices *(ponoi)*, les aliments *(sitia)*, les boissons *(pota)*, les sommeils *(hupnoi)*, les rapports sexuels *(aphrodisia)* » — toutes choses qui doivent être « mesurées »[2]. La réflexion diététique a développé cette énumération. Parmi les exercices, on distingue ceux qui sont naturels (marcher, se promener), et ceux qui sont violents (la course, la lutte) ; et on fixe quels sont ceux qu'il convient de pratiquer et avec quelle intensité, en fonction de l'heure du jour, du moment de l'année, de l'âge du sujet, de la nourriture qu'il a prise. Aux exercices, on peut rattacher les bains, plus ou moins chauds, et qui dépendent eux aussi de la saison, de l'âge, des activités et des repas déjà faits ou à faire. Le régime alimentaire — nourriture et boisson — doit tenir compte de la nature et de

---

1. Sur la nécessité du régime pour la cure des maladies, voir aussi le *Timée*, 89 d.
2. HIPPOCRATE, *Épidémies*, VI, 6, 1. Sur différentes interprétations de ce texte dans l'Antiquité, cf. HIPPOCRATE, *Œuvres*, trad. Littré, t. V, pp. 323-324.

la quantité de ce qu'on absorbe, de l'état général du corps, du climat, des activités auxquelles on se livre. Les évacuations — purges et vomissements — viennent corriger la pratique alimentaire et ses excès. Le sommeil, lui aussi, comporte différents aspects que le régime peut faire varier : le temps qu'on lui consacre, les heures qu'on choisit, la qualité du lit, sa dureté, sa chaleur. Le régime a donc à prendre en compte de nombreux éléments de la vie physique d'un homme, ou du moins d'un homme libre ; et cela tout au long de ses journées, du lever jusqu'au coucher. Le régime, quand on le détaille, prend l'allure d'un véritable emploi du temps : c'est ainsi que le régime proposé par Dioclès suit, de moment en moment, le fil d'une journée ordinaire depuis le réveil jusqu'au repas du soir et à l'endormissement en passant par les tout premiers exercices, les ablutions et les frictions du corps et de la tête, les promenades, les activités privées et le gymnase, le déjeuner, la sieste, puis à nouveau la promenade et le gymnase, les onctions et les frictions, le dîner. Tout au long du temps, et à propos de chacune des activités de l'homme, le régime problématise le rapport au corps et développe une manière de vivre dont les formes, les choix, les variables sont déterminés par le souci du corps. Mais le corps n'est pas seul en cause.

2. Dans les différents domaines où il est requis, le régime a à établir une mesure : « un cochon s'en rendrait compte », comme dit un des interlocuteurs du dialogue platonicien des *Rivaux*[1] : « pour ce qui regarde le corps », ce qui est utile, c'est « ce qui est dans la juste mesure », et non point ce qui est en grande ou en petite quantité. Or, cette mesure est à comprendre non seulement dans l'ordre corporel, mais dans l'ordre moral. Les pythagoriciens, qui ont sans doute joué un rôle important dans le développement de la diététique, ont fortement marqué la corrélation entre les soins à apporter au corps et le souci de garder à l'âme sa pureté et son harmonie. S'il est vrai qu'ils demandaient à la médecine la

---

1. Pseudo-Platon, *Rivaux*, 134 a-d.

purgation du corps et à la musique celle de l'âme, ils prêtaient aussi au chant et aux instruments des effets bénéfiques sur l'équilibre de l'organisme[1]. Les nombreux interdits alimentaires qu'ils se fixaient avaient des significations cultuelles et religieuses ; et la critique qu'ils faisaient de tout abus dans l'ordre de la nourriture, de la boisson, des exercices et des activités sexuelles avait à la fois valeur de précepte moral et de conseil efficace pour la santé[2].

Même en dehors du contexte strictement pythagoricien, le régime se définit volontiers sur ce double registre : celui de la bonne santé et celui de la bonne tenue de l'âme. Et cela parce qu'elles s'induisent l'une l'autre, mais aussi parce que la résolution de suivre un régime mesuré et raisonnable, ainsi que l'application qu'on y met, relèvent par elles-mêmes d'une indispensable fermeté morale. Le Socrate de Xénophon marque bien cette corrélation lorsqu'il recommande aux jeunes gens d'exercer régulièrement leur corps par la pratique de la gymnastique. Il y voit la garantie qu'on pourra mieux se défendre à la guerre, éviter, comme soldat, la réputation de lâcheté, servir au mieux sa patrie, obtenir de hautes récompenses (et donc laisser fortune et statut à ses descendants) ; il en espère une protection contre les maladies et les infirmités du corps. Mais il souligne également les bons effets de cette gymnastique là où, dit-il, on les attend le moins : dans la pensée, car un corps en mauvaise santé a pour conséquences l'oubli, le découragement, la mauvaise humeur, la folie, au point même que les connaissances acquises finissent par être chassées de l'âme[3].

---

1. Cf. R. JOLY, « Notice » à HIPPOCRATE, *Du régime* (C.U.F.), p. XI.
2. « Il avait... pour les maladies corporelles des airs guérisseurs pour lesquels son chant remettait sur pied les malades. D'autres faisaient oublier la peine, calmaient les colères, chassaient les désirs désordonnés. Son régime maintenant : miel au déjeuner, au dîner galette, légumes, rarement de la viande... Ainsi son corps gardait-il le même état, comme au cordeau, sans être tantôt sain, tantôt malade, sans non plus tantôt engraisser et augmenter, tantôt s'amincir et maigrir, et son âme montrait toujours par son regard le même caractère *(to homoion ēthos).* » PORPHYRE, *Vie de Pythagore*, 34. Pythagore aurait aussi donné des conseils de régime aux athlètes *(ibid.,* 15).
3. XÉNOPHON, *Mémorables*, III, 12.

Mais c'est aussi que la rigueur d'un régime physique, avec la résolution qui est requise pour le suivre, appelle une indispensable fermeté morale, et elle permet de l'exercer. C'est même là, aux yeux de Platon, la vraie raison qu'on doit donner aux pratiques par lesquelles on essaye d'acquérir la force, la beauté et la santé du corps : non seulement, dit Socrate au livre IX de la *République*, l'homme sensé « ne s'en remettra pas au plaisir bestial et déraisonnable » ; non seulement, il ne tournera pas « de ce côté ses préoccupations » ; mais il fera plus : « Il n'aura égard à sa santé et n'attachera d'importance à être fort, sain et beau s'il ne doit point par là devenir tempérant. » Le régime physique doit s'ordonner au principe d'une esthétique générale de l'existence où l'équilibre corporel sera une des conditions de la juste hiérarchie de l'âme : « il établira l'harmonie dans son corps en vue de maintenir l'accord dans son âme », — ce qui lui permettra de se conduire en véritable musicien *(mousikos)*[1]. Le régime physique ne doit donc pas être trop intensément cultivé pour lui-même.

On reconnaissait volontiers la possibilité d'un danger dans la pratique même de la « diète ». Car si le régime a pour objectif d'éviter les excès, il peut y avoir exagération dans l'importance qu'on lui accorde et l'autonomie qu'on lui laisse. Ce risque, en général, est perçu sous deux formes. Il y a le danger de ce qu'on pourrait appeler l'excès « athlétique » ; celui-ci est dû à des entraînements répétés, qui développent exagérément le corps et finissent par ensommeiller l'âme enfoncée dans une musculature trop puissante : à plusieurs reprises, Platon blâme ce forçage des athlètes et il déclare n'en point vouloir pour les jeunes gens de sa cité[2]. Mais il y a aussi le danger de ce qu'on pourrait appeler l'excès « valétudinaire » : il s'agit de la vigilance de tous les instants qu'on accorde à son corps, à sa santé, au moindre

---

1. PLATON, *République*, IX, 591 c-d.
2. *Ibid.*, III, 404 a. ARISTOTE critique aussi les excès du régime athlétique et de certains entraînements dans la *Politique*, VIII, 16, 1 335 b ; et VIII, 4, 1 338 b - 1 339 a.

de ses maux. De cet excès, le meilleur exemple est offert, selon Platon, par celui qui passait pour un des fondateurs de la diététique, le pédotribe Hérodicos ; tout occupé à ne pas enfreindre la plus petite règle du régime qu'il s'était imposé, il aurait « traîné » pendant des années une vie mourante. À cette attitude, Platon fait deux reproches. Elle est le fait d'hommes oisifs qui ne sont pas utiles pour la cité ; on peut leur comparer avec avantage ces artisans sérieux qui, sous prétexte de migraine, ne vont pas s'emmailloter la tête, car ils n'ont pas de temps à perdre avec les petits soins de santé. Mais elle est aussi le fait de ceux qui, pour ne point perdre la vie, essaient comme ils peuvent de retarder le terme fixé par la nature. La pratique du régime porte avec elle ce danger — moral mais politique aussi — d'accorder au corps un soin exagéré *(peritté epimeleia tou sōmatos)*[1]. Asclèpios, qui ne soignait qu'à coups de potions et de résections, était un sage politique : il savait que dans un État bien gouverné, personne n'a le loisir de passer sa vie à être malade et à se faire soigner[2].

3. La méfiance à l'égard des régimes excessifs montre que la diète n'a pas pour finalité de conduire la vie aussi loin que possible dans le temps ni aussi haut que possible dans les performances, mais plutôt de la rendre utile et heureuse dans les limites qui lui ont été fixées. Elle ne doit pas non plus se proposer de fixer une fois pour toutes les conditions d'une existence. Un régime n'est pas bon qui ne permet de vivre qu'en un seul endroit, avec un seul type de nourriture et sans qu'on puisse s'exposer à aucun changement. L'utilité du régime est précisément dans la possibilité qu'il donne aux individus de s'affronter à des situations différentes. C'est bien ainsi que Platon oppose le régime des athlètes, si strict qu'ils ne peuvent s'en écarter sans « graves et violentes maladies », et celui qu'il voudrait voir adopter pour ses

---

1. PLATON, *République*, III, 406 a-407 b.
2. *Ibid.*, 407 c-e. Dans le *Timée*, PLATON fait valoir que pour chaque être vivant la durée de vie est fixée par le sort (89 b-c).

guerriers ; ceux-ci doivent être comme des chiens toujours
en éveil ; quand ils sont en campagne, ils doivent pouvoir
« changer souvent d'eaux et d'aliments », s'exposer « tour à
tour aux soleils brûlants et au froid des hivers », tout en
conservant une « santé inaltérable »[1]. Sans doute les guerriers de Platon ont-ils des responsabilités particulières. Mais
des régimes plus généraux obéissent aussi à ce même principe. L'auteur du *Régime* de la collection hippocratique prend
soin de souligner qu'il adresse ses conseils non pas à quelques inactifs privilégiés, mais au plus grand nombre de
gens ; à savoir « ceux qui travaillent, ceux qui se déplacent,
naviguent, s'exposent au soleil et au froid[2] ». Il est arrivé
qu'on interprète ce passage comme la marque d'un intérêt
particulier pour les formes de la vie active et professionnel-
le. Il faut surtout y reconnaître la préoccupation — commune d'ailleurs à la morale et à la médecine — d'armer l'individu pour la multiplicité des circonstances possibles. On ne
peut, et on ne doit pas demander au régime de contourner
la fatalité ou d'infléchir la nature. Ce qu'on attend de lui,
c'est qu'il permette de réagir, autrement qu'à l'aveugle, aux
événements imprévus tels qu'ils se présentent. La diététique
est un art stratégique, en ce sens qu'elle doit permettre de
répondre, d'une manière qui est raisonnable, donc utile,
aux circonstances.

Dans la vigilance qu'elle exerce à l'égard du corps et de
ses activités, elle appelle, de la part de l'individu, deux formes d'attention bien particulières. Elle exige ce qu'on pourrait appeler une attention « sérielle », une attention aux
séquences : les activités ne sont pas simplement bonnes ou
mauvaises en elles-mêmes ; leur valeur est pour une part
déterminée par celles qui les précèdent et celles qui les suivent et la même chose (une certaine nourriture, un type
d'exercice, un bain chaud ou froid) sera recommandée ou
déconseillée selon qu'on aura eu ou qu'on doit avoir telle ou

---

1. PLATON, *République*, III, 404 a-b.
2. HIPPOCRATE, *Du régime*, III, 69, 1 ; cf. la note de R. Joly, dans l'édition de la C.U.F.,
p. 71.

telle autre activité (les pratiques qui se suivent doivent se compenser dans leurs effets, mais le contraste entre elles ne doit pas être trop vif). La pratique du régime implique aussi une vigilance « circonstancielle », une attention à la fois très aiguë et très large qu'il faut diriger vers le monde extérieur, ses éléments, ses sensations : le climat bien entendu, les saisons, les heures du jour, le degré d'humidité et de sécheresse, de chaleur ou de fraîcheur, les vents, les caractères propres à une région, l'implantation d'une ville. Et les indications relativement détaillées qui sont données par le régime hippocratique doivent servir à celui qui s'est familiarisé avec elles à moduler sa manière de vivre en fonction de toutes ces variables. Le régime n'est pas à considérer comme un corps de règles universelles et uniformes ; c'est plutôt une sorte de manuel pour réagir aux situations diverses dans lesquelles on peut se trouver ; un traité pour ajuster son comportement selon les circonstances.

4. Technique d'existence, la diététique l'est enfin en ce sens qu'elle ne se contente pas de transmettre, à un individu qui aurait à les appliquer passivement, les conseils d'un médecin. Sans entrer ici dans l'histoire du débat où s'opposèrent médecine et gymnastique à propos de leur compétence respective pour la détermination du régime, il faut retenir que la diète n'était pas conçue comme une obéissance nue au savoir de l'autre ; elle devait être, de la part de l'individu, une pratique réfléchie de soi-même et de son corps. Certes, pour suivre le régime qui convient, il est nécessaire d'écouter ceux qui savent ; mais ce rapport doit prendre la forme de la persuasion. La diète du corps, pour être raisonnable, pour s'ajuster comme il faut aux circonstances et au moment, doit être aussi affaire de pensée, de réflexion et de prudence. Alors que les médicaments ou les opérations agissent sur le corps qui les subit, le régime s'adresse à l'âme, et lui inculque des principes. Ainsi, dans les *Lois*[1], Platon dis-

1. PLATON, *Lois*, IV, 720 b-e.

tingue-t-il deux sortes de médecins : ceux qui sont bons
pour les esclaves (ils sont eux-mêmes le plus souvent de
condition servile) et qui se bornent à prescrire sans donner
d'explications ; et ceux de naissance libre qui s'adressent
aux hommes libres ; ils ne se contentent pas de faire des
ordonnances, ils entrent en conversation, ils se renseignent
auprès du malade et de ses amis ; ils l'éduquent, l'exhortent,
le persuadent par des arguments qui, lorsqu'il sera convain-
cu, seront de nature à lui faire mener la vie qui convient.
Du médecin savant, l'homme libre doit recevoir, au-delà des
moyens qui permettent la cure proprement dite, une armature rationnelle pour l'ensemble de son existence[1]. Un bref
passage des *Mémorables* montre bien le régime sous l'aspect
d'une pratique concrète et active du rapport à soi. On y voit
Socrate s'appliquant à rendre ses disciples « capables de se
suffire à eux-mêmes » dans la position qui est la leur. À
cette fin, il leur enjoint d'apprendre (soit auprès de lui-
même, soit auprès d'un autre maître) ce qu'un homme de
bien doit savoir dans les limites circonscrites de ce qui lui
est utile, et rien au-delà : apprendre le nécessaire dans l'ordre de la géométrie, de l'astronomie, de l'arithmétique.
Mais il les engage aussi « à prendre soin de leur santé ». Et
ce « soin », qui doit en effet prendre appui sur un savoir
reçu, doit aussi se développer en une attention vigilante à
soi : observation de soi, avec, en outre, ce qui est important,
travail d'écriture et de notation : « Que chacun s'observe
lui-même et note quelle nourriture, quelle boisson, quel
exercice lui conviennent, et comment il faut en user pour
conserver la santé la plus parfaite. » La bonne gestion du
corps, pour devenir un art d'existence, doit passer par une
mise en écrit effectuée par le sujet à propos de lui-même ; à
travers celle-ci, il pourra acquérir son autonomie et choisir
à bon escient entre ce qui est bon et mauvais pour lui : « Si
vous vous observez ainsi, dit Socrate à ses disciples, vous

---

1. Cf. PLATON, *Timée*, 89 d, qui résume ainsi ce qu'il vient de dire à propos du régime :
« En voilà assez sur le vivant tout entier, sur sa partie corporelle, sur la façon de la
gouverner ou de se laisser gouverner par elle. »

trouverez difficilement un médecin qui discerne mieux que vous ce qui est favorable à votre santé[1]. »

En somme, la pratique du régime comme art de vivre est bien autre chose qu'un ensemble de précautions destinées à éviter les maladies ou à achever de les guérir. C'est toute une manière de se constituer comme un sujet qui a, de son corps, le souci juste, nécessaire et suffisant. Souci qui traverse la vie quotidienne ; qui fait des activités majeures ou courantes de l'existence un enjeu à la fois de santé et de morale ; qui définit entre le corps et les éléments qui l'entourent une stratégie circonstancielle ; et qui vise enfin à armer l'individu lui-même d'une conduite rationnelle. Quelle place s'accordait-on à faire aux *aphrodisia* dans cette gestion raisonnable et naturelle de la vie ?

---

1. XÉNOPHON, *Mémorables*, IV, 7.

LA DIÈTE DES PLAISIRS

Deux traités de Diététique, faisant partie de la collection hippocratique, sont parvenus jusqu'à nous. L'un, plus ancien, est aussi le plus bref : c'est le *Peri diaitēs hugiainēs*, le *Régime salubre* ; il a été longtemps considéré comme constituant la dernière partie du traité *De la nature de l'homme*[1] ; le second, le *Peri diaitēs*, est aussi le plus développé. En outre, Oribase a recueilli dans sa *Collection médicale*[2] un texte de Dioclès, consacré à l'hygiène, qui donne, avec beaucoup de méticulosité, une règle de vie quotidienne ; enfin à ce même Dioclès — qui vivait à la fin du IVe siècle — on a attribué un texte très bref, qui a été recueilli dans les œuvres de Paul d'Égine[3] : l'auteur y donne des indications sur la manière de reconnaître sur soi-même les premiers signes de maladie, ainsi que quelques règles générales de régime saisonnier.

Alors que le *Régime salubre* ne dit mot de la question des *aphrodisia*, le *Peri diaitēs* comporte sur ce point une série de recommandations et de prescriptions. La première partie de l'ouvrage se présente comme une réflexion sur les principes généraux qui doivent présider à l'organisation du régi-

---

1. Cf. W.H.S. JONES, « Introduction » au tome IV des *Œuvres* d'Hippocrate (Loeb classical Library).
2. ORIBASE, *Collection médicale*, t. III, pp. 168-182.
3. PAUL D'ÉGINE, *Chirurgie*, trad. R. Briau. Sur la diététique à l'époque classique, cf. W.D. SMITH, « The Development of Classical Dietetic Theory », *Hippocratica* (1980), pp. 439-448.

me. L'auteur fait valoir, en effet, que certains de ses nombreux prédécesseurs ont pu donner de bons conseils sur tel ou tel point particulier ; aucun cependant n'a pu présenter un exposé complet de la matière qu'il entendait traiter ; c'est qu'il faut, pour « écrire correctement à propos de la diète humaine », être capable de « connaître et reconnaître » la nature de l'homme en général, ainsi que sa constitution d'origine *(hē ex archēs sustasis)*, et le principe qui doit commander dans le corps *(to epicrateon en tōi sōmati)*[1]. L'auteur retient, comme deux éléments fondamentaux du régime, l'alimentation et les exercices ; ceux-ci occasionnent des dépenses que la nourriture et la boisson ont pour rôle de compenser.

La seconde partie du texte développe la pratique de la diététique, en prenant comme point de vue les propriétés et effets des éléments qui entrent dans le régime. Après des considérations sur les régions — élevées ou basses, sèches ou humides, exposées à tel ou tel vent —, sont passés en revue les aliments (l'orge ou le blé, envisagés selon la finesse de la mouture, le moment où on a pétri la farine, la quantité d'eau avec laquelle on les mélange ; les viandes, distinguées selon leurs diverses provenances ; les fruits et les légumes, considérés d'après les espèces), puis les bains (chauds, froids, pris avant ou après le repas), les vomissements, le sommeil, les exercices (naturels, comme ceux de la vue, de l'ouïe, de la voix, de la pensée, ou de la promenade ; violents à la manière des courses de vitesse ou de fond, des mouvements des bras, de la lutte au sol, au ballon, à la main ; exécutés dans la poussière ou avec le corps huilé). Dans cette énumération des éléments du régime, l'activité sexuelle *(lagneiē)* est tout juste signalée entre les bains et les onctions d'une part, les vomissements de l'autre ; et elle n'est mentionnée que pour ses trois effets. Deux d'entre eux sont qualitatifs : échauffement dû à la violence de l'exercice *(ponos)*, et à l'élimination d'un élément humide ; humidification en revanche parce que l'exercice a fait fondre les chairs. Un troisième effet est quantitatif : l'évacuation pro-

---

1. HIPPOCRATE, *Du régime*, I, 2, 1.

voque l'amaigrissement. « Le coït amaigrit, humecte et échauffe ; il échauffe à cause de l'exercice et de la sécrétion d'humidité ; il amaigrit par l'évacuation et il humecte par ce qui reste dans le corps de la fonte (des chairs) produite par l'exercice[1]. »

En revanche, dans la troisième partie de ce *Régime*, on trouve à propos des *aphrodisia* un certain nombre de prescriptions. Cette troisième partie se présente dans ses premières pages comme une sorte de grand calendrier de santé, un almanach permanent des saisons et des régimes qui leur conviennent. Mais l'auteur souligne l'impossibilité de donner une formule générale pour fixer le juste équilibre entre exercices et aliments ; il marque la nécessité de tenir compte des différences entre les choses, les individus, les régions, les moments[2] ; le calendrier n'est donc pas à lire comme un ensemble de recettes impératives mais comme des principes stratégiques qu'il faut savoir adapter aux circonstances. En somme, tandis que la deuxième partie du texte envisageait plutôt les éléments du régime en eux-mêmes selon leurs qualités et dans leurs propriétés intrinsèques (et là les *aphrodisia* sont tout juste évoqués), la troisième partie, en son début, est surtout consacrée aux variables de situation.

L'année est partagée, bien sûr, en quatre saisons. Mais celles-ci, à leur tour, sont subdivisées en périodes plus courtes, de quelques semaines ou même de quelques jours. C'est que les caractères propres à chaque saison évoluent souvent de façon progressive ; et qu'en outre, il y a toujours du danger à modifier brusquement le régime : comme les excès, les changements soudains ont des effets nocifs ; « le petit à petit *(to kata mikron)* est une règle sûre, surtout dans les cas de changement d'une chose à une autre ». Ce qui a pour conséquence qu'« à chaque saison, il faudra modifier peu à peu *(kata mikron)* chaque constituant du régime[3] ». Ainsi le

---

1. *Ibid.*, II, 58, 2.

2. *Ibid.*, III, 67, 1-2.

3. *Ibid.*, III, 68, 10. Dans le même sens, cf. HIPPOCRATE, *De la nature de l'homme*, 9 et *Aphorismes*, 51. Le même thème se retrouve chez le PSEUDO-ARISTOTE, *Problèmes*, XXVIII, 1 ; et dans le *Régime* de Dioclès, ORIBASE, III, p. 181.

régime d'hiver doit être subdivisé comme le veut la saison elle-même, en une période de quarante-quatre jours qui va du coucher des Pléiades jusqu'au solstice, puis en une période exactement équivalente que suit un adoucissement de quinze jours. Le printemps commence par une période de trente-deux jours, depuis le lever d'Arcturus et l'arrivée des hirondelles, jusqu'à l'équinoxe ; à partir de là, la saison doit se diviser en six périodes de huit jours. Vient alors l'été qui comporte deux phases : du lever des Pléiades jusqu'au solstice, puis de là jusqu'à l'équinoxe. De ce moment jusqu'au coucher des Pléiades, on doit, sur une durée de quarante-huit jours, se préparer au « régime hivernal ».

L'auteur ne donne pas, pour chacune de ces petites subdivisions, un régime complet. Il définit plutôt, en donnant plus ou moins de détails, une stratégie d'ensemble qui est fonction des qualités propres à chacun des moments de l'année. Cette stratégie obéit à un principe d'opposition, de résistance, ou du moins de compensation : le froid d'une saison doit être rééquilibré par un régime réchauffant de peur que le corps ne se refroidisse trop ; en revanche, une forte chaleur appelle un régime émollient et refroidissant. Mais elle doit aussi obéir à un principe d'imitation et de conformité : à saison douce et qui évolue graduellement, un régime doux et progressif ; à l'époque où les plantes préparent leur végétation, les humains doivent faire de même, et préparer le développement de leur corps ; de la même façon pendant la rudesse de l'hiver, les arbres s'endurcissent et prennent de la robustesse ; les hommes aussi acquièrent de la vigueur en ne fuyant pas la froidure mais en s'exposant à elle « courageusement[1] ».

C'est dans ce contexte général que l'usage des *aphrodisia* est réglé en tenant compte des effets qu'ils peuvent produire sur le jeu du chaud et du froid, du sec et de l'humide, selon la formule générale qu'on trouve dans la seconde partie du texte. Les recommandations qui les concernent se situent en

---

1. HIPPOCRATE, *Du régime*, III, 68, 6 et 9.

général entre les prescriptions alimentaires et les conseils concernant les exercices ou les évacuations. L'hiver, depuis le coucher des Pléiades jusqu'à l'équinoxe de printemps, est une saison où le régime doit être asséchant et réchauffant dans la mesure où la saison est froide et humide : donc, viandes rôties plutôt que bouillies, pain de froment, légumes secs et en petite quantité, vin peu dilué, mais en petite quantité ; exercices nombreux et de toutes sortes (courses, lutte, promenade) ; bains qui doivent être froids après les entraînements — toujours très échauffants — de la course, et chauds après tous les autres exercices ; rapports sexuels plus fréquents, surtout pour les hommes plus âgés dont le corps tend à se refroidir ; émétique trois fois par mois pour les tempéraments humides ; deux fois par mois pour ceux qui sont secs[1]. Pendant la période de printemps où l'air est plus chaud et plus sec, et où il faut se préparer à la croissance du corps, on doit manger autant de viandes bouillies que rôties, absorber des légumes humides, prendre des bains, diminuer la quantité de rapports sexuels et d'émétiques ; ne vomir que deux fois par mois, puis plus rarement encore, de manière que le corps garde « une chair pure ». Après le lever des Pléiades, quand vient l'été, c'est contre la sécheresse surtout que le régime doit lutter : boire des vins légers, blancs et dilués ; gâteaux d'orge, légumes bouillis ou crus, s'ils ne risquent pas d'échauffer ; s'abstenir d'émétique et réduire autant que possible les actes sexuels *(toisi de aphrodisioisin hōs hēkista)* ; diminuer les exercices, éviter les courses qui assèchent le corps, ainsi que la marche sous le soleil, et préférer la lutte dans la poussière[2]. À mesure qu'on approche du lever d'Arcturus et de l'équinoxe d'automne, il faut rendre le régime plus doux et plus humide ; rien n'est dit en particulier sur le régime sexuel.

Le *Régime* de Dioclès est beaucoup moins développé que celui d'Hippocrate. Il est pourtant fort détaillé dans l'emploi du temps quotidien, qui occupe une grande partie du texte :

1. *Ibid.*, III, 68, 5.
2. *Ibid.*, III, 68, 11.

depuis les frictions qui doivent suivre aussitôt le lever et réduire la raideur du corps jusqu'aux positions qu'il convient de prendre dans le lit, lorsque vient le moment de se coucher (« ni trop étendu, ni fortement fléchi », et surtout pas sur le dos), tous les principaux moments de la journée sont examinés, avec les bains, les frictions, les onctions, les évacuations, les promenades, les aliments qui conviennent[1]. C'est seulement à propos des variations saisonnières que la question est envisagée des plaisirs sexuels et de leur modulation, et après l'évocation de quelques principes généraux d'équilibre : « C'est un point très important pour la santé que la puissance de notre corps ne soit pas dépréciée par une autre puissance. » Mais l'auteur se borne à de brèves considérations générales : d'abord, que nul ne doit « faire usage fréquent et continu du coït » ; qu'il convient mieux « aux gens froids, humides, atrabilaires et flatulents », et plus mal à ceux qui sont maigres ; qu'il y a des périodes de la vie où il est plus nocif, comme chez les gens âgés ou chez ceux qui sont dans « la période qui conduit de l'enfance à l'adolescence[2] ». Quant au texte sans doute plus tardif, connu comme une lettre de Dioclès au roi Antigone, l'économie qu'il propose des plaisirs sexuels est, dans ses lignes générales, extrêmement proche de celle d'Hippocrate : au solstice d'hiver, qui est le temps où on est le plus disposé au catarrhe, la pratique sexuelle n'a pas à être restreinte. Pendant le temps d'ascension des Pléiades, période où, dans le corps, domine la bile amère, il faut avoir recours aux actes sexuels avec beaucoup de mesure. On doit même y renoncer tout à fait au moment du solstice d'été quand la bile noire l'emporte dans l'organisme ; et il faut s'en abstenir, ainsi que de tout vomissement, jusqu'à l'équinoxe d'automne[3].

Plusieurs traits, dans ce régime des plaisirs, méritent d'être remarqués. Et tout d'abord, la place restreinte qui est faite

---

1. ORIBASE, *Collection médicale*, III, pp. 168-178.
2. *Ibid.*, p. 181.
3. In PAUL D'ÉGINE, *Chirurgie*. Ce rythme saisonnier du régime sexuel a été admis pendant très longtemps. On le retrouvera à l'époque impériale chez Celse.

au problème des relations sexuelles quand on la compare à celle qui est accordée aux exercices, et surtout à la nourriture. La question des aliments en fonction de leurs qualités propres, et des circonstances dans lesquelles on les prend (que ce soient les saisons de l'année ou l'état particulier de l'organisme), est, pour la réflexion diététique, considérablement plus importante que l'activité sexuelle. D'autre part, il faut noter que le souci du régime ne concerne jamais la forme même des actes : rien sur le type de relation sexuelle, rien sur la position « naturelle » ou les pratiques indues, rien sur la masturbation, rien non plus sur ces questions, qui seront si importantes par la suite, du coït interrompu et des procédés contraceptifs[1]. Les *aphrodisia* sont envisagés en bloc, comme une activité où ce qui importe n'est pas déterminé par les formes diverses qu'elle peut prendre ; on a à se demander seulement s'il faut qu'elle ait lieu, avec quelle fréquence et dans quel contexte. La problématisation s'opère pour l'essentiel en termes de quantité et de circonstances.

Encore cette quantité n'est-elle pas envisagée sous la forme d'une détermination numérique précise. On reste toujours dans l'ordre d'une estimation globale : user des plaisirs « plus largement » *(pleon)*, ou en plus petite quantité *(elasson)*, ou aussi peu que possible *(hōs hēkista)*. Ce qui veut dire non qu'il est inutile d'y porter une attention trop précise, mais qu'il n'est pas possible de déterminer à l'avance et pour tous le rythme d'une activité qui fait jouer des qualités — le sec, le chaud, l'humide, le froid — entre le corps et le milieu dans lequel il se trouve. Si en effet les actes sexuels relèvent du régime et demandent à être « modérés », c'est dans la mesure où ils produisent — par les mouvements du corps et l'expulsion de la semence — des effets d'échauffement, de refroidissement, d'assèchement et d'humidification. Ils abaissent ou élèvent le niveau de chacun des éléments qui font l'équilibre du corps ; ils modifient

---

1. Noter cependant chez Dioclès (ORIBASE, III, p. 177) les notations sur la position dorsale qui dans le sommeil induit la pollution nocturne.

donc aussi le rapport entre cet équilibre et le jeu de ces éléments dans le monde extérieur : l'assèchement ou l'échauffement, qui peuvent être bons pour un corps humide et froid, le seront moins si la saison et le climat sont en eux-mêmes chauds et secs. Le régime n'a pas à fixer des quantités et à déterminer des rythmes : il a à négocier, dans des relations dont on ne peut définir que les caractères d'ensemble, des modifications qualitatives et les réajustements qui sont rendus nécessaires. On peut noter en passant que le Pseudo-Aristote dans les *Problèmes* semble être le seul à tirer d'un des principes les plus connus de cette physiologie qualitative (à savoir que les femmes en général sont froides et humides alors que l'homme est chaud et sec) la conséquence que la haute saison pour les relations sexuelles n'est pas la même chez l'un et l'autre sexe : c'est l'été que les femmes sont surtout portées à l'acte vénérien, alors que les hommes y inclinent surtout en hiver[1].

Ainsi la diététique problématise la pratique sexuelle, non pas comme un ensemble d'actes à différencier selon leurs formes et la valeur de chacun d'eux, mais comme une « activité » à laquelle on doit globalement laisser libre cours ou poser un frein selon des repères chronologiques. En quoi on peut rapprocher ce régime de certaines régulations qu'on trouvera plus tard dans la pastorale chrétienne. C'est en effet que là aussi, pour délimiter l'activité sexuelle, certains des critères utilisés seront d'ordre temporel. Mais ces critères ne seront pas simplement plus précis ; ils joueront d'une manière tout à fait différente : ils détermineront des moments où la pratique est permise et d'autres où elle est défendue ; et cette répartition rigoureuse sera fixée d'après différentes variables : année liturgique, cycles menstruels, période de grossesse ou temps qui suit l'accouchement[2]. Dans les régimes médicaux anciens, les

---

1. PSEUDO-ARISTOTE, *Problèmes*, IV, 26 et 29 (cf. HIPPOCRATE, *Du régime*, I. 24, 1).

2. Sur ce point, il faut se reporter au livre de J.-L. FLANDRIN, *Un Temps pour embrasser*, 1983, qui, à partir de sources du VIIe siècle, montre l'importance des partages entre moments permis et moments défendus, et les formes multiples prises par cette rythmicité. On voit combien cette distribution du temps est différente des stratégies circonstancielles de la diététique grecque.

variations, en revanche, sont progressives ; et plutôt que de s'organiser selon la forme binaire du permis et du prohibé, ils suggèrent une oscillation permanente entre le plus et le moins. L'acte sexuel n'est pas considéré comme une pratique licite ou illicite selon les limites temporelles à l'intérieur desquelles il s'inscrit : il est envisagé comme une activité qui, au point d'intersection entre l'individu et le monde, le tempérament et le climat, les qualités du corps et celles de la saison, peut entraîner des suites plus ou moins néfastes et donc doit obéir à une économie plus ou moins restrictive. C'est une pratique qui demande réflexion et prudence. Il n'est donc pas question de fixer, uniformément et pour tous, les « jours ouvrables » du plaisir sexuel ; mais de calculer au mieux les moments opportuns et les fréquences qui conviennent.

RISQUES ET DANGERS

Le régime des *aphrodisia*, avec la nécessité d'en modérer la pratique, ne repose pas sur le postulat que les actes sexuels seraient, en eux-mêmes et par nature, mauvais. Ils ne sont l'objet d'aucune disqualification de principe. La question qui est posée à leur sujet est celle d'un usage, d'un usage à moduler selon l'état du corps et les circonstances extérieures. Pourtant la nécessité de recourir à un régime soigneux et de prêter à la pratique sexuelle une attention vigilante est justifiée par deux séries de raisons où se manifeste, quant aux effets de cette activité, une certaine inquiétude.

1. La première série de raisons concerne les conséquences de l'acte sexuel sur le corps de l'individu. Sans doute admet-on qu'il y a des tempéraments pour lesquels l'activité sexuelle est plutôt favorable : ainsi pour ceux qui souffrent d'une abondance de pituite, car elle permet l'évacuation des liquides qui, en se corrompant, donnent naissance à cette humeur, ou encore pour ceux qui digèrent mal, dont le corps se consume et qui ont le ventre froid et sec[1] ; en revanche, pour d'autres — dont le corps et la tête sont encombrés d'humeurs — ses effets sont plutôt nocifs[2].

---

1. HIPPOCRATE, *Du régime*, III, 80, 2.
2. *Ibid.*, III, 73 et 2.

Pourtant, malgré cette neutralité de principe et cette ambivalence contextuelle, l'activité sexuelle est l'objet d'une suspicion assez constante. Diogène Laërce rapporte une sentence de Pythagore où la règle générale d'un régime saisonnier est directement associée à une exigence de raréfaction permanente et à une affirmation de nocivité intrinsèque : « Il faut s'adonner aux *aphrodisia* en hiver et non pas en été ; et très modérément au printemps et en automne : c'est d'ailleurs en toute saison pénible et mauvais pour la santé. » Et Diogène cite encore cette réponse de Pythagore à qui on demandait quel moment préférer pour l'amour : « Quand on veut s'affaiblir[1]. » Mais les pythagoriciens ne sont pas les seuls, tant s'en faut, à manifester une pareille méfiance ; la règle du « moins souvent possible », la recherche du « moindre mal » sont invoquées aussi dans des textes qui n'ont de visées que médicales ou hygiéniques : la *Diète* de Dioclès se propose d'établir les conditions dans lesquelles l'usage des plaisirs provoquera « le moins de tort » *(hēkista enochlei)*[2] ; et les *Problèmes* du Pseudo-Aristote, comparant les effets de l'acte sexuel à l'arrachement d'une plante, qui en lèse toujours les racines, conseillent de n'avoir de rapports que dans les cas de besoin pressant[3]. À travers une diététique qui doit déterminer quand il est utile et quand il est nocif de pratiquer les plaisirs, on voit se dessiner une tendance générale à une économie restrictive.

Cette méfiance se manifeste dans l'idée que beaucoup d'organes, et parmi les plus importants, sont affectés par l'activité sexuelle et peuvent souffrir de ses abus. Aristote remarque que le cerveau est le premier organe à ressentir les conséquences de l'acte sexuel, car c'est, de tout le corps, l'« élément le plus froid » ; en soustrayant à l'organisme une « chaleur pure et naturelle », l'émission de semence induit un effet général de refroidissement[4]. Dioclès, au rang des organes particulièrement exposés aux effets des excès de

---

1. Diogène Laërce, *Vie des Philosophes*, VIII, 1, 9.
2. Oribase, *Collection médicale*, III, 181.
3. Pseudo-Aristote, *Problèmes*, IV, 9, 877 b.
4. Aristote, *De la génération des animaux*, V, 3, 783 b.

plaisir, met la vessie, les reins, les poumons, les yeux, la moelle épinière[1]. D'après les *Problèmes*, ce sont les yeux et les lombes qui sont atteints de façon privilégiée soit parce qu'ils contribuent à l'acte plus que les autres organes, soit parce que l'excès de chaleur y produit une liquéfaction[2].

Ces corrélations organiques multiples expliquent les effets pathologiques divers qu'on prête à l'activité sexuelle quand elle n'obéit pas aux règles de l'indispensable économie. Il faut remarquer qu'on ne trouve guère souvent de mention — pour les hommes du moins[3] — des troubles qui pourraient être provoqués par une abstinence totale. Les maladies nées d'une mauvaise distribution de l'activité sexuelle sont beaucoup plus souvent des maladies de l'excès. Telle cette fameuse « phtisie dorsale » définie par Hippocrate dans le traité *Des maladies*, et dont la description se retrouvera fort longtemps avec la même étiologie dans la médecine occidentale ; c'est une maladie qui « attaque surtout les jeunes mariés » et « les gens portés sur les relations sexuelles » *(philolagnoi)* ; elle a pour point d'origine la moelle (qui, on le verra, est considérée comme la partie du corps où se trouve le sperme) ; elle donne la sensation d'un fourmillement qui descend tout le long de la colonne vertébrale ; le sperme s'écoule spontanément pendant le sommeil, dans les urines et les selles ; le sujet devient stérile. Lorsque le mal s'accompagne de difficultés respiratoires et de maux de tête, on peut en mourir. Un régime de nourriture amollissante et d'évacuation peut obtenir la guérison, mais après une année entière d'abstention portant sur le vin, les exercices et les *aphrodisia*[4]. Les *Épidémies* citent également des sujets chez qui un abus des plaisirs a entraîné des maladies graves : chez un habitant d'Abdère, les rapports sexuels et les bois-

1. ORIBASE, *Collection médicale*, III, p. 181.
2. PSEUDO-ARISTOTE, *Problèmes*, IV, 2, 876 a-b.
3. On verra plus loin que la conjonction sexuelle, en revanche, est considérée comme facteur de santé chez la femme. L'auteur des *Problèmes* note cependant que les hommes vigoureux et bien nourris ont des accès de bile s'ils n'ont pas d'activité sexuelle (IV, 30).
4. HIPPOCRATE, *Des maladies*, II, 51.

sons avaient provoqué une fièvre, accompagnée en son
début par des nausées, une cardialgie, une sensation de soif,
une urine noire, une langue chargée ; la guérison fut acquise au vingt-quatrième jour, après plusieurs rémissions et
retours de fièvre[1] ; en revanche, un jeune homme de Méli-
bée mourut en pleine folie après une maladie de vingt-qua-
tre jours qui avait commencé par des troubles intestinaux et
respiratoires, après de longs abus de boisson et de plaisirs
sexuels[2].

Au contraire, le régime des athlètes, auquel on reproche
souvent ses exagérations, est cité en exemple des effets
bénéfiques que peut produire l'abstinence sexuelle. Platon
le rappelle dans les *Lois*, à propos d'Issos de Tarente, un
vainqueur d'Olympie : ambitieux comme il était, « lui qui
possédait en son âme et la technique et la force avec la
tempérance », tant qu'il se consacra à son entraînement,
« il n'approcha jamais, à ce qu'on raconte, ni une femme
ni un jeune garçon ». La même tradition avait cours à propos de Crison, Astylos, Diopompe[3]. Au principe de cette
pratique se croisaient, sans doute, plusieurs thèmes : celui
d'une abstention rituelle qui, dans les concours comme
dans les batailles, constituait une des conditions du succès ; celui d'une victoire morale que l'athlète devait remporter sur lui-même, s'il voulait être capable et digne d'assurer sa supériorité sur les autres ; mais celui également
d'une économie nécessaire à son corps pour qu'il conserve
toute une force que l'acte sexuel gaspillerait au-dehors.
Alors que les femmes ont besoin du rapport sexuel pour
que l'écoulement nécessaire à leur organisme puisse se
produire régulièrement, les hommes peuvent, au moins
dans certains cas, retenir toute leur semence ; leur abstinence rigoureuse, loin de leur nuire, conserve en eux l'in-
tégralité de leurs forces, l'accumule, la concentre, et la
porte finalement à un point inégalé.

1. HIPPOCRATE, *Épidémies*, III, 17, cas 10.
2. *Ibid.*, III, 18, cas 16.
3. PLATON, *Lois*, VIII, 840 a.

Un paradoxe habite donc cette préoccupation d'un régime où on cherche à la fois l'équitable répartition d'une activité qui ne peut être elle-même considérée comme un mal, et une économie restrictive où « le moins » semble presque toujours valoir mieux que « le plus ». S'il est naturel que le corps fomente une substance vigoureuse qui a la capacité de procréer, l'acte même qui l'arrache à l'organisme et la jette au-dehors risque bien d'être aussi dangereux dans ses effets qu'il est conforme à la nature dans son principe ; le corps tout entier, avec ses organes les plus importants ou les plus fragiles, risque de payer un prix élevé pour cette déperdition que la nature cependant a voulue ; et retenir cette substance qui, par sa propre force, cherche à s'échapper pourra être un moyen pour donner au corps sa plus intense énergie.

2. Le souci de la progéniture motive aussi la vigilance dont on doit faire preuve dans l'usage des plaisirs. Car s'il est admis que la nature a organisé la conjonction des sexes pour assurer la descendance des individus et la survie de l'espèce, s'il est admis aussi que, pour cette raison même, elle a associé au rapport sexuel un si vif plaisir, on reconnaît que cette descendance est fragile, du moins dans sa qualité ou dans sa valeur. Il est dangereux pour l'individu de prendre son plaisir au hasard ; mais si c'est au hasard, et n'importe comment, qu'il procrée, l'avenir de sa famille est mis en péril. Platon, dans les *Lois*, souligne avec solennité l'importance des précautions qu'il faut prendre pour cette fin à laquelle les parents, et la cité tout entière, sont intéressés. Il y a les soins à prendre lors du premier acte sexuel entre les deux conjoints, au moment du mariage : toutes les valeurs et tous les dangers traditionnellement reconnus aux actes inauguraux s'y retrouvent : ce jour-là, cette nuit-là, il faut s'abstenir de toute faute en la matière, « car le commencement est un dieu qui, en s'établissant chez les hommes, sauve toute chose, si chacun de ses dévots lui rend l'honneur convenable ». Mais il faut être précautionneux aussi chaque jour et tout au long de la vie de mariage : nul ne sait en effet

« quelle nuit ou quel jour » le dieu apportera son aide à une fécondation : aussi faut-il, « l'année et la vie entière », et surtout pendant le temps où on est apte à la procréation, « veiller à ne rien faire volontairement de malsain, rien qui tienne de la démesure et de l'injustice, car cela pénètre et s'imprime dans l'âme et le corps de l'enfant » ; on risque de « donner le jour à des êtres de toute façon misérables[1] ».

Les dangers qu'on soupçonne et donc les précautions qu'on recommande portent sur trois grandes questions. D'abord l'âge des parents. Celui auquel l'homme est supposé capable de produire la plus belle descendance est relativement tardif : de trente à trente-cinq ans selon Platon, tandis qu'il fixe pour les filles la possibilité du mariage entre seize et vingt ans[2]. Un même décalage chronologique apparaît indispensable à Aristote ; il l'estime nécessaire pour la vigueur de la progéniture ; il calcule qu'avec cet écart, les deux époux arriveront ensemble à l'âge où la fécondité décline et où il est d'ailleurs peu souhaitable que la procréation ait lieu ; en outre, les enfants conçus pendant cette période de la vie présenteront l'avantage d'arriver juste à l'âge de prendre la relève de leurs parents, lorsque ceux-ci atteindront leur déclin ; « c'est pourquoi, il convient de fixer le mariage des filles vers l'âge de dix-huit ans, celui des hommes à trente-sept ans ou un peu moins ; c'est dans les limites de ce temps, et tandis que le corps est dans toute sa vigueur, que l'union des sexes aura lieu[3] ».

Autre question importante, la « diète » des parents : éviter les excès bien sûr, prendre soin de ne pas procréer en état d'ivresse, mais aussi pratiquer un régime général et permanent. Xénophon vantait la législation de Lycurgue et les mesures qui étaient prises pour assurer à travers la

---

1. *Ibid.*, VI, 775 e.
2. PLATON, *Lois*, IV, 721 a-b, et VI 785 b. Dans la *République* V, 460 e, la période de fécondité « légale » des hommes est fixée de vingt-cinq à cinquante-cinq ans et celle des femmes de vingt à quarante ans.
3. ARISTOTE, *Politique*, VII, 16, 1 355 a. Sur les âges du mariage à Athènes, cf. W. K. LACEY, *The Family in Classical Greece*, 1968, pp. 106-107 et 162.

vigueur des parents le bon état de leur progéniture : les jeunes filles qui étaient destinées à être mères ne devaient pas boire de vin ou seulement coupé d'eau ; le pain et les viandes leur étaient exactement mesurés ; elles devaient comme les hommes pratiquer les exercices physiques ; Lycurgue avait même institué « des courses et des épreuves de force entre les femmes comme entre les hommes, persuadé que si les deux sexes étaient vigoureux, ils auraient des rejetons plus robustes »[1]. Aristote de son côté ne voulait pas d'un régime athlétique et trop forcé ; il préférait celui qui convient à un citoyen et assure la disposition qui est nécessaire à son activité *(euexia politikē)* : « Le tempérament doit avoir été entraîné à la fatigue, mais entraîné non par les travaux violents ni pour une seule forme de travail comme le tempérament des athlètes, mais pour les activités convenant aux hommes libres. » Pour les femmes, il souhaitait un régime qui leur donnerait le même genre de qualités[2].

Quant au moment de l'année ou de la saison qui est le plus favorable pour obtenir une belle descendance, on le considérait comme fonction de tout un ensemble d'éléments complexes ; c'est sans doute sur des précautions de ce genre que devait, entre autres choses, porter l'attention des inspectrices qui, chez Platon, veillent à la bonne conduite des ménages pendant les dix années où il leur est requis et permis de procréer[3]. Aristote évoque rapidement le savoir que les médecins de son temps et les connaisseurs de la nature sont susceptibles d'enseigner sur ce sujet. Les époux devront, selon lui, se familiariser avec toutes ces leçons : « les médecins en effet fournissent des indications adéquates sur les moments où le corps est favorablement disposé à la procréation » (c'est l'hiver, selon l'usage général) ; quant aux

---

1. XÉNOPHON, *République des Lacédémoniens*, I, 4. Dans les *Lois*, Platon insiste sur les effets nocifs de l'ivresse des parents au moment de la conception (VI, 775 c-d).

2. ARISTOTE, *Politique*, VII, 16, 1 335 b. C'est, d'après Xénophon, pour avoir une descendance vigoureuse que les jeunes mariés à Sparte devaient ne pas se rencontrer très souvent : « Dans ces conditions, les époux se désirent davantage et les enfants, s'il en naît, sont plus vigoureux que si les époux sont rassasiés l'un de l'autre » (*République des Lacédémoniens*, I, 5).

3. PLATON, *Lois*, VI, 784 a-b.

« physiciens », ils « marquent leur préférence pour les vents du nord sur ceux du midi[1] ».

À travers tous ces soins indispensables, on voit que la pratique procréatrice, si on veut conjurer tous les dangers qui la menacent et lui assurer le succès qu'on en attend, demande une grande attention, mieux, toute une attitude morale. Platon insiste sur le fait que l'un et l'autre des deux époux doivent garder à l'esprit *(dianoeisthai)* qu'ils ont à donner à la cité « les enfants les plus beaux et les meilleurs possible ». À cette tâche, ils doivent penser intensément, en fonction du principe que les hommes réussissent ce qu'ils entreprennent « quand ils réfléchissent et appliquent leur esprit à ce qu'ils font », alors qu'ils échouent « s'ils n'appliquent pas leur esprit ou s'ils en manquent ». En conséquence, « que l'époux fasse attention *(prosechetō ton noun)* à l'épouse et à la procréation, de même aussi l'épouse, surtout pendant le temps qui précède la première naissance[2] ». On peut rappeler à ce sujet la notation qui se trouve dans les *Problèmes* du Pseudo-Aristote : s'il arrive si souvent que les enfants des humains ne ressemblent pas à leurs parents, c'est que ceux-ci — au moment de l'acte sexuel — ont l'âme agitée de bien des manières au lieu de ne penser qu'à ce qu'ils font à cet instant[3]. Ce sera plus tard, dans le monde de la chair, une règle nécessaire à la justification de l'acte sexuel que de la soutenir d'une intention précise, celle de la procréation. Ici, une telle intention n'est pas nécessaire afin que la relation des sexes puisse n'être pas une faute mortelle. Cependant, pour qu'elle puisse atteindre sa fin et permettre à l'individu de survivre dans ses enfants et de contribuer au salut de la cité, il faut tout un effort de l'âme : le souci permanent d'écarter les dangers qui entourent l'usage des plaisirs et menacent la fin que la nature leur a donnée[4].

---

1. ARISTOTE, *Politique*, VII, 16, 1 335 a.
2. PLATON, *Lois*, VI, 783 e.
3. PSEUDO-ARISTOTE, *Problèmes*, X, 10.
4. PLATON, dans les *Lois*, veut que pour aider à la formation morale de l'enfant, la femme enceinte mène une vie qui soit à l'abri de plaisirs et de peines trop intenses (VII, 792 d-e).

4

L'ACTE, LA DÉPENSE, LA MORT

Cependant, si l'usage des plaisirs constitue un problème dans le rapport de l'individu à son propre corps et pour la définition de son régime physique, la raison n'en est pas simplement dans le fait qu'on soupçonne cet usage de pouvoir être à l'origine de certaines maladies ou qu'on en redoute les conséquences sur la progéniture. L'acte sexuel n'est certainement pas perçu par les Grecs comme un mal ; il n'est pas pour eux l'objet d'une disqualification éthique. Mais les textes témoignent d'une inquiétude qui porte sur cette activité même. Et cette inquiétude tourne autour de trois foyers : la forme même de l'acte, le coût qu'il entraîne, la mort à laquelle il est lié. On aurait tort de ne voir dans la pensée grecque qu'une valorisation positive de l'acte sexuel. La réflexion médicale et philosophique le décrit comme menaçant, par sa violence, le contrôle et la maîtrise qu'il convient d'exercer sur soi ; comme minant par l'épuisement qu'il provoque la force que l'individu doit conserver et maintenir, et comme marquant la mortalité de l'individu tout en assurant la survie de l'espèce. Si le régime des plaisirs est si important, ce n'est pas simplement parce qu'un excès peut produire une maladie ; c'est parce que, dans l'activité sexuelle en général, il y va de la maîtrise, de la force et de la vie de l'homme. Donner à cette activité la forme raréfiée et stylisée d'un régime, c'est se garantir contre les maux futurs ; c'est aussi se former, s'exercer, s'éprouver comme un individu qui est capable de contrôler sa violence et de la laisser jouer dans des limites convenables, de retenir en soi le principe de son énergie et d'accepter sa mort en prévoyant la naissance de ses descendants. Le régime physique des *aphrodisia* est une précaution de santé ; c'est en même temps un exercice — une *askēsis* — d'existence.

1. *La violence de l'acte.*

C'est en pensant aux *aphrodisia* que Platon dans le *Philèbe* décrit les effets du plaisir quand, en forte proportion, il est mélangé à la souffrance : le plaisir « contracte tout le corps, le crispe parfois jusqu'aux sursauts et, le faisant passer par toutes les couleurs, toutes les gesticulations, tous les halètements possibles, produit une surexcitation générale avec des cris d'égaré... Et le patient en vient ainsi à dire de lui-même, ou les autres de lui, qu'il jouit de tous les plaisirs jusqu'à en mourir ; aussi les poursuit-il sans cesse d'autant plus intensément qu'il a moins de retenue et moins de tempérance » *(akolastoteros, aphronesteros[1])*.

On a prêté à Hippocrate l'affirmation que la jouissance sexuelle aurait la forme d'une petite épilepsie. C'est du moins ce que rapporte Aulu-Gelle : « Voici quelle était, sur le rapport sexuel *(coitus venereus)*, l'opinion du divin Hippocrate. Il le regardait comme une partie de la maladie terrible que nous appelons comitiale. On rapporte de lui ce mot : "La conjonction d'un sexe est une petite épilepsie" *(tēn sunousian einai mikran epilepsian)[2]*. » La formule, en fait, est de Démocrite. Le traité hippocratique *De la génération*, qui dans ses premières pages donne une description détaillée de l'acte sexuel, s'inscrit plutôt dans une autre tradition, celle de Diogène d'Apollonie ; le modèle auquel se référait cette tradition (attestée encore par Clément d'Alexandrie) n'est pas celui, pathologique, du mal comitial, mais celui, mécanique, d'un liquide échauffé et écumant :

1. PLATON, *Philèbe*, 47 b.
2. AULU-GELLE, *Nuits attiques*, XIX, 2.

« Certains, rapporte le *Pédagogue*, supposent que la semence de l'être vivant est l'écume du sang, pour la substance. Le sang fortement agité lors des enlacements, échauffé par la chaleur naturelle du mâle, forme de l'écume et se répand dans les veines spermatiques. Selon Diogène d'Apollonie, ce phénomène expliquerait le nom d'*aphrodisia*[1]. » Sur ce thème général du liquide, de l'agitation, de la chaleur et de l'écume répandue, le *De la génération* de la collection hippocratique donne une description qui est tout entière organisée autour de ce qu'on pourrait appeler le « schéma éjaculatoire » ; c'est ce schéma qui est transposé tel quel de l'homme à la femme ; c'est lui qui sert à déchiffrer les rapports entre rôle masculin et rôle féminin en termes d'affrontement et de joute, mais aussi de domination et de régulation de l'un par l'autre.

L'acte sexuel est analysé, depuis son origine, comme une mécanique violente qui porte vers l'échappée du sperme[2]. D'abord le frottement du sexe et le mouvement donné au corps tout entier ont pour effet de produire un échauffement général ; celui-ci, conjugué avec l'agitation, a pour conséquence de donner à l'humeur, répandue dans le corps, une plus grande fluidité au point qu'elle finit par « écumer » *(aphrein)*, « comme écument tous les fluides agités ». À ce moment, se produit un phénomène de « séparation » *(apokrisis)* ; de cette humeur écumante, la partie la plus vigoureuse, « la plus forte et la plus grasse » *(to ischurotaton kai piotaton)* est portée au cerveau et à la moelle épinière, le long de laquelle elle descend jusqu'aux lombes. C'est alors que la chaude écume passe aux reins, et, de là, à travers les testicules, jusqu'à la verge d'où elle est expulsée par un trouble violent *(tarachē)*. Ce processus, qui est volontaire en son point de départ lorsqu'il y a conjonction sexuelle et « frottement du sexe », peut aussi se dérouler de façon entièrement involontaire. C'est ce qui se passe dans le cas de la

---

1. Clément d'Alexandrie, *Le Pédagogue*, I, 6, 48. Cf. R. Joly, « Notice » à Hippocrate, *Œuvres*, t. XI, C.U.F.
2. Hippocrate, *De la génération*, I, 1-3.

pollution nocturne, que cite l'auteur du *De la génération* : lorsque le travail ou une autre action ont provoqué avant le sommeil l'échauffement du corps, l'humeur se met à écumer spontanément : elle « se comporte comme dans le coït » ; et l'éjaculation se produit, en s'accompagnant d'images d'un rêve, sans doute suivant le principe souvent invoqué que les rêves ou du moins certains d'entre eux sont la traduction de l'état actuel du corps[1].

Entre l'acte sexuel de l'homme et celui de la femme, la description hippocratique établit un isomorphisme d'ensemble. Le processus est le même, à ceci près que le point de départ de l'échauffement est dans le cas de la femme la matrice stimulée par le sexe masculin au cours du coït : « Chez les femmes, le sexe étant frotté dans le coït et la matrice en mouvement, je dis que cette dernière est saisie comme d'une démangeaison qui apporte plaisir et chaleur au reste du corps. La femme aussi éjacule à partir du corps, tantôt dans la matrice, tantôt au-dehors[2]. » Même type de substance et même formation (un sperme né du sang par échauffement et séparation) ; même mécanisme et même acte terminal d'éjaculation. L'auteur cependant fait valoir certaines différences, qui ne touchent pas à la nature de l'acte, mais à sa violence propre, ainsi qu'à l'intensité et à la durée du plaisir qui l'accompagne. Dans l'acte lui-même, le plaisir de la femme est beaucoup moins intense que celui de l'homme, parce que chez celui-ci l'excrétion de l'humeur se fait de façon brusque et avec beaucoup plus de violence. Chez la femme, en revanche, le plaisir commence dès le début de l'acte et dure autant que le coït lui-même. Son plaisir est, tout au long de la relation, dépendant de l'homme ; il ne cesse que lorsque « l'homme libère la femme » ; et s'il arrive qu'elle parvienne à l'orgasme avant lui, le plaisir ne disparaît pas pour autant ; il est seulement éprouvé d'une autre façon[3].

Entre ces deux actes isomorphes chez l'homme et la fem-

1. *Ibid.*, I, 3.
2. *Ibid.*, IV, 1.
3. *Ibid.*, IV, 1.

me, le texte hippocratique pose une relation qui est à la fois
de causalité et de rivalité : une joute, en quelque sorte, où le
mâle a le rôle incitateur et doit garder la victoire finale.
Pour expliquer les effets du plaisir de l'homme sur celui de
la femme, le texte a recours — comme d'autres passages,
sans doute anciens, du recueil hippocratique — aux deux
éléments de l'eau et du feu, et aux effets réciproques du
chaud et du froid ; la liqueur masculine joue tantôt le rôle
stimulant, tantôt le rôle refroidissant ; quant à l'élément
féminin, toujours chaud, il est tantôt représenté par la
flamme et tantôt par un liquide. Si le plaisir de la femme
s'intensifie « au moment où le sperme tombe dans la matrice », c'est à la manière de la flamme qui soudain augmente,
quand on verse sur elle du vin ; si, en revanche, l'éjaculation de l'homme entraîne la fin du plaisir de la femme, c'est
à la manière d'un liquide froid qu'on verserait sur de l'eau
très chaude : l'ébullition, aussitôt, cesserait[1]. Ainsi deux
actes semblables, faisant jouer des substances analogues,
mais dotées de qualités opposées, s'affrontent dans la
conjonction sexuelle : force contre force, eau froide contre
bouillonnement, alcool sur la flamme. Mais c'est l'acte masculin de toute façon qui détermine, règle, attise, domine.
C'est lui qui détermine le début et la fin du plaisir. C'est lui
aussi qui assure la santé des organes féminins en assurant
leur bon fonctionnement : « Si les femmes ont des rapports
avec les hommes, elles sont mieux portantes ; sinon, moins
bien. C'est que, d'une part, la matrice dans le coït devient
humide et non sèche ; or, quand elle est sèche, elle se
contracte violemment et plus qu'il ne convient ; et en se
contractant violemment, elle fait souffrir le corps. D'autre
part, le coït en échauffant et en humectant le sang rend la
voie plus facile pour les règles ; or, quand les règles ne cou-
lent pas, le corps des femmes devient malade[2]. » La pénétration par l'homme et l'absorption du sperme sont pour
le corps de la femme le principe de l'équilibre de ses

1. *Ibid.*, IV, 2.
2. *Ibid.*, IV, 3.

qualités et la clef pour l'écoulement nécessaire de ses humeurs.

Ce « schéma éjaculatoire » à travers lequel on perçoit toute l'activité sexuelle — et dans les deux sexes — montre évidemment la domination presque exclusive du modèle viril. L'acte féminin n'en est pas exactement le complémentaire ; il en est plutôt le double, mais sous la forme d'une version affaiblie, qui en dépend aussi bien pour la santé que pour le plaisir. En focalisant toute l'attention sur ce moment de l'émission — de l'arrachement écumeux, considéré comme l'essentiel de l'acte —, on place, au cœur de l'activité sexuelle, un processus qui est caractérisé par sa violence, par une mécanique quasi irrépressible, et une force dont la maîtrise échappe ; mais on pose aussi, comme problème important dans l'usage des plaisirs, une question d'économie et de dépense.

2. *La dépense.*

L'acte sexuel arrache au corps une substance qui est capable de transmettre la vie, mais qui ne la transmet que parce que elle-même est liée à l'existence de l'individu et qu'elle en porte une part. En expulsant sa semence, l'être vivant ne se contente pas d'évacuer une humeur en excès : il se prive d'éléments qui sont d'un grand prix pour sa propre existence.

De ce caractère précieux du sperme, tous les auteurs ne donnent pas la même explication. Le *De la génération* semble se référer à deux conceptions de l'origine du sperme. Selon l'une d'entre elles, c'est de la tête qu'il viendrait : formé dans le cerveau, il en descendrait par la moelle, jusqu'aux parties inférieures du corps. Tel était, au dire de Diogène Laërce, le principe général de la conception pythagoricienne : le sperme y était considéré comme « une goutte de cervelle qui contient en soi une vapeur chaude » : de ce fragment de matière cérébrale se formerait par la suite l'ensemble du corps avec « les nerfs, les chairs, les os, les cheveux » ; du souffle chaud qu'il contient naîtraient l'âme de l'embryon et la sensation[1]. À ce privilège de la tête dans la formation de la semence, le texte d'Hippocrate fait écho, en rappelant que les hommes auxquels on fait une incision près de l'oreille — s'ils gardent encore la possibilité d'avoir des rapports sexuels et d'éjaculer — ont une semence peu abondante, faible et stérile : « Car la plus grande partie du sperme vient de la tête, le long des oreilles, vers la moelle ; et cette voie, suite à l'incision devenue cicatrice, s'est durcie[2]. » Mais cette importance accordée à la tête n'est pas exclusive dans le traité *De la génération* du principe général que la semence est issue du corps en son ensemble : le sperme de l'homme « vient de toute l'humeur qui se trouve dans le corps » et cela grâce à « des veines et des nerfs qui vont du corps entier au sexe »[3] ; il se forme « à partir du corps entier, de ses parties solides, de ses parties molles, et de toute l'humeur » dans ses quatre espèces[4] ; la femme aussi « éjacule à partir de tout le corps »[5] ; et si les garçons et les filles, avant la puberté, ne peuvent émettre de semence, c'est parce que, à cet âge, les veines sont si fines et resserrées qu'elles « empêchent le sperme de cheminer »[6]. En tout cas, émanant de l'ensemble du corps, ou venant, pour la plus grande partie, de la tête, la semence est considérée comme le résultat d'un processus qui sépare, isole, concentre la partie « la plus forte » de l'humeur : *to ischurotaton*[7]. Cette force se manifeste dans la nature grasse et écumeuse de la semence, et dans la violence avec laquelle elle s'échappe ; elle se traduit aussi par la faiblesse qui est toujours éprouvée après le coït, aussi petite que soit la quantité qui a été excrétée[8].

En fait, l'origine de la semence est restée un sujet de discussion dans la littérature médicale et philosophique. Tou-

---

1. Diogène Laërce, *Vie des Philosophes*, VIII, 1, 28.
2. Hippocrate, *De la génération*, II, 2.
3. *Ibid.*, I, 1.
4. *Ibid.*, III, 1.
5. *Ibid.*, IV, I.
6. *Ibid.*, II, 3.
7. *Ibid.*, I, 1 et 2.
8. *Ibid.*, I, 1.

tefois — et quelles que soient les explications proposées —
elles devaient rendre compte de ce qui permettait à la
semence de transmettre la vie, et de donner naissance à un
autre vivant ; et d'où la substance séminale aurait-elle pu
tirer son pouvoir, sinon des principes de la vie qui peuvent
se trouver chez l'individu d'où elle était parvenue ? L'existence qu'elle donnait, il fallait bien qu'elle l'emprunte, et la
détache du vivant où elle prenait origine. Dans toute émission spermatique, il y a quelque chose qui est issu des éléments les plus précieux de l'individu, et qui lui est soustrait.
La démiurgie du *Timée* a ainsi enraciné la semence dans ce
qui constitue, pour les humains, la charnière du corps et de
l'âme, de la mort et de l'immortalité. Cette charnière, c'est
la moelle (qui, dans sa partie crânienne et ronde, abrite le
siège de l'âme immortelle, dans sa partie allongée et dorsale, celui de l'âme mortelle) : « Les liens de la vie par où
l'âme est enchaînée au corps, c'est dans la moelle qu'ils
viennent s'attacher pour enraciner l'espèce mortelle[1]. » De
là dérive, par les deux grandes veines dorsales, l'humidité
dont le corps a besoin et qui reste renfermée en lui ; de là
dérive aussi la semence qui s'échappe par le sexe pour donner naissance à un autre individu. Le vivant et sa descendance ont un seul et même principe de vie.

L'analyse d'Aristote est fort différente de celle de Platon
comme de celle d'Hippocrate. Différente pour les localisa-
tions, différente pour les mécanismes. Et pourtant, on
retrouve chez lui le même principe de la soustraction précieuse. Dans la *Génération des animaux*, le sperme est expli-
qué comme le produit résiduel *(perittōma)* de la nutrition :
produit final, concentré en toutes petites quantités, et utile
comme le sont les principes de croissance que l'organisme
tire de la nourriture. Pour Aristote, en effet, l'élaboration
terminale de ce que l'alimentation apporte au corps fournit
une matière, dont une part se porte à toutes les parties du
corps pour les faire imperceptiblement croître tous les jours,
et dont l'autre attend l'expulsion qui lui permettra, une fois

---

1. PLATON, *Timée*, 73 b.

dans la matrice de la femme, de donner lieu à la formation de l'embryon[1]. Le développement de l'individu et sa reproduction reposent donc sur les mêmes éléments et ont leur principe dans une même substance ; les éléments de la croissance et le liquide spermatique sont des doublets résultant d'une élaboration alimentaire qui entretient la vie d'un individu et permet la naissance d'un autre. On comprend, dans ces conditions, que l'évacuation de cette semence constitue pour le corps un événement important : elle lui arrache une substance qui est précieuse puisqu'elle est le dernier résultat d'un long travail de l'organisme et puisqu'elle concentre des éléments qui peuvent, à cause de leur nature, « aller à toutes les parties du corps », et donc seraient susceptibles de le faire croître s'ils ne lui étaient ôtés. On comprend également pourquoi cette évacuation — qui est tout à fait possible à un âge où l'homme n'a plus besoin que de renouveler son organisme sans avoir à le développer — n'a pas lieu pendant la jeunesse où toutes les ressources de la nourriture sont utilisées pour le développement ; à cet âge, « tout est dépensé d'avance », dit Aristote ; on comprend aussi que, dans la vieillesse, la production de sperme se ralentisse : « L'organisme ne réalise plus une coction suffisante[2]. » Tout au long de la vie de l'individu — depuis la jeunesse qui a besoin de croître jusqu'à la vieillesse qui a tant de peine à se soutenir — se marque cette relation de complémentarité entre le pouvoir de procréer et la capacité à se développer ou à subsister.

Que la semence soit prélevée sur tout l'organisme, qu'elle prenne son origine là où le corps et l'âme s'articulent l'un sur l'autre, ou qu'elle se forme au terme de la longue élaboration interne des aliments, l'acte sexuel qui l'expulse constitue pour le vivant une coûteuse dépense. Le plaisir peut bien l'accompagner, comme la nature l'a voulu, pour que les hommes songent à se donner une descendance. Il n'en constitue pas moins une dure secousse pour l'être lui-

---

1. ARISTOTE, *De la génération des animaux*, 724 a-725 b.
2. *Ibid.*, 725 b.

même, l'abandon de toute une part de ce qui contient un
être même. C'est ainsi qu'Aristote explique l'abattement
« patent » qui suit le rapport sexuel[1] ; et que l'auteur des
Problèmes explique le dégoût des jeunes gens pour la première femme avec laquelle il leur est arrivé d'avoir des rapports sexuels[2] ; sous un si faible volume — proportionnellement toutefois plus grand chez les hommes que chez les
autres animaux —, le vivant se prive de toute une part des
éléments qui sont essentiels à sa propre existence[3]. On comprend comment l'abus dans l'usage des plaisirs sexuels peut
dans certains cas, comme celui décrit par Hippocrate de la
phtisie dorsale, conduire jusqu'à la mort.

3. *La mort et l'immortalité.*

Ce n'est pas simplement dans la peur de la dépense excessive que la réflexion médicale et philosophique associe l'activité sexuelle et la mort. Elle les lie aussi dans le principe
même de la reproduction, pour autant qu'elle pose comme
fin à la procréation de pallier la disparition des êtres vivants
et de donner à l'espèce, prise dans son ensemble, l'éternité
qui ne peut être accordée à chaque individu. Si les animaux
se joignent dans le rapport sexuel, et si ce rapport leur donne des descendants, c'est pour que l'espèce — comme il est
dit dans les *Lois* — accompagne sans fin la marche du
temps ; telle est sa manière à elle d'échapper à la mort : en
laissant « les enfants de ses enfants », tout en demeurant la
même, elle « participe par la génération à l'immortalité[4] ».
L'acte sexuel est pour Aristote aussi bien que pour Platon au
point de croisement d'une vie individuelle qui est vouée à la
mort — et à laquelle d'ailleurs il soustrait une part de ses
forces les plus précieuses — et d'une immortalité qui prend
la forme concrète d'une survie de l'espèce. Entre ces deux

1. *Ibid.*, 725 b. Cf. aussi Pseudo-Aristote, *Problèmes*, IV, 22, 879 a.
2. Pseudo-Aristote, *Problèmes*, IV, 11, 877 b.
3. *Ibid.*, IV, 4 et 22.
4. Platon, *Lois*, IV, 721 c.

vies, pour les joindre et pour que, à sa manière, la première participe à la seconde, le rapport sexuel constitue, comme dit encore Platon, un « artifice » *(mēchanē)*, qui assure à l'individu une « repousse » de lui-même *(apoblastēma)*.

Chez Platon, ce lien, à la fois artificieux et naturel, est soutenu par le désir propre à toute nature périssable de se perpétuer et d'être immortelle[1]. Un tel désir, Diotime le fait remarquer dans le *Banquet*, existe chez les bêtes qui, saisies de l'envie de procréer, sont « rendues malades par ces dispositions amoureuses », et se tiennent prêtes « même à sacrifier leur propre vie pour sauver leur descendance[2] ». Il existe aussi chez l'être humain qui ne veut pas être, une fois qu'il a cessé de vivre, un mort sans illustration et « sans nom »[3] ; pour cela, disent les *Lois*, il doit se marier et se donner une descendance dans les meilleures conditions possible. Mais c'est ce même désir qui suscitera chez certains de ceux qui aiment les garçons l'ardeur non pas d'ensemencer dans le corps mais d'engendrer dans l'âme et de donner naissance à ce qui, par soi-même, est beau[4]. Chez Aristote, dans certains textes précoces, comme le traité *De l'âme*[5], le lien de l'activité sexuelle avec la mort et l'immortalité est encore exprimé sous la forme un peu « platonisante » d'un désir de participation à ce qui est éternel ; dans des textes plus tardifs, comme le traité *De la génération et de la corruption*[6], ou celui *De la génération des animaux*, il est réfléchi sous la forme d'une différenciation et d'une distribution des êtres dans l'ordre naturel, en fonction d'un ensemble de principes ontologiques concernant l'être, le non-être et le meilleur. Se proposant d'expliquer, selon les causes finales, pourquoi il y a engendrement des animaux et existence distincte des sexes, le second livre de la *Génération des animaux* invoque quelques principes fondamentaux qui régis-

---

1. PLATON, *Banquet*, 206 e.
2. *Ibid.*, 207 a-b.
3. PLATON, *Lois*, IV, 721 b-c.
4. PLATON, *Banquet*, 209 b.
5. ARISTOTE, *De l'âme*, II, 4, 415 a-b.
6. ARISTOTE, *De la génération et de la corruption*, 336 b.

sent les rapports de la multiplicité des êtres à l'être : à savoir que certaines choses sont éternelles et divines, tandis que les autres peuvent être ou ne pas être ; que le beau et le divin est toujours le meilleur et que ce qui n'est pas éternel peut participer au meilleur et au pire ; qu'il est meilleur d'être que de ne pas être, de vivre que de ne pas vivre, d'être animé qu'inanimé. Et, rappelant que les êtres soumis au devenir ne sauraient être éternels qu'autant qu'ils le peuvent, il en conclut qu'il y a génération des animaux, et que ceux-ci, exclus de l'éternité comme individus, peuvent être éternels comme espèce : « numériquement », l'animal « ne peut pas être immortel, car la réalité des êtres réside dans le particulier ; et s'il était tel, il serait éternel. Mais il peut l'être spécifiquement[1] ».

L'activité sexuelle s'inscrit donc sur l'horizon large de la mort et de la vie, du temps, du devenir et de l'éternité. Elle est rendue nécessaire parce que l'individu est voué à mourir, et pour que d'une certaine façon il échappe à la mort. Certes, ces spéculations philosophiques ne sont pas directement présentes dans la réflexion sur l'usage des plaisirs et sur leur régime. Mais on peut noter la solennité avec laquelle Platon s'y réfère dans la législation « persuasive » qu'il propose à propos du mariage — cette législation qui doit être la première de toutes puisqu'elle est au « principe des naissances dans les cités » : « On se mariera de trente à trente-cinq ans, dans la pensée que le genre humain tient d'un don naturel une certaine part d'immortalité, dont le désir aussi est inné chez tout homme sous tous les rapports. Car l'ambition de s'illustrer et de ne pas rester sans nom après la mort revient à ce désir-là. Or, la race humaine a une affinité naturelle avec l'ensemble du temps, qu'elle accompagne et accompagnera à travers la durée ; c'est par là qu'elle est immortelle, en laissant les enfants de ses enfants, et ainsi, grâce à la permanence de son unité toujours identique, en participant par la génération à l'immortalité[2]. » Ces

---

1. Aristote, *De la génération des animaux*, II, 1, 731 b-732 a.
2. Platon, *Lois*, IV, 721 b-c.

longues considérations, les interlocuteurs des *Lois* savent
bien qu'elles ne sont pas dans l'habitude des législateurs.
Mais l'Athénien fait remarquer qu'il en est, dans cet ordre
de choses, comme dans la médecine ; celle-ci, lorsqu'elle
s'adresse à des hommes raisonnables et libres, ne peut se
contenter de formuler des préceptes ; elle doit expliquer,
donner des raisons, et persuader pour que le malade règle
comme il faut son mode de vie. Donner de telles explications sur l'individu et l'espèce, le temps et l'éternité, la vie
et la mort, c'est faire en sorte que les citoyens acceptent,
« avec sympathie, et grâce à cette sympathie, avec plus de
docilité », les prescriptions qui doivent régler leur activité
sexuelle et leur mariage, le régime raisonnable de leur vie
tempérante[1].

*

La médecine et la philosophie grecques se sont interro-
gées sur les *aphrodisia* et sur l'usage qu'on devait en faire,
si on voulait avoir un juste souci de son corps. Cette problématisation n'a pas conduit à distinguer dans ces actes, dans
leurs formes et leurs variétés possibles, ceux qui étaient
recevables et ceux qui étaient nocifs ou « anormaux ». Mais
en les considérant massivement, globalement comme manifestation d'une activité, elle s'est donné pour objectif de
fixer les principes permettant à l'individu, en fonction des
circonstances, d'en assurer l'intensité utile et la juste distribution. Cependant, les tendances nettement restrictives
d'une pareille économie témoignent d'une inquiétude à
l'égard de cette activité sexuelle. Inquiétude qui porte sur
les effets éventuels des abus ; inquiétude qui porte aussi et
surtout sur l'acte lui-même, toujours perçu selon un schéma
masculin, éjaculatoire, « paroxystique », qui caractériserait
à lui seul toute l'activité sexuelle. On voit alors que l'importance accordée à l'acte sexuel et aux formes de sa raréfaction
tient non seulement à ses effets négatifs sur le corps, mais à

1. *Ibid.*, 723 a.

ce qu'il est en lui-même et par nature : violence qui échappe à la volonté, dépense qui exténue les forces, procréation liée à la mort future de l'individu. L'acte sexuel n'inquiète pas parce qu'il relève du mal mais parce qu'il trouble et menace le rapport de l'individu à lui-même et sa constitution comme sujet moral : il porte avec lui, s'il n'est pas mesuré et distribué comme il faut, le déchaînement des forces involontaires, l'affaiblissement de l'énergie et la mort sans descendance honorable.

On peut noter que ces trois grands thèmes de préoccupation ne sont pas particuliers à la culture ancienne : on trouverait bien souvent et ailleurs la manifestation de cette inquiétude qui, identifiant l'acte sexuel à la forme « virile » de la semence jetée, l'associe à la violence, à l'exténuation et à la mort. Les documents rassemblés par Van Gulik à propos de la culture chinoise ancienne semblent bien montrer la présence de cette même thématique : peur de l'acte irrépressible et coûteux, crainte de ses effets nocifs pour le corps et la santé, représentation du rapport à la femme sous la forme d'une joute, préoccupation de se trouver une descendance de qualité grâce à une activité sexuelle bien réglée[1]. Mais à cette inquiétude, les anciens traités chinois de « la chambre à coucher » répondent sur un mode tout différent de ce qu'on peut trouver dans la Grèce classique ; la crainte devant la violence de l'acte et la peur de perdre sa semence appellent des procédés de rétention volontaire ; l'affrontement avec l'autre sexe est perçu comme une manière d'entrer en contact avec le principe vital que celui-ci détient, et, en l'absorbant, de l'intérioriser pour pouvoir en bénéficier : de sorte qu'une activité sexuelle bien menée, non seulement exclut tout danger, mais peut prendre l'effet d'un renforcement d'existence et d'une procédure de rajeunissement. L'élaboration et l'exercice, dans ce cas, portent sur l'acte lui-même, son déroulement, le jeu de forces qui le soutient, le plaisir enfin auquel il est associé ; l'élision ou le report indéfini de son terme permet de lui donner tout ensemble

---

1. R. VAN GULIK, *La Vie sexuelle dans la Chine ancienne.*

son plus haut degré dans l'ordre du plaisir et son plus intense effet dans l'ordre de la vie. Dans cet « art érotique », qui, avec des visées éthiques fort marquées, cherche à intensifier autant que possible les effets positifs d'une activité sexuelle maîtrisée, réfléchie, multipliée et prolongée, le temps — celui qui achève l'acte, vieillit le corps et porte la mort — se trouve conjuré.

Dans la doctrine chrétienne de la chair, on retrouverait facilement aussi des thèmes d'inquiétude fort voisins : la violence involontaire de l'acte, sa parenté avec le mal et sa place dans le jeu de la vie et de la mort. Mais dans la force irrépressible du désir et l'acte sexuel, saint Augustin verra un des principaux stigmates de la chute (ce mouvement involontaire reproduit dans le corps humain la révolte de l'homme dressé contre Dieu) ; la pastorale fixera, sur un calendrier précis et en fonction d'une morphologie détaillée des actes, les règles d'économie auxquelles il convient de les soumettre ; enfin, la doctrine du mariage donnera à la finalité procréatrice le double rôle d'assurer la survie ou même la prolifération du peuple de Dieu, et la possibilité pour les individus de ne pas vouer, par cette activité, leur âme à la mort éternelle. On a là une codification juridico-morale des actes, des moments et des intentions qui rendent légitime une activité porteuse par elle-même de valeurs négatives ; et elle l'inscrit sur le double registre de l'institution ecclésiastique et de l'institution matrimoniale. Le temps des rites et celui de la procréation légitime peuvent l'absoudre.

Chez les Grecs, les mêmes thèmes d'inquiétude (violence, dépense et mort) ont pris forme dans une réflexion qui ne vise ni à une codification des actes, ni à la constitution d'un art érotique, mais à l'instauration d'une technique de vie. Cette technique ne postule pas qu'on ôte aux actes leur naturalité de principe ; elle ne se propose pas non plus de majorer leurs effets de plaisir ; elle cherche à les distribuer au plus près de ce que demande la nature. Ce qu'elle cherche à élaborer n'est pas, comme dans un art érotique, le déroulement de l'acte ; ce ne sont pas non plus les conditions de sa légitimation institutionnelle comme ce sera le

cas dans le christianisme ; c'est beaucoup plutôt le rapport
de soi-même à cette activité « prise en bloc », la capacité à la
dominer, à la limiter et à la répartir comme il faut ; il s'agit
dans cette *technē* de la possibilité de se constituer comme
sujet maître de sa conduite, c'est-à-dire de se faire — comme le médecin à l'égard de la maladie, le pilote entre les
écueils, ou le politique à propos de la cité[1] — l'habile et
prudent guide de soi-même, apte à conjecturer comme il
faut la mesure et le moment. On peut ainsi comprendre
pourquoi la nécessité d'un régime pour les *aphrodisia* est
soulignée avec tant d'insistance, alors que si peu de détails
sont donnés sur les troubles qu'un abus peut entraîner, et
bien peu de précisions sur ce qu'il faut ou ne faut pas faire.
Parce qu'il est le plus violent de tous les plaisirs, parce qu'il
est plus coûteux que la plupart des activités physiques, parce
qu'il relève du jeu de la vie et de la mort, il constitue un
domaine privilégié pour la formation éthique du sujet : d'un
sujet qui doit se caractériser par sa capacité à maîtriser les
forces qui se déchaînent en lui, à garder la libre disposition
de son énergie et à faire de sa vie une œuvre qui se survivra
au-delà de son existence passagère. Le régime physique des
plaisirs et l'économie qu'il impose font partie de tout un art
de soi.

---

1. Ces trois « arts de gouverner » sont très souvent rapprochés entre eux, comme des
arts qui demandent à la fois savoir et prudence circonstanciels ; ils sont rapprochés
aussi parce que ce sont des savoirs associés à une capacité de commander. On s'y réfère
fréquemment lorsqu'il s'agit pour l'individu de chercher les principes ou l'autorité qui
l'aideront à « se conduire ».

CHAPITRE III

Économique

1

LA SAGESSE DU MARIAGE

Comment, sous quelle forme, et à partir de quoi les rapports sexuels entre mari et femme ont-ils, dans la pensée grecque, « fait problème » ? Quelle raison avait-on de s'en soucier ? Et surtout d'interroger le comportement du mari, de réfléchir sur sa nécessaire tempérance et d'en faire, dans cette société si fortement marquée par la domination des « hommes libres », un thème de préoccupation morale ? En apparence, aucune ou, en tout cas, très peu. À la fin du plaidoyer *Contre Nééra*, attribué à Démosthène, l'auteur formule une sorte d'aphorisme qui est resté célèbre : « Les courtisanes, nous les avons pour le plaisir ; les concubines, pour les soins de tous les jours ; les épouses, pour avoir une descendance légitime et une gardienne fidèle du foyer[1]. »

Avec une formule comme celle-là, et ce qui pourrait passer pour une stricte distribution des rôles, on est au plus loin des arts du plaisir conjugal comme on peut en trouver, selon Van Gulik, dans la Chine ancienne : là sont étroitement associées des prescriptions concernant l'obéissance de la femme, son respect, son dévouement, des conseils de comportement érotique destinés à majorer autant que possible le plaisir des partenaires ou en tout cas de l'homme, et des avis sur les conditions pour obtenir la meilleure descendance possible[2]. C'est que dans cette société polygamique,

---

1. Démosthène, *Contre Nééra*, 122.
2. R. Van Gulik, *La Vie sexuelle dans la Chine ancienne*, pp. 144-154.

l'épouse se trouvait dans une situation concurrentielle où son statut et son aptitude à donner du plaisir étaient directement liés ; l'interrogation sur le comportement sexuel et les formes de son perfectionnement possible faisaient partie de la réflexion sur l'existence domestique ; pratique habile des plaisirs et équilibre de la vie conjugale faisaient partie du même ensemble. La formule du *Contre Nééra* est également fort éloignée de ce qu'on pourra rencontrer dans la doctrine et dans la pastorale chrétiennes, mais pour des raisons tout à fait différentes ; dans cette situation strictement monogamique, l'homme se verra interdire d'aller chercher quelque autre forme de plaisir que ce soit en dehors de celui qu'il doit prendre avec son épouse légitime ; et ce plaisir même posera un nombre considérable de problèmes puisque le but des rapports sexuels ne doit pas être dans la volupté mais dans la procréation ; autour de cette thématique centrale, toute une interrogation très serrée se développera à propos du statut des plaisirs dans le rapport conjugal. Dans ce cas, la problématisation ne naît pas de la structure polygamique mais de l'obligation monogamique ; et elle ne cherche pas à lier la qualité du rapport conjugal à l'intensité du plaisir et à la diversité des partenaires, mais au contraire à dissocier, autant que faire se peut, la constance d'un rapport conjugal unique de la recherche du plaisir[1].

La formule du *Contre Nééra* semble reposer sur un système tout autre. D'un côté, ce système fait jouer le principe d'une seule épouse légitime ; mais d'autre part, il situe très nettement le domaine des plaisirs hors du rapport conjugal. Le mariage n'y rencontrerait le rapport sexuel que dans sa fonction reproductrice, cependant que le rapport

---

1. Il faut se garder de schématiser et de ramener la doctrine chrétienne des rapports conjugaux à la finalité procréatrice et à l'exclusion du plaisir. En fait, la doctrine sera complexe, sujette à discussion, et elle connaîtra de nombreuses variantes. Mais ce qu'il faut retenir ici, c'est que la question du plaisir dans le rapport conjugal, de la place à lui faire, des précautions à prendre contre lui, des concessions aussi qu'on doit lui consentir (en tenant compte de la faiblesse de l'autre et de sa concupiscence), constitue un foyer actif de réflexion.

sexuel ne poserait la question du plaisir qu'en dehors du
mariage. Et, en conséquence, on ne voit pas pourquoi les
relations sexuelles feraient problème dans la vie conjugale,
sauf s'il s'agit de procurer au mari une descendance légitime et heureuse. Ainsi trouvera-t-on très logiquement dans
la pensée grecque des interrogations techniques et médicales sur la stérilité et ses raisons[1], des considérations de
diététique et d'hygiène sur les moyens d'avoir des enfants
en bonne santé[2] et des garçons plutôt que des filles, des
réflexions politiques et sociales sur le meilleur assortiment
possible des conjoints[3], enfin des débats juridiques sur les
conditions dans lesquelles les descendants peuvent être
considérés comme légitimes et bénéficier du statut de
citoyen (c'était l'enjeu de la discussion dans le *Contre
Nééra*).

On ne voit pas d'ailleurs pourquoi la problématisation
des rapports sexuels entre époux prendrait d'autres formes
ou s'attacherait à d'autres questions, étant donné ce
qu'étaient dans l'Athènes classique le statut des époux et
les obligations par lesquelles l'un et l'autre se trouvaient
tenus. La définition de ce qui était permis, défendu et
imposé aux époux par l'institution du mariage, en fait de
pratique sexuelle, était assez simple, et elle était assez clairement dissymétrique, pour qu'un supplément de régulation morale ne paraisse pas nécessaire. D'un côté, en effet,
les femmes, en tant qu'épouses, sont liées par leur statut
juridique et social ; toute leur activité sexuelle doit se
situer à l'intérieur de la relation conjugale et leur mari
doit être leur partenaire exclusif. C'est sous sa puissance
qu'elles se trouvent ; c'est à lui qu'elles doivent donner des
enfants qui seront ses héritiers et des citoyens. Dans le cas
d'adultère, les sanctions prises sont d'ordre privé, mais
aussi d'ordre public (une femme convaincue d'adultère n'a

1. Voir le traité *Sur la stérilité* attribué à Aristote et longtemps considéré comme le livre X de l'*Histoire des animaux*.
2. Cf. *supra*, chap. II.
3. Ainsi XÉNOPHON, *Économique*, VII, 11 ; PLATON, *Lois*, 772 d-773 e.

plus le droit de paraître dans les cérémonies de culte
public) ; comme le dit Démosthène : la loi « veut que les
femmes éprouvent une crainte assez forte pour rester honnêtes *(sōphronein)*, pour ne commettre aucune faute
(mēden hamartanein), pour être les fidèles gardiennes du
foyer » ; elle les avertit que, « si elles manquaient à un
pareil devoir, elles seraient exclues du même coup de la
maison de leur mari et du culte de la cité[1] ». Le statut fami-
lial et civique de la femme mariée lui impose les règles
d'une conduite qui est celle d'une pratique sexuelle strictement conjugale. Ce n'est pas que la vertu soit inutile aux
femmes, loin de là ; mais leur *sōphrosunē* a pour rôle de
garantir qu'elles sauront respecter, par volonté et raison, les
règles qui leur sont imposées.

Quant au mari, il est tenu, à l'égard de sa femme, à un
certain nombre d'obligations (une loi de Solon exigeait du
mari qu'il ait au moins trois fois par mois des rapports
sexuels avec sa femme si elle était « héritière »[2]). Mais
n'avoir de rapports sexuels qu'avec son épouse légitime ne
fait en aucune manière partie de ses obligations. Il est vrai
que tout homme, quel qu'il soit, marié ou non, doit respecter une femme mariée (ou une jeune fille sous puissance
paternelle) ; mais c'est parce qu'elle relève de la puissance
d'un autre ; ce n'est pas son propre statut qui le retient,
mais celui de la jeune fille ou de la femme à laquelle il
s'attaque ; sa faute est essentiellement contre l'homme qui
a pouvoir sur la femme ; c'est pourquoi, il sera moins gra-
vement puni, en étant athénien, s'il viole, emporté un
moment par la voracité de son désir, que s'il séduit par
une volonté délibérée et rusée ; comme le dit Lysias dans le
Contre Ératosthène, les séducteurs « corrompent les âmes,
au point que les femmes des autres leur appartiennent plus

---

1. DÉMOSTHÈNE, *Contre Nééra*, 122.
2. PLUTARQUE, *Vie de Solon*, XX. On trouve aussi témoignage d'une obligation des
devoirs conjugaux dans l'enseignement pythagoricien ; c'est ce que rapporte DIOGÈNE
LAËRCE : « Hiéronyme ajoute que Pythagore descendit aux enfers... et qu'il vit les tour-
ments de ceux qui avaient négligé de remplir leurs devoirs conjugaux » *(tous mē thelon-
tas suneinai tais heautōn gunaixi)*, *Vie des Philosophes*, VIII, 1, 21.

intimement qu'aux maris ; ils deviennent les maîtres de la maison et on ne sait plus à qui sont les enfants[1] ». Le violeur ne s'en prend qu'au corps de la femme ; le séducteur, à la puissance du mari. Au demeurant, l'homme, en tant qu'il est marié, ne se voit interdire que de contracter un autre mariage ; aucun rapport sexuel ne se trouve prohibé pour lui en conséquence du lien matrimonial qu'il a contracté ; il peut avoir une liaison, il peut fréquenter les prostituées, il peut être l'amant d'un garçon — sans compter les esclaves, hommes ou femmes, qu'il a chez lui, à sa disposition. Le mariage d'un homme ne le lie pas sexuellement.

Cela a pour conséquence dans l'ordre juridique que l'adultère n'est pas une rupture du lien du mariage qui peut avoir lieu du fait de l'un des deux conjoints ; il n'est constitué comme infraction que dans le cas où une femme mariée a une relation avec un homme qui n'est pas son époux ; c'est le statut matrimonial de la femme, jamais celui de l'homme, qui permet de définir une relation comme adultère. Et dans l'ordre moral, on comprend que n'ait pas existé pour les Grecs cette catégorie de la « fidélité réciproque » qui allait introduire plus tard dans la vie de mariage une sorte de « droit sexuel » à valeur morale, à effet juridique et à composante religieuse. Le principe d'un double monopole sexuel, faisant des deux époux des partenaires exclusifs, n'est pas requis dans la relation matrimoniale. Car si la femme appartient bien au mari, le mari n'appartient qu'à lui-même. La double fidélité sexuelle, comme devoir, engagement et sentiment également partagé, ne constitue pas la garantie nécessaire ni l'expression la plus haute de la vie de mariage. On pourrait en conclure que si les plaisirs sexuels posent leurs problèmes, si la vie de mariage pose les siens, les deux problématisations ne se rencontrent guère. En tout cas, le mariage, pour les raisons qu'on vient de voir, ne devait pas poser de questions quant à l'éthique des plaisirs sexuels : dans le cas de l'un des partenaires — la femme —

1. LYSIAS, *Sur le meurtre d'Ératosthène*, 33. Cf. S. POMEROY, *Goddesses, Whores, Wives and Slaves. Women in Classical Antiquity*, pp. 86-92.

les restrictions sont définies par le statut, la loi et les coutumes, et elles sont garanties par des châtiments ou des sanctions ; dans le cas de l'autre — le mari — le statut conjugal ne lui impose pas de règles précises, sauf à lui désigner celle dont il doit attendre ses héritiers légitimes.

On ne peut pas cependant s'en tenir là. Il est vrai qu'à cette époque du moins, le mariage et, dans le mariage, les rapports sexuels entre conjoints ne constituaient pas un foyer d'interrogation très intense ; il est vrai que le souci de réfléchir la conduite sexuelle semble moins important dans la relation qu'on peut avoir avec son épouse que dans la relation qu'on peut avoir avec son propre corps, ou, comme on le verra, dans le rapport avec les garçons. Mais il serait inexact de penser que les choses étaient simples au point que la conduite de la femme — en tant qu'épouse — était trop impérieusement fixée pour qu'on ait besoin de la réfléchir, et que celle de l'homme — en tant qu'époux — était trop libre pour qu'on ait à s'interroger sur elle. D'abord, on a bien des témoignages sur les sentiments de jalousie sexuelle ; les épouses reprochaient couramment à leurs maris les plaisirs qu'ils allaient prendre ailleurs et la femme volage d'Euphilétos lui objecte ses privautés avec une petite esclave[1]. D'une façon plus générale, l'opinion attendait, d'un homme qui se mariait, un certain changement dans sa conduite sexuelle ; il était entendu que, pendant le célibat de jeunesse (il arrivait souvent que les hommes ne se marient pas avant la trentaine), on tolérait volontiers une intensité et une variété de plaisirs qu'il était bon de restreindre après un mariage qui pourtant n'imposait explicitement aucune limitation précise. Mais en dehors de ces comportements et de ces attitudes courantes, il existait aussi une thématique réfléchie de l'austérité maritale. Les moralistes — certains, en tout cas — font entendre de façon claire le principe qu'un homme marié ne saurait, en bonne morale, se sentir libre de pratiquer les plaisirs, comme s'il

---

1. *Ibid.*, 12 ; cf. aussi dans le *Banquet* de Xénophon (IV, 8) l'allusion aux ruses qu'un mari peut utiliser pour cacher les plaisirs sexuels qu'il va chercher ailleurs.

ne l'était pas. On entendra Nicoclès, dans le discours que lui prête Isocrate, faire valoir que non seulement il gouverne avec justice ses sujets, mais que, depuis son mariage, il n'a eu de rapports sexuels qu'avec sa propre femme. Et Aristote prescrira dans la *Politique* de considérer comme « une action déshonorante » les relations « du mari avec une autre femme, ou de l'épouse avec un autre homme ». Phénomène isolé et sans importance ? Naissance déjà d'une nouvelle éthique ? Mais aussi peu nombreux que soient ces textes et aussi éloignés surtout qu'ils aient été de la véritable pratique sociale et du comportement réel des individus, il convient de se poser une question : pourquoi dans la réflexion morale se préoccupait-on du comportement sexuel des hommes mariés ? Quel était ce souci, son principe et ses formes ?

Il convient à ce sujet d'éviter deux interprétations qui ni l'une ni l'autre ne semblent tout à fait adéquates.

L'une consisterait à penser que le rapport entre les époux n'avait pour les Grecs de l'époque classique aucune autre fonction que le seul calcul qui alliait deux familles, deux stratégies, deux fortunes et qui n'avait d'autre objectif que de produire une descendance. L'aphorisme du *Contre Nééra* qui semble distinguer si nettement les rôles que, dans la vie d'un homme, doivent jouer la courtisane, la concubine et l'épouse, a parfois été lu comme une tripartition qui impliquerait des fonctions exclusives : plaisir sexuel d'un côté, vie quotidienne de l'autre, et enfin pour l'épouse seulement maintien de la lignée. Mais il faut tenir compte du contexte dans lequel cette sentence, apparemment brutale, a été formulée. Il s'agissait, pour un plaideur, de faire invalider le mariage apparemment légitime d'un de ses ennemis, ainsi que la reconnaissance comme citoyens des enfants nés de ce mariage : et les arguments donnés portaient sur la naissance de la femme, son passé de prostituée, et son statut actuel qui ne pouvait être que de concubine. Le point n'était donc pas de montrer que le plaisir, on va le chercher ailleurs que chez l'épouse légitime ; mais qu'une descendance légitime ne saurait être obtenue qu'avec l'épouse elle-même. C'est pourquoi, Lacey fait remarquer, à propos de ce texte, qu'il n'y faut pas trouver la définition de trois rôles distincts, mais plutôt une énumération cumulative, à lire ainsi : le plaisir, c'est cela seul que peut donner une courtisane ; la concubine, elle, est capable d'apporter en outre les satisfactions de l'existence quotidienne ; mais seule l'épouse peut exercer une certaine fonction qui relève de son statut propre : donner des enfants légitimes et assurer la continuité de l'institution familiale[1]. Il faut concevoir qu'à Athènes, le mariage ne constituait pas le seul mode d'union qui fût accepté ; il formait en réalité une union particulière et privilégiée qui, seule, pouvait donner lieu, avec les effets et les droits qui s'ensuivent, à une cohabitation matrimoniale et à une descendance légitime. Il existe d'ailleurs assez de témoignages qui montrent la valeur qu'on attachait à la beauté de l'épouse, l'importance des rapports sexuels qu'on pouvait avoir avec elle, ou l'existence d'un amour réciproque (comme ce jeu de l'Éros et de l'Antéros qui unissent Nikératos et sa femme dans le *Banquet* de Xénophon[2]). La séparation radicale entre le mariage et le jeu des plaisirs et des passions n'est sans doute pas une formule qui puisse caractériser comme il faut l'existence matrimoniale dans l'Antiquité.

À trop vouloir détacher le mariage grec des implications affectives et personnelles qui, en effet, prendront beaucoup plus d'importance par la suite, à trop vouloir le distinguer des formes ultérieures de la conjugalité, on est amené par un mouvement inverse à trop rapprocher la morale austère des philosophes de certains principes de la morale chrétienne. Souvent dans ces textes où la bonne conduite du mari est réfléchie, valorisée et réglée sous la forme de la « fidélité sexuelle », on est tenté de reconnaître l'ébauche d'un code moral encore inexistant : celui qui imposera symétriquement aux deux époux la même obligation de ne pratiquer les rapports sexuels que dans l'union conjugale et le même devoir de leur donner la procréation comme fin prilivégiée

1. W. K. LACEY, *The Family in Classical Greece*, 1968, p. 113.
2. XÉNOPHON, *Banquet*, VIII, 3.

sinon exclusive. On a tendance à voir dans les passages que Xénophon ou Isocrate ont consacrés aux devoirs du mari des textes « exceptionnels vu les mœurs du temps »[1]. Exceptionnels, ils le sont dans la mesure où ils sont rares. Mais est-ce une raison pour y voir l'anticipation d'une morale future ou le signe annonciateur d'une sensibilité nouvelle ? Que ces textes aient pu être reconnus rétrospectivement dans leur similitude avec des formulations ultérieures, c'est un fait. Est-ce suffisant pour placer cette réflexion morale et cette exigence d'austérité en rupture avec les comportements et les attitudes des contemporains ? Est-ce une raison pour y voir l'avant-garde isolée d'une morale à venir ?

Si on veut bien considérer dans ces textes, non l'élément de code qu'ils formulent, mais la manière dont la conduite sexuelle de l'homme est problématisée, on s'aperçoit facilement qu'elle ne l'est pas à partir du lien conjugal lui-même et d'une obligation directe, symétrique et réciproque qui pourrait en dériver. Certes, c'est bien en tant qu'il est marié que l'homme a à restreindre ses plaisirs ou du moins ses partenaires ; mais être marié signifie ici avant tout être chef de famille, avoir une autorité, exercer un pouvoir qui a dans la « maison » son lieu d'application et y soutenir des obligations qui ont leurs effets sur sa réputation de citoyen. C'est pourquoi, la réflexion sur le mariage et la bonne conduite du mari est régulièrement associée à une réflexion sur l'*oikos* (maison et maisonnée).

Et on peut voir alors que le principe qui lie l'homme à l'obligation de n'avoir pas de partenaire en dehors du couple qu'il forme est d'une autre nature que celui qui lie la femme à une obligation analogue. Dans le cas de celle-ci, c'est en tant qu'elle est sous le pouvoir de son mari que cette obligation lui est imposée. Dans son cas à lui, c'est parce qu'il exerce le pouvoir et parce qu'il doit faire preuve de maîtrise sur lui-même dans la pratique de ce pouvoir qu'il doit restreindre ses choix sexuels. N'avoir de rapport qu'avec son époux est pour la femme une conséquence du

---

1. G. Mathieu, « Note » à Isocrate, *Nicoclès*, C.U.F., p. 130.

fait qu'on est sous sa puissance. N'avoir de rapport qu'avec son épouse est pour le mari la plus belle manière d'exercer son pouvoir sur sa femme. Beaucoup plus que de la préfiguration d'une symétrie qu'on trouvera dans la morale ultérieure, il s'agit là de la stylisation d'une dissymétrie actuelle. Une restriction, qui est analogue dans ce qu'elle permet ou interdit, ne recouvre pas pour les deux époux la même manière de « se conduire ». On le voit bien par l'exemple d'un texte consacré à la manière de conduire sa maison et de se conduire comme maître de maison.

LA MAISONNÉE D'ISCHOMAQUE

L'*Économique* de Xénophon contient le traité de vie matrimoniale le plus développé que nous ait laissé la Grèce classique. Le texte se donne comme un ensemble de préceptes concernant la manière de gouverner son patrimoine. Autour des conseils pour administrer le domaine, diriger les ouvriers, procéder aux différentes formes de culture, appliquer au bon moment les bonnes techniques, vendre ou acheter comme il faut et quand il faut, Xénophon développe plusieurs réflexions générales : une réflexion sur la nécessité, en ces matières, d'avoir recours à des pratiques rationelles qu'il désigne tantôt par le terme de savoir *(epistēmē)*, tantôt par celui d'art ou de technique *(technē)* ; une réflexion sur le but qu'elle se propose (conserver et développer le patrimoine) ; une réflexion enfin sur les moyens d'atteindre cet objectif, c'est-à-dire sur l'art de commander, et c'est ce dernier thème qui revient le plus souvent tout au long du texte.

Le paysage dans lequel s'inscrit cette analyse est socialement et politiquement très marqué. C'est le petit monde des propriétaires fonciers qui ont à maintenir, à accroître et à transmettre à ceux qui portent leur nom les biens de la famille. Xénophon l'oppose très explicitement au monde des artisans dont la vie n'est bienfaisante ni à leur propre santé (à cause de leur mode de vie), ni à leurs amis (auxquels ils n'ont pas la possibilité de venir en aide), ni à la cité (puisqu'ils n'ont pas le loisir de s'occuper de ses affaires)[1]. En revanche, l'activité des propriétaires terriens se déploie aussi bien sur la place publique, sur l'agora où ils peuvent remplir leurs devoirs d'amis et de citoyens, que dans l'*oikos*. Mais l'*oikos* n'est pas simplement constitué par la maison proprement dite ; elle comporte aussi les champs, et les biens où qu'ils se trouvent (même en dehors des limites de la cité) : « la maison d'un homme, c'est tout ce qu'il vient à posséder[2] » ; elle définit toute une sphère d'activités. Et à cette activité est lié un style de vie et un ordre éthique. L'existence du propriétaire, s'il s'occupe comme il faut de son domaine, est d'abord bonne pour lui-même ; elle constitue en tout cas un exercice d'endurance, un entraînement physique qui est bon pour le corps, sa santé et sa vigueur ; elle encourage aussi à la piété en permettant de faire de riches sacrifices aux dieux ; elle favorise les relations d'amitié en donnant l'occasion de se montrer généreux, d'accomplir largement les devoirs de l'hospitalité, et de manifester sa bienfaisance à l'égard des citoyens. En outre, cette activité est utile à la cité tout entière, parce qu'elle contribue à sa richesse et surtout parce qu'elle lui fournit de bons défenseurs : le propriétaire foncier, habitué aux rudes travaux, est un soldat vigoureux et les biens qu'il possède l'attachent à défendre courageusement le sol de la patrie[3].

Tous ces avantages personnels et civiques de la vie de propriétaire viennent confluer dans ce qui apparaît comme le mérite principal de l'art « économique » : il apprend la pratique du commandement dont il est indissociable. Diriger l'*oikos*, c'est commander ; et commander à la maison n'est pas différent du pouvoir qu'on a à exercer en ville. Socrate le disait à Nicomachidès dans les *Mémorables* : « Ne méprise pas les bons économes ; car le maniement des affaires privées ne diffère que par le nombre de celui des affaires publiques ; pour le reste, elles se ressemblent... ; ceux qui

1. XÉNOPHON, *Économique*, IV, 2-3.
2. *Ibid.*, I, 2.
3. Sur cet éloge de l'agriculture et l'énumération de ses effets bénéfiques, cf. tout le chapitre v de l'*Économique*.

dirigent les affaires publiques n'emploient pas des hommes différents de ceux qu'emploient les administrateurs des affaires privées, et ceux qui savent employer les hommes dirigent également bien les affaires privées et les affaires publiques[1]. » Le dialogue sur l'*Économique* se développe comme une grande analyse de l'art de commander. Le début du texte évoque Cyrus le Jeune qui, en personne, veillait aux cultures, s'exerçait chaque jour à planter son jardin, et qui avait ainsi acquis une telle habileté à diriger des hommes qu'aucun de ses soldats, lorsqu'il eut à faire la guerre, n'a jamais déserté son armée : plutôt que de l'abandonner, ils ont préféré mourir sur son cadavre[2]. Symétriquement, la fin du texte évoque la réplique de ce monarque modèle, telle qu'on peut la trouver soit chez les chefs « au grand caractère » que leurs armées suivent toujours sans défaillance, soit chez le chef de maison dont les manières royales suffisent à stimuler les ouvriers dès qu'ils le voient et sans qu'il ait à se fâcher, menacer ou punir. L'art domestique est de même nature que l'art politique ou l'art militaire dans la mesure au moins où il s'agit, là comme ici, de gouverner les autres[3].

C'est dans ce cadre d'un art de l'« économie » que Xénophon pose le problème des rapports entre mari et femme. C'est que l'épouse, en tant qu'elle est maîtresse de maison, est un personnage essentiel dans la gestion de l'*oikos* et pour son bon gouvernement. « Est-il quelqu'un à qui tu confies plus d'affaires importantes qu'à ta femme ? » demande Socrate à Critobule ; et un peu plus loin, il ajoute : « pour moi je considère qu'une femme qui est une bonne associée pour le ménage a autant d'importance que l'homme pour l'avantage commun » ; et donc, dans cet ordre de choses, « si tout se fait bien, la maison prospère ; si on s'y prend mal, la maison périclite[4] ». Or, malgré l'importance de l'épouse, rien n'est réellement préparé pour qu'elle puisse jouer

1. XÉNOPHON, *Mémorables*, III, 4.
2. XÉNOPHON, *Économique*, IV, 18-25.
3. *Ibid.*, XXI, 4-9.
4. *Ibid.*, III, 15.

le rôle requis : son extrême jeunesse d'abord et l'éducation
très succincte qu'elle a reçue (« quand tu l'as épousée,
c'était une toute jeune fille à qui on n'avait laissé, autant
que possible, pour ainsi dire rien voir ni entendre »), et
aussi l'absence presque totale de rapports avec son mari
avec qui elle s'entretient rarement (« y a-t-il des gens avec
qui tu aies moins de conversation qu'avec ta femme ? »)[1].
C'est en ce point précisément que se situe, pour le mari, la
nécessité d'établir avec sa femme des rapports qui sont à la
fois de formation et de direction. Dans une société où les
filles sont données très jeunes — souvent autour de quinze
ans — à des hommes qui sont souvent deux fois plus âgés
qu'elles, la relation conjugale, à laquelle l'*oikos* sert de
support et de contexte, prend la forme d'une pédagogie et
d'un gouvernement des conduites. Là est la responsabilité
du mari. Lorsque le comportement de la femme, au lieu
d'être profitable au mari, ne lui cause que des dommages,
à qui doit-on en attribuer la faute ? Au mari. « Si un mou-
ton est en mauvais état, c'est d'ordinaire le berger qu'on
rend responsable ; et si un cheval est vicieux, c'est d'ordinaire au cavalier qu'on s'en prend ; pour la femme, si son
mari lui apprend à bien faire et que pourtant elle administ-
tre mal ses affaires, il serait sans doute juste de faire porter
la responsabilité à la femme ; mais s'il a une femme qui
ignore le bien parce qu'il ne le lui apprend pas, ne serait-il
pas juste d'en faire retomber la responsabilité sur le
mari[2] ? »

On le voit : les rapports entre époux ne sont pas interrogés en eux-mêmes ; ils ne sont pas envisagés d'abord comme
relation simple d'un couple constitué par un homme et une
femme et qui pourrait avoir par ailleurs à s'occuper d'une
maison et d'une famille. Xénophon traite longuement de la
relation matrimoniale mais de façon indirecte, contextuelle
et technique ; il la traite dans le cadre de l'*oikos*, comme un
aspect de la responsabilité gouvernementale du mari et en

1. *Ibid.*, III, 12-13.
2. *Ibid.*, III, 11.

cherchant à déterminer comment l'époux pourra faire de sa femme la collaboratrice, l'associée, la *sunergos*, dont il a besoin pour la pratique raisonnable de l'économie.

La démonstration que cette technique peut s'enseigner est demandée à Ischomaque ; celui-ci, pour autoriser sa leçon, n'a rien de plus, et rien de moins, que d'être un « homme de bien » ; il s'est trouvé autrefois dans la même situation qu'aujourd'hui Critobule ; il a épousé une femme toute jeune — elle avait quinze ans et son éducation ne lui avait guère appris qu'à faire un manteau et à distribuer leur laine aux fileuses[1] ; mais il l'a si bien formée et il en a fait une collaboratrice si précieuse qu'il peut maintenant lui confier le soin de la maison, tandis que lui-même vaque à ses affaires, que ce soit aux champs ou sur l'*agora*, c'est-à-dire dans ces lieux où doit s'exercer de façon privilégiée l'activité masculine. Ischomaque va donc faire, pour Crito-bule et Socrate, l'exposé de l'« économie », de l'art de gérer l'*oikos* ; avant de donner des conseils sur la gestion d'un domaine agricole, il commencera tout naturellement par traiter de la maison proprement dite, dont l'administration doit être bien réglée si on veut avoir le temps de s'occuper des troupeaux et des champs, et si on ne veut pas que toute la peine prise là-bas soit perdue par la faute d'un désordre domestique.

1. Le principe du mariage, Ischomaque le rappelle en citant le discours qu'il aurait tenu à sa jeune femme, quelque temps après le mariage, lorsqu'elle fut « familiarisée » avec son époux et « assez apprivoisée pour causer » : « Pourquoi t'ai-je épousée et pourquoi tes parents t'ont-ils donnée à moi ? » ; Ischomaque répond lui-même : « Parce que nous avons réfléchi, moi pour mon propre compte, et tes parents pour le tien, au meilleur associé que nous pourrions nous adjoindre pour notre maison et nos enfants[2]. » Le lien matrimonial est donc caractérisé dans sa dissymétrie d'ori-

1. *Ibid.*, VII, 5.
2. *Ibid.*, VII, 11.

gine — l'homme décide pour lui-même alors que c'est la
famille qui décide pour la fille — et dans sa double finalité :
la maison et les enfants ; encore faut-il remarquer que la
question de la descendance est pour l'instant laissée de côté
et qu'avant d'être formée à sa fonction de mère, la jeune
femme doit devenir une bonne maîtresse de maison[1]. Et ce
rôle, Ischomaque montre que c'est un rôle d'associé ; la
contribution respective de chacun n'a pas à être prise en
considération[2] mais seule la façon dont chacun s'active en
vue du but commun, c'est-à-dire « maintenir leur avoir
dans le meilleur état possible et l'accroître autant que possible par des moyens honorables et légitimes[3] ». On peut noter
cette insistance sur l'effacement nécessaire des inégalités de
départ entre les deux époux et sur le lien d'association qui
doit s'établir entre eux ; toutefois, on voit que cette communauté, cette *koinōnia*, ne s'établit pas dans la relation duelle
entre deux individus, mais par la médiation d'une finalité
commune, qui est la maison : son maintien et aussi la dynamique de sa croissance. À partir de là, peuvent être analy-
sées les formes de cette « communauté » et la spécificité des
rôles que doivent y jouer les deux conjoints.

2. Pour définir les fonctions respectives des deux époux
dans la maisonnée, Xénophon part de la notion d'« abri »
(stegos) : en créant le couple humain, les dieux auraient en
effet pensé à la descendance et au maintien de la race, au
secours dont on a besoin dans la vieillesse, enfin à la nécessité de ne pas « vivre en plein air, comme le bétail » : aux
humains, « il faut un toit, c'est bien évident ». Au premier
regard, la descendance donne à la famille sa dimension
temporelle et l'abri son organisation spatiale. Mais les choses sont un peu plus complexes. Le « toit » détermine bien
une région extérieure et une région intérieure, dont l'une
relève de l'homme, l'autre constitue le lieu privilégié de la

1. *Ibid.*, VII, 12.
2. Ischomaque insiste sur cette annulation des différences entre époux qui pourraient
être marquées par l'apport de chacun, VII, 13.
3. *Ibid.*, VII, 15.

femme ; mais il est aussi le lieu où on rassemble, accumule et conserve ce qui a été acquis ; abriter, c'est prévoir pour distribuer dans le temps selon les moments opportuns. Dehors, on aura donc l'homme qui sème, cultive, laboure, élève les troupeaux ; il ramène à la maison ce qu'il a produit, gagné ou échangé ; au-dedans, la femme, elle, reçoit, conserve et attribue au gré des besoins. « C'est l'activité du mari qui généralement fait entrer les biens dans la maison ; mais c'est la gestion de la femme qui en règle le plus souvent la dépense[1]. » Les deux rôles sont exactement complémentaires et l'absence de l'un rendrait l'autre inutile : « Qu'aurais-je à conserver, dit la femme, si tu n'étais pas là pour prendre soin de faire rentrer quelques provisions du dehors ? » ; à quoi l'époux répond : si personne n'était là pour conserver ce qui est ramené à la maison, « je serais comme ces gens ridicules qui versent de l'eau dans une jarre sans fond[2] ». Deux lieux, donc, deux formes d'activité, deux façons aussi d'organiser le temps : d'un côté (celui de l'homme), la production, le rythme des saisons, l'attente des récoltes, le moment opportun à respecter et prévoir ; de l'autre (celui de la femme), la conservation et la dépense, la mise en ordre et la distribution quand c'est nécessaire, et le rangement surtout : sur les techniques de rangement dans l'espace de la maison, Ischomaque rappelle longuement tous les avis qu'il a donnés à sa femme pour que celle-ci puisse retrouver ce qu'elle a conservé, faisant ainsi de son foyer un lieu d'ordre et de mémoire.

Pour qu'ils puissent exercer ensemble ces fonctions distinctes, les dieux ont doté chacun des deux sexes de qualités particulières. Des traits physiques : aux hommes qui en plein air doivent « labourer, semer, planter, faire paître le bétail », ils ont donné de supporter le froid, la chaleur, la marche ; les femmes, travaillant à l'abri, ont le corps moins résistant. Des traits de caractère aussi : les femmes ont une peur naturelle, mais qui a ses effets positifs : elle les

1. *Ibid.*, VII, 19-35. Sur l'importance de données spatiales dans l'ordre domestique, cf. J.-P. VERNANT, « Hestia-Hermès. Sur l'expression religieuse de l'espace chez les Grecs », *Mythe et Pensée chez les Grecs*[4], I, pp. 124-170.

2. XÉNOPHON, *Économique*, VII, 39-40.

porte à se soucier des provisions, à craindre pour leur perte, à redouter la dépense ; l'homme, en revanche, est brave, car au-dehors, il doit se défendre contre tout ce qui pourrait lui porter tort. En somme, « la divinité a adapté, dès le principe, la natu-re de la femme aux travaux et aux soins de l'intérieur, celle de l'homme à ceux du dehors[1] ». Mais elle les a armés aussi de qualités communes : puisque, chacun dans leur rôle, l'homme et la femme ont « à donner et recevoir », puisque dans leur activité de responsables de la maisonnée ils ont à la fois à recueillir et à distribuer, ils ont également reçu la mémoire et l'attention (*mnēmē* et *epimeleia*)[2].

Chacun des deux conjoints a donc une nature, une forme d'activité, une place qui se définissent par rapport aux néces-sités de l'*oikos*. Qu'ils s'y tiennent l'un et l'autre, c'est ce que veut « la loi » — *nomos* : usage régulier qui correspond exacte-ment aux intentions de la nature, qui attribue à chacun son rôle et sa place et qui définit ce qu'il est convenable et beau pour chacun de faire et de ne pas faire. Cette « loi » déclare belles *(kala)* « les occupations pour lesquelles la divinité a donné à chacun le plus de capacités naturelles » : ainsi est-il mieux *(kallion)* pour la femme « de rester à la maison que de passer son temps dehors » et moins bien pour l'homme « de rester à la maison que de s'occuper des travaux à l'exté-rieur ». Modifier cette répartition, passer d'une activité à l'au-tre, c'est attenter à ce *nomos* ; c'est à la fois aller contre la nature et abandonner sa place : « Si quelqu'un agit contraire-ment à la nature que la divinité lui a donnée, quittant pour ainsi dire son poste *(ataktōn)*, il n'échappe pas au regard des dieux et il est châtié pour négliger les travaux qui lui revien-nent et pour s'occuper de ceux de sa femme[3]. » L'opposition « naturelle » de l'homme et de la femme, la spécificité de leurs aptitudes sont indissociables de l'ordre de la maison ; elles sont faites pour cet ordre, qui, en retour, les impose comme des obligations.

---

1. *Ibid.*, VII, 22.
2. *Ibid.*, VII, 26.
3. *Ibid.*, VII, 31.

3. Ce texte, si détaillé quand il faut fixer la répartition des tâches dans la maison, est fort discret sur la question des rapports sexuels — qu'il s'agisse de leur place dans les rapports entre les deux conjoints ou des interdictions qui pourraient résulter de l'état de mariage. Ce n'est pas que l'importance d'avoir une descendance soit négligée ; elle est rappelée à plusieurs reprises au cours de l'intervention d'Ischomaque : il indique qu'elle est un des grands objectifs du mariage[1] ; il souligne aussi que la nature a doté la femme d'une tendresse particulière pour s'occuper des enfants[2] ; il fait valoir également combien il est précieux quand on vieillit de trouver dans ses enfants les appuis dont on a besoin[3]. Mais rien n'est dit dans le texte ni sur la procréation elle-même ni sur les soins à prendre pour avoir la plus belle progéniture possible : le temps n'est pas venu encore d'aborder ce genre de questions avec la jeune épousée.

Cependant, plusieurs passages du texte se réfèrent à la conduite sexuelle, à la modération nécessaire et à l'attachement physique entre époux. Il faut se rappeler d'abord le tout début du dialogue, lorsque les deux interlocuteurs entreprennent de discuter sur l'économie comme savoir qui permet de diriger la maison. Socrate évoque ceux qui en auraient les talents et les ressources mais refusent de les mettre en œuvre parce qu'ils obéissent à l'intérieur d'eux-mêmes à des maîtres ou maîtresses invisibles : paresse, mollesse d'âme, insouciance, mais aussi — maîtresses plus intraitables encore que les autres — la gourmandise, l'ivrognerie, la lubricité, et les ambitions folles et coûteuses. Ceux qui se soumettent à un pareil despotisme des appétits vouent à la ruine leur corps, leur âme et leur maison[4]. Mais Critobule se fait fort d'avoir déjà vaincu ces ennemis : sa formation morale l'a doté d'une *enkrateia* suffisante :

1. Il précise que la divinité associe l'homme et la femme en vue des enfants, et la loi en vue du ménage, VII, 30.
2. *Ibid.*, VII, 23.
3. *Ibid.*, VII, 12.
4. *Ibid.*, 22-23.

« Quand je m'examine, il me semble que je suis assez maître de ces passions, en sorte que si tu voulais me conseiller ce que je pourrais faire pour accroître ma maison, je ne pense pas que j'en serais empêché par ce que tu appelles des maîtresses[1]. » Voilà qui habilite Critobule à vouloir maintenant jouer le rôle de maître de maison et en apprendre les tâches difficiles. Il faut comprendre que le mariage, les fonctions de chef de famille, le gouvernement de l'*oikos* supposent qu'on soit devenu capable de se gouverner soi-même.

Plus loin, dans l'énumération qu'il propose de différentes qualités dont la nature a pourvu chacun des deux sexes, pour qu'il puisse à sa façon jouer son rôle domestique, Ischomaque mentionne la maîtrise de soi *(enkrateia)* ; il en fait, non pas un trait appartenant spécifiquement à l'homme ou à la femme, mais une vertu commune — au même titre que la mémoire ou l'attention — aux deux sexes ; des différences individuelles peuvent moduler la distribution de cette qualité ; et ce qui montre sa haute valeur dans la vie matrimoniale, c'est qu'elle vient couronner celui des deux conjoints qui est le meilleur : qu'il soit le mari ou la femme, le meilleur est le mieux partagé en ce qui regarde cette vertu[2].

Or, dans le cas d'Ischomaque, on voit comment sa tempérance se manifeste pour elle-même et guide celle de sa femme. Il y a en effet un épisode du dialogue qui renvoie assez explicitement à certains aspects de la vie sexuelle des époux : c'est celui qui concerne le maquillage et le fard[3]. Thème important dans la morale ancienne, car l'ornement pose le problème des rapports entre la vérité et les plaisirs, et en introduisant en ceux-ci les jeux de l'artifice, il brouille les principes de leur régulation naturelle. La question de la coquetterie chez l'épouse d'Ischomaque ne touche pas à sa fidélité (postulée tout au long du texte) ; elle ne concerne pas non plus son caractère dépensier : il s'agit de

---

1. *Ibid.*, II, 1.
2. *Ibid.*, VII, 27.
3. *Ibid.*, X, 1-8.

savoir comment la femme peut se présenter elle-même et être reconnue par son mari comme objet de plaisir et partenaire sexuelle dans la relation conjugale. Et c'est bien cette question que traite Ischomaque, sous forme de leçon, un jour que sa femme, pour lui plaire (pour paraître avoir « le teint plus clair » qu'en réalité, les joues « plus roses », la taille « plus élancée ») se présente juchée sur des hautes sandales et toute fardée de céruse et d'orcanète. À cette conduite qu'il réprouve, Ischomaque va répondre par une double leçon.

La première est négative ; elle consiste en une critique du maquillage comme tromperie. Cette tromperie, qui peut abuser des étrangers, ne saurait faire illusion sur un homme avec qui on vit et qui est donc en mesure de voir son épouse au saut du lit, en sueur, dans les larmes ou encore au sortir du bain. Mais surtout, Ischomaque critique ce leurre dans la mesure où il enfreint un principe fondamental du mariage. Xénophon ne cite pas directement l'aphorisme qu'on rencontrera si longtemps et si souvent, et selon lequel le mariage est une communauté *(koinōnia)* de biens, de vie et de corps ; mais il est clair que tout au long du texte, il fait jouer le thème de cette triple communauté : communauté des biens à propos de laquelle il rappelle que chacun doit oublier la part qu'il y a apportée ; communauté de vie qui se fixe comme un de ses objectifs la prospérité du patrimoine ; communauté de corps enfin explicitement soulignée *(tōn sōmatōn koinōnēsantes)*. Or, la communauté de biens exclut la tromperie ; et l'homme se conduirait mal avec sa femme s'il lui faisait croire à des richesses qu'il ne possède pas ; de la même façon, ils ne doivent pas chercher à se tromper l'un l'autre quant à leur corps ; lui, pour sa part, ne se mettra pas de vermillon au visage ; elle, de la même façon, ne doit pas s'agrémenter de céruse. La juste communauté des corps est à ce prix. Dans le rapport entre époux, l'attraction qui doit jouer est celle qui s'exerce naturellement, comme en toute espèce animale, entre le mâle et la femelle : « Les dieux ont fait les chevaux la chose la plus agréable du monde pour les chevaux, les bestiaux pour les bestiaux, les moutons pour les moutons ; de même, les hommes *(anthrōpoi)* ne trouvent rien de plus agréable que le corps de l'homme sans aucun artifice[1]. » C'est l'attirance naturelle qui doit servir de principe aux relations sexuelles entre époux et à la communauté de corps qu'ils constituent. L'*enkrateia* d'Ischomaque refuse tous les artifices dont on se sert pour multiplier les désirs et les plaisirs.

Mais une question se pose : comment la femme peut-elle rester un objet de désir pour son mari, comment peut-elle être sûre de n'être supplantée un jour par une autre, plus jeune et plus jolie ? Explicitement, la jeune femme d'Ischomaque interroge. Que faire, non seulement pour paraître, mais pour être belle et pour conserver sa beauté[2] ? Et d'une manière qui peut nous paraître étrange, c'est encore la maison et le gouvernement de la maison qui vont être le point décisif. En tout cas, la beauté réelle de la femme est, d'après Ischomaque, suffisamment assurée par ses occupations ménagères si elle les accomplit comme il faut. En effet, il explique qu'en exécutant les tâches de sa responsabilité, elle ne restera pas assise, tassée sur elle-même comme une esclave, ou oisive comme une coquette. Elle se tiendra debout, elle surveillera, elle contrôlera, elle ira de chambre en chambre vérifier le travail qui s'effectue ; la station droite, la marche donneront à son corps cette façon de se tenir, cette allure qui, aux yeux des Grecs, caractérisent la plastique de l'individu libre (plus loin Ischomaque montrera que l'homme forme sa vigueur de soldat et de citoyen libre par sa participation active aux responsabilités d'un maître de travaux)[3]. De la même façon, il est bon pour la maîtresse de maison de pétrir la farine, de secouer et de ranger les vêtements ou les couvertures[4]. Ainsi se forme et se maintient la beauté du corps ; la position de maîtrise a sa version physique, qui est la beauté. De plus, les vêtements de l'épouse ont une propreté et une élégance qui la distinguent de ses servantes.

1. *Ibid.*, X, 7.
2. *Ibid.*, X, 9.
3. *Ibid.*, X, 10.
4. *Ibid.*, X, 11.

Enfin, sur celles-ci, elle aura toujours l'avantage de chercher volontairement à plaire au lieu d'être obligée comme une esclave de se soumettre et de subir la contrainte : Xénophon semble se référer ici au principe qu'il évoque ailleurs[1] que le plaisir qu'on prend de force est beaucoup moins agréable que celui qui est offert de plein gré : et c'est ce plaisir-ci que l'épouse peut donner à son mari. Ainsi par les formes d'une beauté physique indissociable de son statut privilégié et par la libre volonté de plaire *(charizesthai)*, la maîtresse de maison aura toujours prééminence sur les autres femmes de la maisonnée.

Dans ce texte consacré à l'art « masculin » de gouverner la maison — la femme, les serviteurs, le patrimoine — il n'est pas fait allusion à la fidélité sexuelle de la femme et au fait que son mari doit être son seul partenaire sexuel : c'est un principe nécessaire et qu'on suppose admis. Quant à l'attitude tempérante et sage du mari, elle n'est jamais définie comme le monopole qu'il accorderait à sa femme sur toutes ses activités sexuelles. Ce qui est en jeu dans cette pratique réfléchie de la vie du mariage, ce qui apparaît comme essentiel au bon ordre de la maison, à la paix qui doit y régner et à ce que la femme peut souhaiter, c'est que celle-ci puisse garder, en tant qu'épouse légitime, la place éminente que lui a donnée le mariage : ne pas se voir préférer une autre, ne pas se trouver déchue de son statut et de sa dignité, n'être pas remplacée à côté de son mari par une autre, voilà ce qui lui importe avant tout. Car la menace contre le mariage ne vient pas du plaisir qu'il arrive à l'homme de prendre ici ou là, mais des rivalités qui peuvent naître entre l'épouse et les autres femmes pour la place à occuper dans la maison et pour les préséances à exercer. Le mari « fidèle » *(pistos)* n'est pas celui qui lierait l'état de mariage à la renonciation à tout plaisir sexuel pris avec une autre ; c'est celui qui maintient jusqu'au bout les privilèges reconnus à la femme par le mariage. C'est bien ainsi d'ailleurs que l'entendent les épouses « trahies » qui apparaissent dans les

---

1. XÉNOPHON, *Hiéron*, I.

tragédies d'Euripide. Médée crie à l'« infidélité » de Jason :
après elle, il a pris une épouse royale et se dotera d'une
descendance qui repoussera dans l'humiliation et la servitude les enfants qu'il a eus de Médée[1]. Ce qui fait que Créuse
pleure ce qu'elle imagine être la « trahison » de Xouthos,
c'est qu'elle aura à vivre « sans enfants », et à « habiter soli-
taire une demeure désolée » ; c'est que — du moins on le lui
fait croire — « dans sa maison », qui fut celle d'Érechtée, va
entrer « en maître sans nom, sans mère enfin le fils de quelque esclave[2] ».

Cette prééminence de l'épouse que le bon mari doit préserver est impliquée par l'acte de mariage. Mais elle n'est
pas acquise une fois pour toutes ; elle n'est pas assurée par
quelque engagement moral que prendrait le mari ; en
dehors même de la répudiation et du divorce, une déchéance
de fait peut toujours se produire. Or, ce que montrent l'*Économique* de Xénophon et le discours d'Ischomaque, c'est que
si la sagesse du mari — son *enkrateia* mais aussi son savoir
de chef de famille — est toujours prête à reconnaître les
privilèges de l'épouse, celle-ci, pour les conserver, doit, en
retour, exercer au mieux son rôle dans la maison et les
tâches qui y sont liées. Ischomaque ne promet d'entrée de
jeu à sa femme ni une « fidélité sexuelle » au sens où nous
l'entendons, ni même qu'elle n'aura jamais à redouter
aucune autre préférence ; mais tout comme il lui garantit
que son activité de maîtresse de maison, son allure et sa
tenue lui donneront un charme plus grand que celui des
servantes, il lui assure aussi qu'elle peut jusqu'à la vieillesse
garder à la maison la place la plus haute. Et il lui suggère
une sorte de joute avec lui-même dans la bonne conduite et
l'application aux soins de la maison ; et si elle parvient à la
gagner, c'est alors qu'elle n'aura plus rien à craindre d'une
quelconque rivale, fût-elle jeune. « Mais où tu goûteras le
plaisir le plus doux, dit Ischomaque à sa femme, c'est lorsque, te montrant meilleure que moi, tu auras fait de moi

1. EURIPIDE, *Médée*, v. 465 sq.
2. ID., *Ion*, v. 836 sq.

ton serviteur, lorsque loin de craindre qu'en avançant en âge, tu ne sois moins considérée dans la maison, tu auras l'assurance qu'en vieillissant, plus tu seras appréciée de ton époux comme associée et de tes enfants comme ménagère, plus tu seras honorée dans la maison[1]. »

Dans cette éthique de la vie de mariage, la « fidélité » qui est recommandée au mari est donc quelque chose de bien différent de l'exclusivité sexuelle que le mariage impose à la femme ; elle concerne le maintien du statut de l'épouse, de ses privilèges, de sa prééminence sur les autres femmes. Et si elle suppose bien une certaine réciprocité de conduite entre l'homme et la femme, c'est en ce sens que la fidélité masculine répondrait non pas tellement à la bonne conduite sexuelle de la femme — laquelle est toujours supposée — mais à la façon dont elle sait se conduire à la maison et conduire sa maison. Réciprocité, donc, mais dissymétrie essentielle, puisque les deux comportements, tout en s'appelant l'un l'autre, ne se fondent pas tous deux sur les mêmes exigences, et n'obéissent pas aux mêmes principes. La tempérance du mari relève d'un art de gouverner, de se gouverner, et de gouverner une épouse qu'il faut tenir et respecter à la fois puisqu'elle est, vis-à-vis de son mari, la maîtresse obéissante de la maison.

1. XÉNOPHON, *Économique*, VII, 41-42.

3

TROIS POLITIQUES DE LA TEMPÉRANCE

D'autres textes, au IVᵉ et au début du IIIᵉ siècle, développent eux aussi le thème que l'état de mariage appelle du côté de l'homme une certaine forme au moins de modération sexuelle. Trois surtout méritent d'être retenus : le passage que Platon consacre dans les *Lois* aux règles et aux obligations du mariage ; un développement d'Isocrate sur la façon dont Nicoclès mène sa vie d'homme marié ; un traité d'*économique* qu'on a attribué à Aristote et qui émane certainement de son école. Ces textes sont fort différents les uns des autres par leur propos : le premier offre un système de régulation autoritaire des conduites dans le cadre d'une cité idéale ; le second caractérise le style de vie personnelle d'un autocrate respectueux de lui-même et des autres ; le troisième cherche à définir pour un homme quelconque les principes utiles pour diriger sa maison. Aucun, en tout cas, ne se réfère comme l'*Économique* de Xénophon à la forme de vie propre à un propriétaire foncier ni par conséquent aux tâches de gestion d'un domaine qu'il doit assumer en complémentarité avec sa femme. En dépit des différences qui les séparent, ces trois textes semblent marquer les uns et les autres, et plus nettement que Xénophon, une exigence qui s'approche de ce qu'on pourrait appeler le principe de « double monopole sexuel » ; c'est ainsi qu'ils semblent vouloir localiser, aussi bien pour l'homme que pour la femme, toute une activité sexuelle dans la seule relation conjugale : de la même façon que son épouse, le mari apparaît comme tenu ou du moins comme tenant à ne pas chercher son plaisir avec d'autres qu'avec sa femme. Exigence par conséquent d'une certaine symétrie ; et tendance à définir le mariage comme lieu non seulement privilégié mais peut-être exclusif de la relation sexuelle moralement acceptable. Cependant, la lecture de ces trois textes montre bien qu'on aurait tort d'y projeter rétrospectivement un principe de « fidélité sexuelle réciproque » comme celui qui servira d'armature juridico-morale à des formes ultérieures de la pratique matrimoniale. C'est qu'en effet, dans tous ces textes, l'obligation ou la recommandation faite au mari d'une modération telle qu'il ne retiendra pour partenaire sexuelle que sa propre épouse n'est pas l'effet d'un engagement personnel qu'il contracterait à son égard ; mais d'une régulation politique, qui est dans le cas des lois platoniciennes autoritairement imposées, ou que — chez Isocrate et chez le Pseudo-Aristote — l'homme s'impose à lui-même par une sorte d'autolimitation réfléchie de son propre pouvoir.

1. Dans les *Lois* en effet, la prescription de se marier à l'âge qui convient (pour les hommes entre vingt-cinq et trente-cinq ans), de faire des enfants dans les meilleures conditions, et de n'avoir — qu'on soit homme ou femme — aucun rapport avec qui que ce soit d'autre que le conjoint, toutes ces injonctions prennent la forme, non d'une morale volontaire, mais d'une réglementation coercitive ; il est vrai que sont soulignés plusieurs fois la difficulté à légiférer en cette matière[1] et l'intérêt qu'il y aurait à ce que certaines mesures prennent la forme d'un règlement dans le cas seulement où il y a des désordres et où le plus grand nombre n'est plus capable d'être tempérant[2]. En tout cas, les principes de cette morale sont toujours directement rapportés aux nécessités de l'État, sans être jamais référés aux exigences internes de la maison, de la famille et de la vie matrimoniale : on doit considérer que le bon mariage, c'est celui qui est

1. *Lois*, VI, 773 c et e.
2. *Ibid.*, VI, 785 a.

utile à la cité et que c'est au bénéfice de celle-ci que les
enfants doivent être « les plus beaux et les meilleurs possible »[1]. Des unions, qui, par respect des proportions avantageuses à l'État, éviteraient que les riches n'épousent des
riches[2], de méticuleuses inspections qui viendraient vérifier
que les jeunes ménages se préparent bien à leur tâche procréatrice[3], l'ordre assorti de punition de n'ensemencer que
l'épouse légitime sans avoir aucun autre rapport sexuel pendant toute la période où on est en âge de procréer[4], tout
cela, qui est lié aux structures particulières de la cité idéale,
est assez étranger à un style de tempérance fondé sur la
recherche volontaire de la modération[5].

On doit cependant remarquer que Platon n'accorde
qu'une confiance limitée à la loi quand il s'agit de régler la
conduite sexuelle. Il ne pense pas qu'elle pourra être suivie
d'effets suffisants, si on n'utilise d'autres moyens que ses
prescriptions et ses menaces pour maîtriser les désirs si violents[6]. Il y faut des instruments de persuasion plus efficaces
et Platon en énumère quatre. L'opinion : Platon se réfère à
ce qui se passe pour l'inceste ; comment peut-il se faire,
demande-t-il, que l'homme en soit arrivé à ne même pas
éprouver de désir pour ses frères et sœurs, ses fils ou filles,
aussi beaux qu'ils soient ? C'est que, depuis toujours, ils ont
entendu dire que ces actes sont « un objet de haine pour la
divinité » et que personne à ce sujet n'a jamais eu l'occasion
d'entendre un autre langage ; il faudrait donc qu'à propos
de tous les actes sexuels répréhensibles, « la voix publique
unanime » soit de la même façon investie d'un « caractère
religieux »[7]. La gloire : Platon évoque l'exemple des athlètes
qui, dans leur désir de remporter une victoire aux jeux, se

1. *Ibid.*, VI, 783 e ; cf. IV, 721 a ; VI, 773 b.
2. *Ibid.*, VI, 773 a-e.
3. *Ibid.*, VI, 784 a-c.
4. *Ibid.*, VI, 784 d-e.
5. Noter que passé la limite d'âge où on peut avoir des enfants, « ceux qui vivront
chastement *(sōphronōn kai sōphronousa)* seront entourés d'honneur, mais les autres
auront la réputation contraire ou plutôt ils seront déshonorés » (VI, 784 e).
6. *Ibid.*, VIII, 835 e.
7. *Ibid.*, VIII, 838 a-838 e.

soumettent à un régime de stricte abstinence, n'approchant
ni femme ni garçon, tout le temps de leur entraînement :
or, la victoire sur ces ennemis intérieurs que sont les plaisirs est bien plus belle que celle qu'on peut remporter sur
des rivaux[1]. L'honneur de l'être humain : Platon cite ici un
exemple qui sera bien souvent utilisé par la suite ; il s'agit
de ces animaux qui vivent en bandes, mais dont chacun
mène au milieu des autres, « dans la continence, une vie
pure de tout accouplement » ; lorsque vient pour eux l'âge
de procréer, ils s'isolent et forment des couples qui ne se
défont pas. Or, il faut bien voir que cette conjugalité animale n'est pas citée comme un principe de nature qui serait
universel, mais plutôt comme un défi que les hommes
devraient bien relever : comment le rappel d'une telle pratique n'inciterait-elle pas les humains raisonnables à se montrer « plus vertueux que les bêtes »[2] ? Enfin, la honte : en
diminuant la fréquence de l'activité sexuelle, elle en « affai-
blira la tyrannie » ; sans qu'on ait à les interdire, il faudra
que les citoyens « couvrent de mystère de tels actes », et
qu'ils éprouvent à les commettre à découvert « un déshonneur », et cela en fonction d'« une obligation créée par la
coutume et la loi non écrite »[3].

La législation de Platon établit donc bien une exigence
qui est symétrique du côté de l'homme et du côté de la
femme. C'est parce qu'ils ont un certain rôle à jouer pour
un but commun — celui de géniteurs des futurs citoyens —
qu'ils sont tenus exactement de la même façon aux mêmes
lois qui leur imposent les mêmes restrictions. Mais il faut
bien voir que cette symétrie n'implique aucunement que les
époux soient astreints à la « fidélité sexuelle », par un lien
personnel qui serait intrinsèque à la relation matrimoniale
et constituerait un engagement mutuel. La symétrie n'est
pas établie sur une relation directe et réciproque entre eux,
mais sur un élément qui les domine tous deux : des princi-

---

1. *Ibid.*, VIII, 840 a-c.
2. *Ibid.*, VIII, 840 d-e.
3. *Ibid.*, VIII, 841 a-b.

pes et des lois auxquels ils sont assujettis tous deux de la même façon. Il est vrai qu'ils doivent s'y soumettre volontairement, et par l'effet d'une persuasion intérieure ; mais celle-ci ne concerne pas un attachement qu'ils devraient avoir l'un pour l'autre ; elle concerne la révérence qu'on doit porter à la loi, ou le soin qu'on doit avoir de soi-même, de sa réputation, de son honneur. C'est le rapport de l'individu à lui-même et à la cité dans la forme du respect ou de la honte, de l'honneur ou de la gloire — non la relation à l'autre — qui impose cette obéissance.

Et on peut noter que dans la formulation qu'il propose pour la loi concernant « les choix de l'amour », Platon envisage deux formulations possibles. Selon l'une, il serait interdit à tout individu de toucher à une femme qui serait de bonne naissance et de condition libre mais qui ne serait pas son épouse légitime, de procréer en dehors du mariage, et d'aller jeter chez les mâles, « en perversion de la nature », une « semence infertile ». L'autre formulation reprend, sous une forme absolue, l'interdiction des amours masculines ; quant aux rapports sexuels extra-conjugaux, il envisage de les châtier dans le cas seulement où la faute ne serait restée ignorée de « tous, hommes et femmes »[1]. Tant il est vrai que la double obligation de limiter les activités sexuelles au mariage concerne l'équilibre de la cité, sa moralité publique, les conditions d'une bonne procréation, et non les devoirs réciproques afférents à une relation duelle entre les conjoints.

2. Le texte d'Isocrate, qui se présente comme une allocution de Nicoclès à ses concitoyens, associe très nettement les considérations qu'il développe sur la tempérance et le mariage à l'exercice du pouvoir politique. Ce discours est le pendant de celui qu'Isocrate a adressé à Nicoclès, peu de

---

1. *Ibid.*, VIII, 841 c-d. Noter qu'au moins dans la première formulation de la loi, Platon semble dire que ne sont interdites à un homme marié que les femmes qui sont « libres » et de « bonne naissance ». C'est en tout cas la traduction de Diès. Robin interprète le texte comme voulant dire que cette loi ne s'applique qu'aux hommes libres et de bonne naissance.

temps après qu'il eut pris le pouvoir : l'orateur donnait alors au jeune homme des conseils de conduite personnelle et de gouvernement, qui devaient pouvoir lui servir de trésor permanent où puiser pendant le reste de sa vie. Le discours de Nicoclès est supposé être une adresse du monarque qui explique à ceux sur qui il règne la conduite qu'ils doivent tenir à son égard. Or, toute la première partie du texte est consacrée à une justification de ce pouvoir : mérites du régime monarchique, droits de la famille régnante, qualités personnelles du souverain ; et c'est une fois ces justifications données que seront définis l'obéissance et l'attachement que les citoyens doivent à leur chef : au nom de ses vertus propres, celui-ci peut demander la soumission de ses sujets. Nicoclès va donc consacrer un développement assez long aux qualités qu'il se reconnaît : la justice — *dikaiosunē* — qu'il a manifestée dans l'ordre des finances, de la juridiction pénale et, à l'extérieur, dans les bonnes relations qu'il a établies ou rétablies avec les autres puissances[1] ; puis la *sōphrosunē*, la tempérance, qu'il envisage exclusivement comme maîtrise sur les plaisirs sexuels. Et cette modération, il en explique les formes et les raisons en relation directe avec la souveraineté qu'il exerce dans son pays.

Le motif qu'il invoque en dernier lieu concerne sa descendance et la nécessité d'une race sans bâtard, qui puisse revendiquer l'éclat d'une naissance noble et la continuité d'une généalogie qui remonte jusqu'aux dieux : « Je n'avais pas les mêmes sentiments que la plupart des rois sur les enfants à mettre au monde ; je n'estimais pas que les uns devaient naître d'une origine obscure et les autres d'une origine noble, ni que je devais laisser derrière moi des enfants, les uns bâtards, les autres légitimes ; tous à mon avis devaient avoir la même nature et faire remonter leur origine, tant du côté de leur père que du côté de leur mère, parmi les mortels à Évagoras mon père, parmi les demi-dieux au fils d'Éaque, parmi les dieux à Zeus et

---

1. Isocrate, *Nicoclès*, 31-35.

aucun de mes descendants ne devait être privé de la noblesse d'une pareille origine[1]. »

Une autre raison pour Nicoclès d'être tempérant tient à la continuité et à l'homogénéité entre le gouvernement d'un État et celui d'une maison. Cette continuité est définie de deux façons : par le principe qu'on doit respecter toutes associations *(koinōniai)* qu'on a pu établir avec autrui ; Nicoclès ne veut donc pas faire comme ces hommes qui respectent leurs autres engagements mais se mettent dans leur tort à l'égard de leur femme avec laquelle pourtant ils ont établi une association de toute la vie *(koinōnia pantos tou biou)* : puisqu'on estime ne pas devoir subir d'affliction du fait de son épouse, il ne faut pas lui en faire subir par les plaisirs qu'on prend ; le souverain qui entend être juste doit l'être avec sa propre femme[2]. Mais il y a aussi continuité et comme isomorphisme entre le bon ordre qui doit régner dans la maison du monarque et celui qui doit présider à son gouvernement public : « Les bons souverains doivent s'efforcer de faire régner un esprit de concorde non seulement dans les États qu'ils dirigent, mais aussi dans leur propre maison et dans les domaines qu'ils habitent ; car toute cette œuvre demande maîtrise de soi et justice[3]. »

Le lien entre tempérance et pouvoir, auquel Nicoclès se réfère tout au long du texte, est surtout réfléchi comme un rapport essentiel entre domination sur les autres et domination sur soi, selon le principe général qui est énoncé déjà dans le premier discours, celui adressé à Nicoclès : « Exerce ton autorité sur toi-même *(archē sautou)* autant que sur les autres et considère que la conduite la plus digne d'un roi est de n'être l'esclave d'aucun plaisir et de commander à ses désirs plus encore qu'à ses compatriotes[4]. » Cette maîtrise de soi comme condition morale pour diriger les autres, Nicoclès commence par donner la preuve qu'il la possède : à la différence de ce que font tant de tyrans, il n'a pas pro-

1. *Ibid.*, 42.
2. *Ibid.*, 40.
3. *Ibid.*, 41.
4. *Nicoclès*, 29.

fité de son pouvoir pour s'emparer de force des femmes ou
des enfants des autres ; il s'est rappelé combien les hommes
tiennent à leurs épouses et à leur descendance et combien de
fois les crises politiques et les révolutions avaient eu leur
origine dans des abus de ce genre[1] ; il a donc pris le plus
grand soin d'éviter de pareils reproches : du jour où il a
occupé le pouvoir suprême on a pu constater qu'il n'a eu de
rapport physique « avec personne d'autre que sa femme[2] ».
Nicoclès a cependant des raisons plus positives d'être tempérant. D'abord, il veut donner à ses concitoyens un exemple ;
sans doute ne faut-il pas comprendre qu'il demande aux
habitants de son pays de pratiquer une fidélité sexuelle semblable à la sienne ; il n'entend vraisemblablement pas en
faire une règle générale ; la rigueur de ses mœurs doit être
comprise comme une incitation générale à la vertu et un
modèle contre le relâchement qui est toujours nocif à un
État[3]. Ce principe d'analogie globale entre les mœurs du
prince et celles du peuple était évoqué dans le discours à
Nicoclès : « Donne ta propre pondération (*sōphrosunē*) en
exemple aux autres en te rappelant que les mœurs *(ēthos)*
d'un peuple ressemblent à celles de qui le gouverne. Tu
auras un témoignage de la valeur de ton autorité royale
lorsque tu constateras que tes sujets ont acquis une plus
grande aisance et des mœurs plus policées *(euporōterous kai
sōphronesterous gignomenous)* grâce à ton activité *(epimeleia)*[4]. » Nicoclès cependant ne veut pas se contenter de rendre la masse semblable à lui ; il veut en même temps, sans
qu'il y ait contradiction, se distinguer des autres, de l'élite
et de ceux-là même qui sont les plus vertueux. Ce qui est à
la fois la formule morale de l'exemple (être un modèle pour
tous en étant meilleur que les meilleurs) mais aussi la formule politique de la concurrence pour le pouvoir per-

---

1. *Nicoclès*, 36. Sur ce thème fréquent, voir Aristote, *Politique*, V, 1 311 a-b. On peut
relever qu'Isocrate note cependant l'indulgence du peuple pour les chefs qui prennent
leurs plaisirs partout mais savent gouverner avec justice (*ibid.*, 37).
2. *Ibid.*, 36.
3. *Ibid.*, 37.
4. *Nicoclès*, 31.

sonnel dans une aristocratie et le principe d'une assise stable
pour la tyrannie sage et modérée (être aux yeux du peuple
doué de plus de vertu que les plus vertueux) ; « J'ai constaté
que la plupart des hommes sont maîtres de l'ensemble de
leurs actes, mais que les meilleurs se laissent vaincre par les
désirs qu'éveillent en eux les garçons et les femmes. J'ai donc
voulu me montrer capable de fermeté, là j'étais appelé à
l'emporter non seulement sur la foule mais encore sur ceux
qui tirent orgueil de leur vertu[1]. »

Mais il faut bien comprendre que cette vertu qui fonc-
tionne comme exemple et marque une supériorité ne doit
pas sa valeur politique au simple fait que c'est un comportement honorable aux yeux de tous. En fait, elle manifeste
aux gouvernés la forme de rapport que le prince entretient à
lui-même : élément politique important puisque c'est ce
rapport à soi qui module et règle l'usage que le prince fait
du pouvoir qu'il exerce sur les autres. Ce rapport est donc
important en lui-même, dans l'éclat visible avec lequel il se
manifeste, et par l'armature rationnelle qui le garantit.
C'est pourquoi, Nicoclès rappelle que sa *sōphrosunē* a passé
aux yeux de tous par une épreuve ; il y a en effet des circonstances et des âges où il n'est pas difficile de montrer
qu'on peut être juste et se passer d'argent ou de plaisir ;
mais lorsqu'on reçoit le pouvoir en pleine jeunesse, faire
montre alors de modération constitue une sorte d'épreuve
qualificatrice[2]. En outre, il souligne que sa vertu n'est pas
seulement affaire de nature mais bien de raisonnement *(lo-
gismos)* : ce n'est donc pas au hasard ni au gré des circonstances qu'il se conduira bien[3] mais d'une façon voulue et
constante.

Ainsi la modération du prince, éprouvée dans la situation
la plus périlleuse, et assurée par la permanence de la raison,
sert à fonder une sorte de pacte entre le gouvernant et les
gouvernés : ils peuvent bien lui obéir, lui qui est maître de

1. *Nicoclès*, 39.
2. *Ibid.*, 45.
3. *Ibid.*, 47.

soi. On peut demander aux sujets d'obéir, si c'est sous la
caution de la vertu du prince ; il est en effet capable de modérer le pouvoir qu'il exerce sur les autres par la maîtrise qu'il
établit sur lui-même. C'est bien ainsi que se termine le passage où Nicoclès, ayant achevé de parler de lui-même, en tire
argument pour exhorter ses sujets à lui obéir : « J'ai donné
plus d'ampleur à ce développement sur moi-même [...] pour
ne vous laisser aucun prétexte à ne pas exécuter de bon cœur
et avec zèle les conseils et les prescriptions que je vous don-
nerai[1]. » Le rapport du prince à lui-même et la manière dont
il se constitue comme sujet moral forment une pièce importante dans l'édifice politique ; son austérité en fait partie et
contribue à sa solidité. Le prince, aussi, doit pratiquer une
ascèse et s'exercer lui-même : « En définitive, il n'est pas
d'athlète pour qui fortifier son corps soit une obligation aussi
grande que pour un roi celle de fortifier son âme ; car les prix
qu'offrent les jeux ne sont rien en comparaison de ceux pour
lesquels vous, princes, luttez chaque jour[2]. »

3. Quant à l'*Économique* attribuée à Aristote, on sait
quels problèmes de date elle pose. Le texte qui constitue les
livres I et II est reconnu d'une façon assez générale comme
un texte de « bonne époque » — soit qu'il ait été édité
d'après des notes par un disciple immédiat d'Aristote, ou
qu'il ait été l'œuvre d'une des toutes premières généra-
tions de péripatéticiens. En tout cas, on peut laisser pour
l'instant de côté la troisième partie, ou du moins le texte
latin, manifestement beaucoup plus tardif, qui a été considéré comme une « version » ou une « adaptation » du troisième livre « perdu » de cette *Économique*. Beaucoup plus
bref et infiniment moins riche que le texte de Xénophon,
le livre I se présente, également, comme une réflexion sur
l'art *(technē)* de l'économie ; elle est destinée à définir,
dans l'ordre de la maison, les conduites d'« acquisition » et

1. *Ibid.*, 47.
2. *À Nicoclès*, 11. Le thème de la vertu privée du prince comme problème politique
mériterait à lui seul toute une étude.

de « mise en valeur » *(ktēsasthai, chrēsasthai)*[1]. Le texte se présente comme un art de gouverner, moins, du reste, les choses que les humains ; et cela selon un principe formulé ailleurs par Aristote, à savoir que dans l'*Économique*, on porte un plus grand intérêt aux personnes qu'à la possession des biens inanimés[2] ; et de fait, le traité de l'*Économique* consacre l'essentiel des indications qu'il donne (sans faire, comme chez Xénophon, une large place aux techniques de la culture), aux tâches de direction, de surveillance et de contrôle. C'est un manuel du maître, qui doit en tout premier lieu « se soucier » *(epimelein)* de son épouse[3].

Ce texte fait jouer à peu près les mêmes valeurs que le traité de Xénophon : éloge de l'agriculture, qui à la différence des métiers d'artisanat est capable de former des individus « virils » ; affirmation de son caractère premier et fondateur selon la nature et de sa valeur constituante pour la cité[4]. Mais bien des éléments portent aussi la marque aristotélicienne : et en particulier la double insistance sur l'enracinement naturel de la relation matrimoniale et la spécificité de sa forme dans la société humaine.

L'association *(koinōnia)* de l'homme et de la femme est présentée par l'auteur comme étant une chose qui existe « par nature » et dont on trouverait l'exemple chez les animaux : « Leur association répond à une nécessité absolue[5]. » Thèse constante chez Aristote, que ce soit dans la *Politique* où cette nécessité est liée directement à la procréation[6], ou dans l'*Éthique à Nicomaque* qui présente l'homme comme un être naturellement « syndyastique » et destiné à vivre à deux[7]. Mais de cette *koinōnia*, l'auteur de l'*Économique* rappelle qu'elle a des caractères propres qu'on ne trouvait pas dans les espèces animales : ce n'est pas que les animaux ne connaissent pas des formes d'association qui vont

1. PSEUDO-ARISTOTE, *Économique*, I, 1, 1, 1 343 a.
2. ARISTOTE, *Politique*, I, 13, 125 q-b.
3. PSEUDO-ARISTOTE, *Économique*, I, 3, 1, 1 343 b.
4. *Ibid.*, 1, 2, 1-3, 1 343 a-b.
5. *Ibid.*, I, 3, 1, 1 343 b.
6. ARISTOTE, *Politique*, I, 2, 1 252 a.
7. ARISTOTE, *Éthique à Nicomaque*, VIII, 12, 7, 1 162 a.

bien au-delà de la simple conjonction procréatrice[1] ; c'est
que chez les humains, la finalité du lien qui attache l'homme et la femme ne concerne pas simplement — selon une
distinction importante chez Aristote — l'« être », mais le
« bien-être » *(einai, eu einai)*. Chez les humains, en tout cas,
l'existence du couple permet, tout au long de l'existence,
l'aide et le secours réciproques ; quant à la progéniture, elle
n'assure pas simplement la survie de l'espèce ; elle sert « le
propre intérêt des parents » ; car « les soins que, dans leur
pleine force, ils ont donnés à des êtres faibles, en retour,
dans la faiblesse de leur grand âge, ils les obtiennent d'êtres
devenus forts[2] ». Et c'est bien pour ce supplément du mieux-
vivre que la nature a disposé comme elle l'a fait l'homme et
la femme ; c'est en vue de la vie commune qu'« elle a organisé l'un et l'autre sexe ». Le premier est fort, le second est
retenu par la crainte ; l'un trouve sa santé dans le mouvement, l'autre est enclin à mener une vie sédentaire ; l'un
rapporte les biens à la maison, l'autre veille sur ce qui s'y
trouve ; l'un nourrit les enfants, l'autre les éduque. La
nature a en quelque sorte programmé l'économie de la maisonnée et les rôles que chacun des deux époux doit y tenir.
L'auteur rejoint là, à partir de principes aristotéliciens, le
schéma d'une description traditionnelle, dont Xénophon
avait déjà donné un exemple.

C'est aussitôt après cette analyse des complémentarités
naturelles que l'auteur de l'*Économique* aborde la question
du comportement sexuel. Et cela dans un passage bref, ellip-
tique, et qu'il vaut la peine de citer dans son ensemble : « Le
premier devoir est de ne commettre aucune injustice : ainsi
n'aura-t-on pas à en subir soi-même. C'est à cela justement
que conduit la morale commune : il ne faut pas que la femme ait à subir d'injustice, car elle est, ainsi que le disent les
pythagoriciens, à la maison comme une suppliante et une
personne enlevée à son foyer. Or, ce serait une injustice de
la part du mari que des fréquentations illégitimes *(thuraze*

1. Pseudo-Aristote, *Économique*, I, 3, 1, 1 343 b.
2. *Ibid.*, I, 3, 3, 1 343 b.

sunousiai)[1]. » Il n'y a guère à s'étonner que rien ne soit dit sur la conduite de la femme, puisque les règles en sont connues et puisque de toute façon on a affaire ici à un manuel du maître : c'est sa manière d'agir à lui qui est en question. On peut noter aussi que rien n'est dit — pas plus que chez Xénophon — sur ce que devrait être la conduite sexuelle du mari à l'égard de sa femme, sur l'accomplissement du devoir conjugal ou sur les règles de pudeur. Mais l'essentiel est ailleurs.

On peut noter d'abord que le texte situe très nettement la question des relations sexuelles dans le cadre général des relations de justice entre le mari et la femme. Or, quelles sont ces relations ? Quelles formes doivent-elles avoir ? En dépit de ce qu'annonce un peu plus haut le texte sur la nécessité de bien déterminer quel genre de « relation » *(homilia)* doit unir l'homme et la femme, rien dans l'*Économique* n'est dit sur sa forme générale et sur son principe. Dans d'autres textes, et en particulier l'*Éthique à Nicomaque* et la *Politique*, Aristote répond, en revanche, à cette question lorsqu'il analyse la nature politique du lien conjugal — c'est-à-dire le type d'autorité qui s'y exerce. À ses yeux, entre l'homme et la femme, la relation est évidemment inégalitaire, puisqu'il est du rôle de l'homme de gouverner la femme (la situation inverse, qui peut être due à plusieurs raisons, est « contre nature »)[2]. Cependant cette inégalité doit être distinguée avec soin de trois autres inégalités : celle qui sépare le maître de l'esclave (car la femme, elle, est un être libre), celle qui sépare le père de ses enfants (et qui donne lieu à une autorité de type royal) ; enfin celle qui sépare, dans une cité, les citoyens qui commandent et ceux qui sont commandés ; si en effet l'autorité du mari sur la femme est plus faible, moins totale que dans les deux premières relations, elle n'a pas le caractère simplement provisoire qu'on trouve dans la relation « politique », au sens

---

1. Pseudo-Aristote, *Économique*, 1, 4, 1, 1 344 a.

2. Aristote, *Politique*, I, 12, 1 259 b. Dans l'*Éthique à Nicomaque*, VIII, 10, 5, 1 161 a, Aristote évoque l'autorité des femmes épiclères.

strict du terme, c'est-à-dire dans la relation entre citoyens libres dans un État ; c'est que, dans une constitution libre, les citoyens tour à tour commandent et sont commandés, alors que dans la maison, c'est l'homme qui en permanence doit garder la supériorité[1]. Inégalité d'êtres libres, mais inégalité définitive et fondée sur une différence de nature. C'est en ce sens que la forme politique de la relation entre mari et femme sera l'aristocratie : un gouvernement où c'est toujours le meilleur qui commande, mais où chacun reçoit sa part d'autorité, son rôle et ses fonctions en proportion de son mérite et de sa valeur. Comme le dit l'*Éthique à Nicomaque*, « le pouvoir du mari sur la femme paraît être de caractère aristocratique ; c'est proportionnellement au mérite *(kat'axian)* que le mari exerce l'autorité et dans les domaines où il convient que l'homme commande » ; ce qui entraîne, comme dans tout gouvernement aristocratique, qu'il en délègue à sa femme la part où elle est compétente (à tout vouloir faire par lui-même, le mari transformerait son pouvoir en une « oligarchie »)[2]. Le rapport à la femme se pose ainsi comme une question de justice, qui est directement liée à la nature « politique » du lien matrimonial. Entre un père et un fils, dit la *Grande morale*, le rapport ne peut pas être de justice, tant du moins que le fils n'a pas encore pris son indépendance, car il n'est qu'« une partie de son père » ; il ne peut être question non plus de justice entre maître et serviteurs sauf à l'entendre comme une justice « interne à la maison et proprement économique ». Il n'en est pas de même avec la femme : sans doute celle-ci est et sera toujours inférieure à l'homme et la justice qui doit régir les relations entre les époux ne peut pas être la même que celle qui règne entre les citoyens ; pourtant à cause de leur ressemblance, l'homme et la femme doivent être dans un rapport qui « se rapproche beaucoup de la justice politique »[3].

1. Aristote, *Politique*, I, 12, 1 259 b.
2. Aristote, *Éthique à Nicomaque*, VII, 10, 1 152 a.
3. Aristote, *Grande morale*, I, 31, 18.

Or, dans le passage de l'*Économique* où il est question du comportement sexuel que doit avoir le mari, c'est, semble-t-il, à une tout autre justice que l'auteur se réfère ; évoquant un propos pythagoricien, l'auteur fait valoir que la femme est « à la maison comme une suppliante et une personne enlevée à son foyer ». Cependant, à y regarder d'un peu plus près, il semble bien que cette référence à la suppliante — et d'une façon plus générale au fait que la femme est née dans un autre foyer et que, dans la maison de son mari, elle n'est pas « chez elle » — n'est pas destinée à définir le type de rapports qu'il doit y avoir en général entre un homme et son épouse. Ces rapports, dans leur forme positive et dans leur conformité avec la justice inégalitaire qui doit les régir, avaient été évoqués indirectement dans le passage précédent. On peut supposer que l'auteur, en évoquant ici la figure de la suppliante, rappelle que l'épouse n'a pas, du fait du mariage lui-même, à exiger la fidélité sexuelle de son mari ; mais qu'il y a cependant quelque chose qui, dans la situation de la femme mariée, appelle de la part du mari retenue et limitation ; il s'agit justement de sa position de faiblesse, qui la soumet au bon vouloir de son mari, comme une suppliante enlevée à sa maison d'origine.

Quant à la nature de ces actes injustes, il n'est guère facile, d'après le texte de l'*Économique*, de la préciser. Ce sont des *thuraze sunousiai*, des « fréquentations extérieures ». Le mot *sunousiai* peut désigner une conjonction sexuelle particulière ; il peut désigner aussi un « commerce », une « liaison ». S'il fallait donner ici au mot son sens le plus étroit, ce serait tout acte sexuel commis « hors de la maison » qui constituerait, à l'égard de l'épouse, une injustice : exigence qui paraît assez peu vraisemblable dans un texte qui se tient assez près de la morale courante. Si, en revanche, on donne au mot *sunousia* la valeur plus générale de « relation », on voit bien pourquoi il y aurait là une injustice dans l'exercice d'un pouvoir qui doit accorder à chacun selon sa valeur, son mérite et son statut : une liaison hors mariage, un concubinage, et peut-être des enfants illégitimes, ce sont autant d'atteintes sérieuses au respect qu'on doit à l'épouse ; en tout cas, tout ce qui, dans les relations sexuelles de son mari, menace la position privilégiée de la femme, dans le gouvernement aristocratique de la maisonnée, est une manière d'en compromettre la nécessaire et essentielle justice. Ainsi comprise, la formule de l'*Économique* n'est pas très éloignée, dans sa portée concrète, de ce que Xénophon laissait entendre lorsque Ischomaque promettait à sa femme, si elle se conduisait bien, de ne jamais porter atteinte à ses privilèges et à son statut[1] ; il faut noter d'ailleurs que ce sont des thèmes tout proches de Xénophon qui sont évoqués dans les lignes immédiatement suivantes : la responsabilité du mari dans la formation morale de son épouse et la critique de la parure *(kosmēsis)* comme mensonge et tromperie qu'il faut éviter entre époux. Mais tandis que Xénophon fait de la tempérance du mari un style propre au maître de maison vigilant et sage, le texte aristotélicien semble l'inscrire dans le jeu multiple des différentes formes de justice qui doivent régler les rapports des humains en société.

Il est sans doute malaisé de repérer exactement quels sont les comportements sexuels que l'auteur de l'*Économique* permet ou interdit au mari qui veut se bien conduire. Il semble cependant que la tempérance de l'époux, quelle qu'en soit la forme précise, ne dérive pas du lien personnel entre les époux et qu'elle ne s'impose pas à lui comme on peut demander à l'épouse une stricte fidélité. C'est dans le contexte d'une distribution inégalitaire des pouvoirs et des fonctions que le mari doit accorder un privilège à sa femme ; et c'est par une attitude volontaire — fondée sur l'intérêt ou la sagesse — qu'il saura, comme celui qui sait gérer un pouvoir aristocratique, reconnaître ce qui est dû à chacun. La modération du mari est ici encore une éthique du pouvoir qu'on exerce, mais cette éthique se réfléchit comme une des formes de la justice. Manière bien inégalitaire et formelle de définir le rapport entre mari et femme et la

---

1. Il faut cependant remarquer que Ischomaque évoquait les situations de rivalité que peuvent provoquer les rapports avec les servantes de la maison. Ici ce sont les liaisons extérieures qui apparaissent menaçantes.

place qu'y doivent avoir leurs deux vertus. N'oublions pas qu'une semblable façon de concevoir les rapports conjugaux n'était aucunement exclusive de l'intensité reconnue aux relations d'amitié. L'*Éthique à Nicomaque* réunit tous ces éléments — la justice, l'inégalité, la vertu, la forme du gouvernement aristocratique ; et c'est par eux qu'Aristote définit le caractère propre de l'amitié du mari pour sa femme ; cette *philia* de l'époux « est celle qu'on trouve dans le gouvernement aristocratique... Elle se proportionne à la vertu ; le meilleur a la supériorité des avantages, et d'ailleurs chacun y obtient ce qui lui convient. Tel est aussi le caractère de la justice[1] ». Et plus loin Aristote ajoute : « Chercher quelle doit être la conduite du mari à l'égard de la femme et généralement celle de l'ami à l'égard de l'ami, c'est manifestement chercher comment sont respectées les règles de la justice[2]. »

*

On trouve donc, dans la pensée grecque à l'époque classique, les éléments d'une morale du mariage qui semble exiger, de la part de l'un et l'autre des deux époux, une semblable renonciation à toute activité sexuelle extérieure à la relation matrimoniale. La règle d'une pratique sexuelle exclusivement conjugale, qui était en principe imposée à la femme par son statut, et les lois de la cité comme de la famille, cette règle, il semble que certains puissent conce-

---

1. Aristote, *Éthique à Nicomaque*, VIII, 11, 4, 1 161 a.

2. *Ibid.*, VIII, 12, 8, 1 162 a. Sur les rapports de la *philia* et du mariage chez Aristote, cf. J.-Cl. Fraisse, *Philia, la notion d'amitié sur la philosophie antique* (Paris 1974).

Il faut noter que dans la cité idéale, décrite par Aristote dans la *Politique*, les relations entre mari et femme sont définies d'une façon assez voisine de ce qu'on peut trouver chez Platon. L'obligation de procréer sera suspendue quand les parents risqueront d'être trop vieux : « Pendant les années de vie qui restent à courir, on n'aura de rapports sexuels que pour des raisons évidentes de santé ou pour quelque autre cause analogue. Pour ce qui est des relations "du mari avec une autre femme ou de l'épouse avec un autre homme", il conviendra de les regarder comme une action déshonorante *(mē kalon)*, « cela d'une manière absolue et sans exception, aussi longtemps que le mariage subsiste et qu'on a appelé mari et femme. » Cette faute, pour des raisons faciles à comprendre, aura des conséquences légales — l'atimie — si elle est commise « pendant le temps où la procréation peut avoir lieu » *(Politique, VIII, 16, 1 135 a-1 336 b)*.

voir qu'elle est applicable également aux hommes ; c'est en tout cas la leçon qui paraît se dégager de l'*Économique* de Xénophon et de celle du Pseudo-Aristote, ou de certains textes de Platon et d'Isocrate. Ces quelques textes apparaissent bien isolés au milieu d'une société où ni les lois, ni les coutumes ne contenaient de pareilles exigences. C'est vrai. Mais il ne paraît pas possible d'y voir la première esquisse d'une éthique de la fidélité conjugale réciproque, ainsi que le début d'une codification de la vie de mariage à laquelle le christianisme donnera une forme universelle, une valeur impérative et l'appui de tout un système institutionnel.

À cela, plusieurs raisons. Sauf dans le cas de la cité platonicienne, où les mêmes lois valent pour tous de la même façon, la tempérance qui est demandée au mari n'a ni les mêmes fondements ni les mêmes formes que celle qui est imposée à la femme : ces dernières dérivent directement d'une situation de droit, et d'une dépendance statutaire qui la place sous le pouvoir de son mari ; les premières, en revanche, dépendent d'un choix, d'une volonté de donner à sa vie une certaine forme. Affaire de style, en quelque sorte : l'homme est appelé à tempérer sa conduite en fonction de la maîtrise qu'il entend exercer sur lui-même, et de la modération avec laquelle il veut faire jouer sa maîtrise sur les autres. De là le fait que cette austérité se présente — ainsi chez Isocrate — comme un raffinement dont la valeur exemplaire ne prend pas la forme d'un principe universel ; de là aussi le fait que la renonciation à tout rapport en dehors de la relation conjugale n'est pas explicitement prescrite par Xénophon ni même peut-être par le Pseudo-Aristote et qu'elle ne prend pas chez Isocrate la forme d'un engagement définitif mais plutôt d'un exploit.

De plus, que la prescription soit symétrique (comme chez Platon) ou qu'elle ne le soit pas, ce n'est pas sur la nature particulière et sur la forme propre de la relation conjugale que s'établit la tempérance demandée au mari. Sans doute, est-ce bien parce qu'il est marié que son activité sexuelle doit subir quelques restrictions et accepter une certaine mesure. Mais c'est le statut d'homme marié, non la relation

à l'épouse, qui l'exige : marié, comme le veut la cité platonicienne, selon les formes qu'elle décide, et pour lui donner
les citoyens dont elle a besoin ; marié et ayant à ce titre à
gérer une maison qui doit prospérer dans le bon ordre et
dont la bonne tenue doit être aux yeux de tous l'image et la
garantie d'un bon gouvernement (Xénophon et Isocrate) ;
marié et tenu à faire jouer, dans les formes de l'inégalité
propre au mariage et à la nature de la femme, les règles de
la justice (Aristote). Il n'y a rien là qui soit exclusif de sentiments personnels, d'attachement, d'affection, et de sollicitude. Mais il faut bien comprendre que ce n'est jamais vis-
à-vis de sa femme, et dans le rapport qui les lie ensemble en
tant qu'individus, que cette *sōphrosunē* est nécessaire.
L'époux se la doit à lui-même, dans la mesure où le fait
d'être marié l'introduit dans un jeu particulier de devoirs
ou d'exigences où il y va de sa réputation, de sa fortune, de
son rapport aux autres, de son prestige dans la cité, de sa
volonté de mener une existence belle et bonne.

On peut comprendre alors pourquoi la tempérance de
l'homme et la vertu de la femme peuvent se présenter comme deux exigences simultanées, et dérivant chacune à sa
manière et sous ses formes propres de l'état de mariage ; et
que pourtant la question de la pratique sexuelle comme élément — et élément essentiel de la relation conjugale — ne
soit pour ainsi dire presque pas posée. Plus tard, les rapports
sexuels entre époux, la forme qu'ils doivent prendre, les gestes qui y sont permis, la pudeur qu'ils doivent respecter,
mais aussi l'intensité des liens qu'ils manifestent et resser-
rent, seront un élément important de réflexion ; toute cette
vie sexuelle entre les époux donnera lieu, dans la pastorale
chrétienne, à une codification souvent très détaillée ; mais
auparavant, déjà, Plutarque avait posé des questions non
seulement sur la forme des rapports sexuels entre époux
mais sur leur signification affective ; et il avait souligné
l'importance des plaisirs réciproques pour l'attachement
mutuel des époux. Ce qui caractérisera cette nouvelle éthique, ce n'est pas simplement que l'homme et la femme
seront réduits à n'avoir qu'un seul partenaire sexuel — le

conjoint ; c'est aussi que leur activité sexuelle sera problématisée comme un élément essentiel, décisif et particulièrement délicat de leur relation conjugale personnelle. Rien de tel n'est visible dans la réflexion morale du IVe siècle ; ce n'est pas suggérer par là que les plaisirs sexuels avaient alors peu d'importance dans la vie matrimoniale des Grecs et pour la bonne entente d'un couple : c'est en tout cas une autre question. Mais il fallait souligner, pour comprendre l'élaboration de la conduite sexuelle comme problème moral, que le comportement sexuel des deux époux n'était pas interrogé dans la pensée grecque classique à partir de leur relation personnelle. Ce qui se passait entre eux avait de l'importance du moment qu'il s'agissait d'avoir des enfants. Pour le reste, leur vie sexuelle commune n'était pas objet de réflexion et de prescription : le point de la problématisation était dans la tempérance dont avait à faire preuve, pour des raisons et dans des formes correspondant à son sexe et à son statut, chacun des deux conjoints. La modération n'était pas une affaire commune entre eux et dont ils auraient eu à se soucier l'un pour l'autre. En cela on est loin de la pastorale chrétienne dans laquelle chaque époux devra répondre de la chasteté de l'autre, en ne l'induisant pas à commettre le péché de la chair — soit par des sollicitations trop impudiques, soit par des refus trop rigoureux. La tempérance chez les moralistes grecs de l'époque classique était prescrite aux deux partenaires de la vie matrimoniale ; mais elle relevait chez chacun d'eux d'un mode différent de rapport à soi. La vertu de la femme constituait le corrélatif et la garantie d'une conduite de soumission ; l'austérité masculine relevait d'une éthique de la domination qui se limite.

CHAPITRE IV

Érotique

1

UNE RELATION PROBLÉMATIQUE

L'usage des plaisirs dans le rapport avec les garçons a été, pour la pensée grecque, un thème d'inquiétude. Ce qui est paradoxal dans une société qui passe pour avoir « toléré » ce que nous appelons l'« homosexualité ». Mais peut-être n'est-il guère prudent d'utiliser ici ces deux termes.

En fait, la notion d'homosexualité est bien peu adéquate pour recouvrir une expérience, des formes de valorisation et un système de découpage si différents du nôtre. Les Grecs n'opposaient pas, comme deux choix exclusifs, comme deux types de comportements radicalement différents, l'amour de son propre sexe et celui de l'autre. Les lignes de partage ne suivaient pas une telle frontière. Ce qui opposait un homme tempérant et maître de lui-même à celui qui s'adonnait aux plaisirs était, du point de vue de la morale, beaucoup plus important que ce qui distinguait entre elles les catégories de plaisirs auxquelles on pouvait se consacrer le plus volontiers. Avoir des mœurs relâchées, c'était ne savoir résister ni aux femmes ni aux garçons, sans que ceci soit plus grave que cela. Quand il fait le portrait de l'homme tyrannique, c'est-à-dire de celui qui laisse « le tyran Éros s'introniser dans son âme et en gouverner tous les mouvements[1] », Platon le montre sous deux aspects équivalents, où se marquent de la même façon le mépris pour les obligations les plus essentielles et la sujétion à l'emprise générale du plai-

---

1. PLATON, *République*, IX, 573 d.

sir : « S'il s'éprend d'une courtisane, qui n'est pour lui
qu'une connaissance nouvelle et superflue, comment traitera-t-il sa mère, amie de longue date, que lui a donnée la
nature ? Et s'il a pour un bel adolescent un amour né d'hier
et superflu, comment traitera-t-il son père[1] ? » Lorsqu'on
reprochait à Alcibiade sa débauche, ce n'était pas celle-ci
plutôt que celle-là, mais bien, comme le disait Bion de
Boristhènes, « dans son adolescence d'avoir détourné les
maris de leurs femmes, et dans sa jeunesse, les femmes de
leur mari[2] ».

Inversement, pour montrer la continence d'un homme,
on indiquait — c'est ce que fait Platon à propos d'Iccos de
Tarente[3] — qu'il était capable de s'abstenir aussi bien des
garçons que des femmes ; et d'après Xénophon, l'avantage
que Cyrus trouvait à faire appel aux eunuques pour le service de la cour résidait dans leur incapacité à porter atteinte
aux femmes et aux garçons[4]. Tant il paraissait que ces deux
inclinations étaient aussi vraisemblables l'une que l'autre,
et qu'elles pouvaient parfaitement coexister chez un même
individu.

Bisexualité des Grecs ? Si on veut dire par là qu'un Grec
pouvait simultanément ou tour à tour aimer un garçon ou
une fille, qu'un homme marié pouvait avoir ses *paidika*,
qu'il était courant qu'après des inclinations de jeunesse
volontiers « garçonnières », on penche plutôt pour les femmes, on peut bien dire qu'ils étaient « bisexuels ». Mais si on
veut prêter attention à la manière dont ils réfléchissaient
cette double pratique, il convient de remarquer qu'ils n'y
reconnaissaient pas deux sortes de « désir », « deux pul-
sions » différentes ou concurrentes se partageant le cœur des
hommes ou leur appétit. On peut parler de leur « bisexualité » en pensant au libre choix qu'ils se donnaient entre les
deux sexes, mais cette possibilité n'était pas pour eux référée
à une structure double, ambivalente et « bisexuelle » du

1. *Ibid.*, IX, 574 b-c.
2. Diogène Laërce, *Vie des Philosophes*, IV, 7, 49.
3. Platon, *Lois*, VIII, 840 a.
4. Xénophon, *Cyropédie*, VII, 5.

désir. À leurs yeux, ce qui faisait qu'on pouvait désirer un homme ou une femme, c'était tout uniment l'appétit que la nature avait implanté dans le cœur de l'homme pour ceux qui sont « beaux », quel que soit leur sexe[1].

Certes, on trouve dans le discours de Pausanias[2] une théorie des deux amours, dont le second — l'Uranius, le céleste — s'adresse exclusivement aux garçons. Mais la distinction n'est pas faite entre un amour hétérosexuel et un amour homosexuel ; Pausanias trace la ligne de partage entre l'« amour qu'éprouvent les hommes de basse espèce » — il a pour objet aussi bien les femmes que les garçons, il ne vise qu'à l'acte lui-même *(to diaprattesthai)*, et il s'accomplit au hasard — et l'amour plus ancien, plus noble et plus raisonnable qui s'attache à ce qui peut avoir le plus de vigueur et d'intelligence, et là il ne peut s'agir, évidemment, que du sexe masculin. Le *Banquet* de Xénophon montre bien que la diversité du choix entre fille et garçon ne se réfère aucunement à la distinction entre deux tendances ou à l'opposition entre deux formes de désir. La fête est donnée par Callias en l'honneur du tout jeune Autolycos dont il est amoureux ; la beauté du garçon est si grande qu'il attire le regard de tous les convives avec autant de force qu'« une lumière apparaissant dans la nuit » ; « personne..., qui ne se soit senti l'âme émue à son aspect[3] ». Or, parmi les invités, plusieurs sont mariés ou fiancés comme Nikératos — qui a pour sa femme un amour qu'elle lui rend, selon le jeu de l'*Éros* et de l'*Antéros* — ou Critobule, qui est pourtant encore à l'âge d'avoir des soupirants aussi bien que des aimés[4] ; Critobule chante d'ailleurs son amour pour Clinias, un garçon qu'il a connu à l'école et, dans une joute comique, il fait valoir sa propre beauté contre celle de Socrate ; la récompense du concours doit être le baiser d'un garçon et celui d'une fille : ceux-ci appartiennent à un Syracusain qui les a dressés tous deux à une danse dont la grâce et les habiletés

---

1. Sur ce point, cf. K. J. Dover, *Homosexualité grecque*, p. 86.
2. PLATON, *Banquet*, 181, b-d.
3. XÉNOPHON, *Banquet*, I, 9.
4. *Ibid.*, II, 3.

acrobatiques font les délices de tous. Il leur a appris aussi à
mimer les amours de Dionysos et d'Ariane ; et les convives
qui viennent à l'instant d'entendre Socrate dire ce que doit
être le véritable amour pour les garçons se sentent tous
vivement « excités » *(aneptoromenoi)* en voyant ce « Dionysos si beau » et cette « Ariane si vraiment charmante »
échanger de très réels baisers ; à entendre les serments
qu'ils prononcent, on peut bien deviner que les jeunes acro-
bates sont « des amoureux auxquels est enfin permis ce
qu'ils désiraient depuis longtemps[1] ». Tant d'incitations diverses à l'amour poussent chacun au plaisir : les uns, à la
fin du *Banquet*, enfourchent leurs chevaux pour aller retrouver leurs femmes, tandis que Callias et Socrate partent
rejoindre le bel Autolycos. À ce banquet où ils ont pu s'enchanter en commun de la beauté d'une fille ou du charme
des garçons, les hommes de tout âge ont allumé l'appétit du
plaisir ou l'amour grave qu'ils vont chercher les uns du côté
des femmes, les autres du côté des jeunes gens.

Certes, la préférence pour les garçons et les filles était
facilement reconnue comme un trait de caractère : les hommes pouvaient se distinguer par le plaisir auquel ils étaient
plus attachés[2] ; affaire de goût qui pouvait prêter à plaisan-
teries, non pas affaire de typologie engageant la nature
même de l'individu, la vérité de son désir ou la légitimité
naturelle de son penchant. On ne concevait pas deux appétits distincts se distribuant chez des individus différents ou
s'affrontant dans une même âme ; on voyait plutôt deux
manières de prendre son plaisir, dont l'une convenait
mieux à certains individus, ou à certains moments de l'existence. La pratique des garçons et celle des femmes ne
constituaient pas des catégories classificatoires entre lesquelles les individus pouvaient être répartis ; l'homme qui
préférait les *paidika* ne faisait pas l'expérience de lui-même
comme « autre » en face de ceux qui poursuivaient les femmes.

---

1. *Ibid.*, IX, 5-6.
2. Cf. XÉNOPHON, *Anabase*, VII, 4, 7.

Quant aux notions de « tolérance » ou d'« intolérance »,
elles seraient, elles aussi, bien insuffisantes pour rendre
compte de la complexité des phénomènes. Aimer les garçons
était une pratique « libre » en ce sens qu'elle était non seulement permise par les lois (sauf circonstances particulières)
mais admise par l'opinion. Mieux, elle trouvait de solides
supports dans différentes institutions (militaires ou pédagogiques). Elle avait ses cautions religieuses dans des rites et
des fêtes où on appelait en sa faveur les puissances divines
qui devaient la protéger[1]. C'était enfin une pratique culturellement valorisée par toute une littérature qui la chantait
et une réflexion qui en fondait l'excellence. Mais se mê-
laient à tout cela des attitudes bien différentes : mépris pour
les jeunes gens trop faciles, ou trop intéressés, disqualification des hommes efféminés, dont Aristophane et les auteurs
comiques se moquaient si souvent[2], rejet de certaines
conduites honteuses comme celle des Cinèdes qui aux yeux
de Calliclès, malgré sa hardiesse et son franc-parler, était
bien la preuve que tout plaisir ne pouvait pas être bon et
honorable[3]. Il semble bien que cette pratique, pourtant
admise, pourtant courante, était entourée d'appréciations
diverses et qu'elle était traversée par un jeu de valorisations
et de dévalorisations assez complexes pour rendre difficilement déchiffrable la morale qui la régissait. Et de cette
complexité, on avait alors une claire conscience ; c'est du
moins ce qui ressort du passage de son discours où Pausanias montre combien il est malaisé de savoir si à Athènes
on est favorable ou hostile à une telle forme d'amour. D'un
côté, on l'accepte si bien — mieux : on lui accorde une si
haute valeur — qu'on honore chez l'amoureux des conduites qui chez tout autre sont jugées folies ou malhonnêtetés :
les prières, les supplications, les poursuites obstinées, et tous

---

1. Cf. F. BUFFIÈRE, *Éros adolescent*, pp. 90-91.
2. Ainsi Clisthène dans les *Acharniens* ou Agathon dans les *Thesmophories* d'Aristophane.
3. PLATON, *Gorgias*, 494 e : « Socrate : La vie des débauchés *(ho tōn kinaidōn bios)*
n'est-elle pas affreuse, honteuse et misérable ? Oseras-tu dire que les gens de cette espèce
sont heureux s'ils ont en abondance tout ce qu'ils désirent ? — Calliclès : N'as-tu pas
honte, Socrate, d'en venir à de pareils sujets ? »

les faux serments. Mais d'un autre côté, on voit le soin que mettent les pères à protéger leurs fils des intrigues, ou à exiger des pédagogues qu'ils y mettent obstacle, tandis qu'on entend les camarades se faire reproche entre eux d'accepter de pareils rapports[1].

Des schémas linéaires et simples ne permettent guère de comprendre le mode singulier d'attention qu'on portait au IVe siècle à l'amour des garçons. Il faut essayer de reprendre la question dans des termes autres que ceux de la « tolérance » à l'égard de l'« homosexualité ». Et plutôt que de rechercher jusqu'à quel point celle-ci a pu être libre dans la Grèce ancienne (comme s'il s'agissait d'une expérience elle-même invariante courant uniformément au-dessous de mécanismes de répression modifiables à travers le temps), il vaut mieux se demander comment et sous quelle forme le plaisir pris entre hommes a pu faire problème ; comment on s'est interrogé sur lui, quelles questions particulières il a pu soulever et dans quel débat il a été pris ; pourquoi, en somme, alors qu'il était de pratique répandue, que les lois ne le condamnaient aucunement, et que son agrément était de façon générale reconnu, il a été l'objet d'une préoccupation morale particulière, et particulièrement intense, si bien qu'il s'est trouvé investi de valeurs, d'impératifs, d'exigences, de règles, de conseils, d'exhortations, à la fois nombreux, pressants et singuliers.

Pour dire les choses de façon très schématique : nous avons tendance aujourd'hui à penser que les pratiques de plaisir, quand elles ont lieu entre deux partenaires de même sexe, relèvent d'un désir dont la structure est particulière ; mais nous admettons — si nous sommes « tolérants » — que ce n'est pas une raison pour les soumettre à une morale, encore moins à une législation, différente de celle qui est commune à tous. Le point de notre interrogation, nous le faisons porter sur la singularité d'un désir qui ne s'adresse pas à l'autre sexe ; et en même temps, nous affirmons qu'on ne doit pas accorder à ce type de relations une moindre

---

1. PLATON, *Banquet*, 182 a-183 d.

valeur, ni lui réserver un statut particulier. Or, il semble qu'il en ait été très différemment des Grecs : ils pensaient que le même désir s'adressait à tout ce qui était désirable — garçon ou fille — sous la réserve que l'appétit était plus noble qui se portait vers ce qui est plus beau et plus honorable ; mais ils pensaient aussi que ce désir devait donner lieu à une conduite particulière lorsqu'il prenait place dans une relation entre deux individus de sexe masculin. Les Grecs n'imaginaient point qu'un homme ait besoin d'une nature « autre » pour aimer un homme ; mais ils estimaient volontiers qu'aux plaisirs qu'on prenait dans une telle relation, il fallait donner une forme morale autre que celle qui était requise lorsqu'il s'agissait d'aimer une femme. Dans ce genre de rapport, les plaisirs ne trahissaient pas, chez qui les éprouvait, une nature étrange ; mais leur usage requérait une stylistique propre.

Et c'est un fait que les amours masculines ont été l'objet, dans la culture grecque, de toute une effervescence de pensées, de réflexions et de discussions à propos des formes qu'elles devaient prendre ou de la valeur qu'on pouvait leur reconnaître. Ce serait insuffisant de ne voir dans cette activité de discours que la traduction immédiate et spontanée d'une pratique libre trouvant ainsi à s'exprimer naturellement, comme s'il suffisait qu'un comportement ne soit pas interdit pour qu'il se constitue comme domaine de questionnement ou foyer de préoccupations théoriques et morales. Mais il serait tout aussi inexact de ne soupçonner dans ces textes qu'une tentative pour habiller d'une justification honorable l'amour qu'on pouvait porter aux garçons : ce qui présupposerait des condamnations ou des disqualifications qui en fait ont été portées bien plus tard. Il faut plutôt chercher à savoir comment et pourquoi cette pratique a donné lieu à problématisation morale singulièrement complexe.

Bien peu nous reste de ce que les philosophes grecs ont écrit à propos de l'amour en général et de celui-ci en particulier. L'idée qu'il est permis de se faire de ces réflexions et de leur thématique générale ne peut être qu'assez incertaine dès lors qu'a été conservé un nombre si limité de textes ;

presque tous d'ailleurs se rattachent à la tradition socratico-platonicienne, cependant que nous manquent des œuvres comme celles, mentionnées par Diogène Laërce, d'Antisthène, de Diogène le Cynique, d'Aristote, de Théophraste, de Zénon, de Chrysippe ou de Crantor. Cependant, les discours plus ou moins ironiquement rapportés par Platon peuvent donner un certain aperçu de ce dont il était question dans ces réflexions et débats sur l'amour.

1. Il faut d'abord remarquer que les réflexions philosophiques et morales à propos de l'amour masculin ne recouvrent pas tout le domaine possible des relations sexuelles entre hommes. L'essentiel de l'attention est focalisé sur une relation « privilégiée » — foyer de problèmes et de difficultés, objet de souci particulier : c'est une relation qui implique entre les partenaires une différence d'âge et, en rapport avec celle-ci, une certaine distinction de statut. La relation à laquelle on s'intéresse, dont on discute et sur laquelle on s'interroge, n'est pas celle qui lierait deux adultes déjà mûrs ou deux gamins du même âge ; c'est celle qui s'élabore entre deux hommes (et rien n'empêche qu'ils soient jeunes tous deux et assez rapprochés par l'âge) qui sont considérés comme appartenant à deux classes d'âge distinctes et dont l'un encore tout jeune n'a pas achevé sa formation, et n'a pas atteint son statut définitif[1]. C'est l'existence de ce décalage qui marque la relation sur laquelle les philosophes et les moralistes s'interrogent. Il ne faut pas, de cette attention particulière, tirer de conclusions hâtives ni sur les comportements sexuels des Grecs ni sur les particularités de leurs goûts (même si beaucoup d'éléments de la culture montrent que le tout jeune homme était à la fois indiqué et reconnu comme un objet érotique de haut prix). Il ne faudrait pas

1. Si les textes se réfèrent souvent à cette différence d'âge et de statut, il faut noter que les indications quant à l'âge réel des partenaires sont souvent flottantes (cf. F. BUFFIÈRE, *op. cit.*, pp. 605-607). De plus, on voit des personnages qui jouent le rôle d'amant par rapport aux uns, et d'aimé par rapport aux autres : ainsi Critobule dans le *Banquet* de Xénophon, où il chante son amour pour Clinias, qu'il a connu à l'école et qui est comme lui un tout jeune homme (cf. sur ces deux garçons et leur très légère différence d'âge, PLATON, *Euthydème*, 271 b).

imaginer en tout cas que seul ce type de relations était pratiqué ; on trouve bien des références à des amours masculines qui n'obéissent pas à ce schéma, et ne comportent pas
entre les partenaires ce « différentiel d'âge ». Il serait tout
aussi inexact de supposer que, pratiquées, ces autres formes
de relations étaient mal vues et systématiquement considérées comme malséantes. On estimait tout à fait naturelles,
et même faisant partie de leur condition, les relations entre
jeunes garçons[1]. Inversement, on pouvait citer sans blâme
l'amour vivace qui se prolonge dans un couple d'hommes
ayant passé tous deux, largement, l'adolescence[2]. Sans doute
pour des raisons qu'on verra — et qui touchent à la polarité, considérée comme nécessaire, de l'activité et de la passivité — la relation entre deux hommes faits sera plus facilement objet de critique ou d'ironie : c'est que le soupçon
d'une passivité toujours mal vue est plus particulièrement
grave quand il s'agit d'un adulte. Mais, aisément acceptées
ou plutôt suspectes, il faut bien voir — là est l'important
pour l'instant — que ces relations ne sont pas l'objet d'une
sollicitude morale ou d'un intérêt théorique bien grand.
Sans être ignorées ni inexistantes, elles ne relèvent pas du
domaine de la problématisation active et intense. L'attention et le souci se concentrent sur des rapports dont on peut
deviner qu'ils étaient chargés d'enjeux multiples : ceux qui
peuvent se nouer entre un aîné qui a achevé sa formation
— et qui est censé jouer le rôle socialement, moralement et
sexuellement actif — et le plus jeune, qui n'a pas atteint
son statut définitif et qui a besoin d'aide, de conseils et d'appui. Cette différence, au cœur de la relation, était en somme
ce qui la rendait valable et pensable. À cause d'elle, on valo-
risait ce rapport, à cause d'elle, on l'interrogeait ; et là où
elle n'était pas manifeste, on cherchait à la retrouver. Ainsi
aimait-on discuter à propos de la relation entre Achille et

---

1. Dans le *Charmide* (153 c), PLATON décrit l'arrivée du jeune homme que tout le
monde suit du regard — adultes, mais aussi garçons — « jusqu'aux plus petits ».

2. On a cité longtemps l'exemple d'Euripide qui aimait encore Agathon quand celui-ci
était déjà un homme dans la force de l'âge. F. BUFFIÈRE (*op. cit.*, p. 613, note 33) cite à ce
sujet une anecdote racontée par ÉLIEN (*Histoires variées*, XIII, 5).

Patrocle, pour savoir comment ils se différenciaient et lequel des deux avait le pas sur l'autre (puisque sur ce point le texte d'Homère était ambigu[1]). Une relation masculine provoquait une préoccupation théorique et morale lorsqu'elle s'articulait sur une différence assez marquée autour du seuil qui sépare l'adolescent de l'homme.

2. Il ne semble pas que le privilège accordé à ce type particulier de relation ait été seulement le fait des moralistes ou des philosophes animés par un souci pédagogique. On a l'habitude de lier étroitement l'amour grec pour les garçons avec la pratique de l'éducation et avec l'enseignement philosophique. Le personnage de Socrate y invite, ainsi que la représentation qui en a été donnée constamment dans l'Antiquité. En fait, un contexte très large contribuait à la valorisation et à l'élaboration du rapport entre hommes et adolescents. La réflexion philosophique qui le prendra comme thème s'enracine en fait dans des pratiques sociales répandues, reconnues et relativement complexes : c'est qu'à la différence, semble-t-il, des autres relations sexuelles, ou en tout cas plus qu'elles, celles qui unissent l'homme et le garçon par-delà un certain seuil d'âge et de statut qui les sépare, étaient l'objet d'une sorte de ritualisation, qui en leur imposant plusieurs règles, leur donnait forme, valeur et intérêt. Avant même qu'elles ne soient prises en compte par la réflexion philosophique, ces relations étaient déjà le prétexte à tout un jeu social.

Autour d'elles s'étaient formées des pratiques de « cour » : sans doute, celles-ci n'avaient-elles pas la complexité qu'on trouve dans d'autres arts d'aimer comme ceux qui seront développés au Moyen Âge. Mais elles étaient aussi bien autre chose que la coutume à respecter pour pouvoir obtenir en bonne et due forme la main d'une jeune fille. Elles définissent tout un ensemble de conduites convenues et convena-

---

1. Homère donnait à l'un la naissance, à l'autre l'âge ; à l'un la force, à l'autre la réflexion (*Iliade*, XI, 786). Sur la discussion quant à leur rôle respectif, cf. PLATON, *Banquet*, 180 a-b ; ESCHINE, *Contre Timarque*, 143.

bles, faisant ainsi de cette relation un domaine culturellement et moralement surchargé ; ces pratiques — dont K. J.
Dover[1] a attesté la réalité à travers de nombreux documents
— définissent le comportement mutuel et les stratégies respectives que les deux partenaires doivent observer pour donner à leurs relations une forme « belle », esthétiquement et
moralement valable. Elles fixent le rôle de l'*éraste* et celui
de l'*éromène*. L'un est en position d'initiative, il poursuit, ce
qui lui donne des droits et des obligations : il a à montrer
son ardeur, il a aussi à la modérer ; il a des cadeaux à faire,
des services à rendre ; il a des fonctions à exercer vis-à-vis
de l'aimé ; et tout cela le fonde à attendre la juste récompense ; l'autre, celui qui est aimé et courtisé, doit se garder de
céder trop facilement ; il doit éviter aussi d'accepter trop
d'hommages différents, d'accorder ses faveurs à l'étourdie et
par intérêt, sans éprouver la valeur de son partenaire ; il
doit aussi manifester la reconnaissance pour ce que l'amant
a fait pour lui. Or, par elle-même déjà, cette pratique de
cour montre bien que la relation sexuelle entre homme et
garçon « n'allait pas de soi » ; elle devait s'accompagner de
conventions, de règles de comportements, de manières de
faire, de tout un jeu de délais et de chicanes destinées à
retarder l'échéance, et à l'intégrer dans une série d'activités
et de relations annexes. C'est dire que ce genre de relations
qui était parfaitement admis n'était pas « indifférent ». Voir
seulement dans toutes ces précautions prises et dans l'intérêt qu'on leur portait la preuve que cet amour était libre,
c'est manquer le point essentiel, c'est méconnaître la différence qu'on faisait entre ce comportement sexuel et tous les
autres à propos desquels on ne se souciait guère de savoir
comment ils devaient se dérouler. Toutes ces préoccupations
montrent bien que les relations de plaisir entre hommes et
adolescents constituaient déjà dans la société un élément
délicat, et un point si névralgique qu'on ne pouvait pas ne
pas se préoccuper de la conduite des uns et des autres.

---

1. K. J. DOVER, *Homosexualité grecque*, pp. 104-116.

3. Mais on peut tout de suite apercevoir une différence considérable avec cet autre foyer d'intérêt et d'interrogation que constitue la vie matrimoniale. C'est qu'entre hommes et garçons, on a affaire à un jeu qui est « ouvert », au moins jusqu'à un certain point.

Ouvert « spatialement ». Dans l'Économique et l'art de la maisonnée, on avait affaire à une structure spatiale binaire où la place des deux conjoints était soigneusement distinguée (l'extérieur pour le mari, l'intérieur pour l'épouse, le quartier des hommes d'un côté et de l'autre celui des femmes). Avec le garçon, le jeu se déroule dans un espace très différent : espace commun au moins à partir du moment où l'enfant a atteint un certain âge — espace de la rue et des lieux de rassemblement, avec quelques points stratégiquement importants (comme le gymnase) ; mais espace où chacun se déplace librement[1], de sorte qu'il faut poursuivre le garçon, le chasser, le guetter là où il peut passer, et le saisir à l'endroit où il se trouve ; c'est un thème de plainte ironique, de la part des amoureux, que la nécessité de courir le gymnase, d'aller avec l'aimé à la chasse, et de s'essouffler à partager des exercices pour lesquels on n'est plus fait.

Mais le jeu est ouvert aussi et surtout en ceci qu'on ne peut exercer sur le garçon — du moment qu'il n'est pas de naissance servile — aucun pouvoir statutaire : il est libre de son choix, de ce qu'il accepte ou refuse, de ses préférences ou de ses décisions. Pour obtenir de lui ce qu'il est toujours en droit de ne pas concéder, il faut être capable de le convaincre ; qui veut retenir sa préférence, doit à ses yeux l'emporter sur les rivaux s'il s'en présente, et, pour cela, faire valoir des prestiges, des qualités, ou des cadeaux ; mais la décision appartient au garçon lui-même : en cette partie qu'on engage, on n'est jamais sûr de gagner. Or, c'est en cela même que consiste son intérêt. Rien n'en témoigne mieux que la jolie complainte de Hiéron le tyran, telle que Xénophon la

---

1. Cette liberté était, dans les écoles, surveillée et limitée. Cf. ce qu'Eschine rappelle, dans le *Contre Timarque*, à propos des écoles et des précautions que devait prendre le maître d'école (9-10). Sur les lieux de rencontre, cf. F. Buffière, *op. cit.*, pp. 561 sq.

rapporte[1]. Être tyran, explique-t-il, ne rend agréable ni la relation avec l'épouse ni celle avec le garçon. Car un tyran ne peut prendre femme que dans une famille inférieure, perdant ainsi tous les avantages de se lier à une famille « plus riche et plus puissante que soi ». Avec le garçon — et Hiéron est amoureux de Dailochos — le fait de disposer d'un pouvoir despotique suscite d'autres obstacles ; les faveurs que Hiéron voudrait tant obtenir, c'est de son amitié et de son plein gré qu'il tient à les attendre ; mais « les lui ravir de force », il n'en éprouve pas plus le désir « que de se faire du mal à soi-même ». Prendre quelque chose à l'ennemi contre son gré, c'est le plus grand des plaisirs ; pour les faveurs des garçons, les plus douces sont celles qu'ils accordent volontairement. Quel plaisir, par exemple, d'« échanger des regards avec un ami qui vous paie de retour ! Quel charme dans ses questions ! Quel charme dans ses réponses ! Même les querelles et les brouilles sont pleines de douceurs et d'attraits. Mais jouir d'un garçon malgré lui, c'est de la piraterie plutôt que de l'amour ». Dans le cas du mariage, la problématisation des plaisirs sexuels et de leurs usages se fait à partir du rapport statutaire qui donne à l'homme le pouvoir de gouverner la femme, les autres, le patrimoine, la maisonnée ; la question essentielle est dans la modération à apporter à ce pouvoir. Dans le cas du rapport avec les garçons, l'éthique des plaisirs aura à faire jouer, à travers des différences d'âge, des stratégies délicates qui doivent tenir compte de la liberté de l'autre, de sa capacité à refuser et de son nécessaire consentement.

4. Dans cette problématisation du rapport à l'adolescent, la question du temps est importante, mais elle est posée de façon singulière ; ce qui importe, ce n'est plus, comme dans le cas de la Diététique, l'instant opportun de l'acte ni, comme dans l'Économique, le maintien constant d'une structure relationnelle : c'est plutôt la question difficile du temps précaire et du passage fugitif. Elle s'exprime de différentes

1. XÉNOPHON, *Hiéron*, I.

façons, et d'abord comme un problème de « limite » : quel
est le temps à partir duquel un garçon devra être considéré
comme trop vieux pour être partenaire honorable dans la
relation d'amour ? À quel âge n'est-il plus bon pour lui
d'accepter ce rôle, ni pour son amoureux de vouloir le lui
imposer ? Casuistique bien connue des signes de virilité qui
doivent marquer un seuil qu'on déclare d'autant plus intan-
gible qu'il doit être en fait bien souvent franchi et qu'on se
donne la possibilité de blâmer ceux qui le transgressent ; la
première barbe, on le sait, passait pour cette marque fatidi-
que, et le rasoir qui la coupait devait rompre, disait-on, le
fil des amours[1]. Il faut noter en tout cas qu'on ne blâmait
pas simplement les garçons qui acceptaient de jouer un rôle
qui n'était plus en rapport avec leur virilité, mais les hommes qui fréquentaient des garçons trop âgés[2]. Les stoïciens
seront critiqués de garder trop longtemps leurs aimés —
jusqu'à vingt-huit ans — mais l'argument qu'ils donneront
et qui prolonge d'une certaine façon l'argument de Pausanias dans le *Banquet* (il soutenait que, pour qu'on ne s'attache qu'à des jeunes gens de valeur, la loi devait interdire les
relations avec des garçons trop jeunes[3]) montre que cette
limite était moins une règle universelle qu'un thème de
débat permettant des solutions assez diverses.

Cette attention au temps de l'adolescence et à ses limites a sans doute été un facteur d'intensification de la sensibilité au corps juvénile, à sa beauté particulière et aux
différentes marques de son évolution ; le physique adolescent est devenu l'objet d'une sorte de valorisation culturelle très insistante. Que le corps masculin puisse être
beau, bien au-delà de son premier charme, les Grecs ne
l'ignoraient ni ne l'oubliaient ; la statuaire classique s'attache plus volontiers au corps adulte ; et il est rappelé
dans le *Banquet* de Xénophon qu'on prenait soin de choisir comme thallophores d'Athéna les plus beaux vieil-

1. PLATON, *Protagoras*, 309 a.
2. Cf. les critiques contre Ménon dans XÉNOPHON, *Anabase*, II, 6, 28.
3. PLATON, *Banquet*, 181 d-e.

lards[1]. Mais dans la morale sexuelle, c'est le corps juvénile avec son charme propre qui est régulièrement proposé comme le « bon objet » de plaisir. Et on aurait tort de croire que ses traits étaient valorisés à cause de leur parenté avec la beauté féminine. Ils l'étaient en eux-mêmes ou dans leur juxtaposition avec les signes et les cautions d'une virilité en train de se former : la vigueur, l'endurance, la fougue faisaient aussi partie de cette beauté : et il était bon justement que les exercices, la gymnastique, les concours, la chasse viennent les renforcer, garantissant ainsi que cette grâce ne verse pas dans la mollesse et l'effémination[2]. L'ambiguïté féminine qui sera perçue plus tard (et même déjà au cours de l'Antiquité) comme une composante — mieux comme la raison secrète — de la beauté de l'adolescent, était plutôt à l'époque classique ce dont le garçon devait se garder et être gardé. Il y a chez les Grecs toute une esthétique morale du corps du garçon ; elle est révélatrice de sa valeur personnelle et de celle de l'amour qu'on lui porte. La virilité comme marque physique doit en être absente ; mais elle doit être présente comme forme précoce et promesse de comportement : se conduire déjà comme l'homme qu'on n'est pas encore.

Mais à cette sensibilité sont liés aussi l'inquiétude devant ces changements si rapides et la proximité de leur terme, le sentiment du caractère fugace de cette beauté et de sa désirabilité légitime, la crainte, la double crainte si souvent exprimée chez l'amant de voir l'aimé perdre sa grâce, et chez l'aimé de voir les amoureux se détourner de lui. Et la question qui est posée alors est celle de la conversion possible, moralement nécessaire et socialement utile, du lien d'amour (voué à disparaître) en une relation d'amitié, de *philia*. Celle-ci se distingue de la relation d'amour dont il

---

1. XÉNOPHON, *Banquet*, IV, 17.

2. Sur l'opposition du garçon solide et du garçon mollasson, voir PLATON, *Phèdre*, 239 c-d, et les *Rivaux*. À propos de la valeur érotique du garçon masculin et de l'évolution du goût vers un physique plus efféminé, peut-être déjà au cours du IVe siècle, cf. K. J. DOVER, *Homosexualité grecque*, pp. 88-94. En tout cas, le principe que le charme d'un garçon tout jeune est lié à une féminité qui l'habiterait deviendra un thème courant plus tard.

arrive et dont il est souhaitable qu'elle naisse ; elle est durable, elle n'a d'autre terme que la vie elle-même et elle efface
les dissymétries qui étaient impliquées dans le rapport érotique entre l'homme et l'adolescent. C'est un des thèmes
fréquents dans la réflexion morale sur ce genre de relations,
qu'elles doivent s'affranchir de leur précarité : précarité qui
est le fait de l'inconstance des partenaires, et une conséquence du vieillissement du garçon perdant son charme ;
mais elle est aussi un précepte, puisqu'il n'est pas bien d'aimer un garçon qui a passé un certain âge, non plus que
pour lui de se laisser aimer. Cette précarité ne saurait être
évitée que si, dans l'ardeur de l'amour déjà, la *philia*, l'amitié, commence à se développer : *philia*, c'est-à-dire la ressemblance du caractère et de la forme de vie, le partage des
pensées et de l'existence, la bienveillance mutuelle[1]. C'est
cette naissance et ce travail de l'amitié indéfectible dans
l'amour que décrit Xénophon quand il dresse le portrait des
deux amis qui se regardent l'un l'autre, conversent, se font
mutuellement confiance, se réjouissent ou se chagrinent
ensemble des réussites et des échecs et veillent l'un sur l'autre : « C'est en se comportant de la sorte qu'ils ne cessent
jusqu'à la vieillesse de chérir leur mutuelle tendresse et de
jouir d'elle[2]. »

5. Cette interrogation sur les rapports avec les garçons
prend, d'une façon très générale, la forme d'une réflexion
sur l'amour. De ce fait, il ne faudrait pas conclure que, pour
les Grecs, l'Éros ne pouvait avoir sa place que dans ce type
de rapports, et qu'il ne saurait caractériser les relations avec
une femme : Éros peut unir des êtres humains de quelque
sexe qu'ils soient ; on peut voir chez Xénophon que Nikératos et sa femme étaient unis entre eux par les liens de l'*Éros*
et de l'*Antéros*[3]. L'Éros n'est pas forcément « homosexuel »

---

1. Sur la définition de la *philia*, cf. J.-Cl. Fraisse, *op. cit.*
2. Xénophon, *Banquet*, VIII, 18. Tout ce passage du discours de Socrate (VIII, 13-18)
est très caractéristique de l'inquiétude devant la précarité des amours masculines et du
rôle que doit y jouer la permanence de l'amitié.
3. Xénophon, *Banquet*, VIII, 3.

ni non plus exclusif du mariage ; et le lien conjugal ne se distingue pas de la relation avec les garçons en ceci qu'il serait incompatible avec la force de l'amour et sa réciprocité. La différence est ailleurs. La morale matrimoniale, et plus précisément l'éthique sexuelle de l'homme marié, n'appelle pas, pour se constituer et définir ses règles, l'existence d'une relation du type de l'Éros (même s'il est fort possible que ce lien existe entre les époux). En revanche, lorsqu'il s'agit de définir ce que doit être, pour atteindre la forme la plus belle et la plus parfaite, la relation d'un homme et d'un garçon, et lorsqu'il s'agit de déterminer quel usage, à l'intérieur de leur relation, ils peuvent faire de leurs plaisirs, alors la référence à l'Éros devient nécessaire ; la problématisation de leur rapport relève d'une « Érotique ». C'est qu'entre deux conjoints, le statut lié à l'état de mariage, la gestion de l'*oikos*, le maintien de la descendance peuvent fonder les principes de conduite, définir ses règles et fixer les formes de la tempérance exigée. En revanche, entre un homme et un garçon qui sont en position d'indépendance réciproque et entre lesquels il n'y a pas de contrainte institutionnelle, mais un jeu ouvert (avec préférences, choix, liberté de mouvement, issue incertaine), le principe de régulation des conduites est à demander à la relation elle-même, à la nature du mouvement qui les porte l'un vers l'autre et de l'attachement qui les lie réciproquement. La problématisation se fera donc dans la forme d'une réflexion sur la relation elle-même : interrogation à la fois théorique sur l'amour et prescriptive sur la façon d'aimer.

Mais en fait, cet art d'aimer s'adresse à deux personnages. Certes, la femme et son comportement n'étaient pas complètement absents de la réflexion sur l'Économique ; mais elle n'était là qu'à titre d'élément complémentaire de l'homme ; elle était placée sous son autorité exclusive et s'il était bon de la respecter dans ses privilèges, c'était dans la mesure où elle s'en montrait digne et où il était important que le chef d'une famille reste maître de soi. En revanche, le garçon peut bien être tenu à la réserve qui s'impose à cet âge ; avec ses refus possibles (redoutés mais honorables) et ses acceptations éventuelles (souhaitées, mais facilement suspectes), il constitue, en face de l'amant, un centre indépendant. Et l'Érotique aura à se déployer d'un foyer à l'autre de cette sorte d'ellipse. Dans l'Économique et la Diététique, la modération volontaire d'un homme se fondait essentiellement sur son rapport à soi ; dans l'Érotique, le jeu est plus complexe ; il implique la maîtrise de soi de l'amant ; il implique aussi que l'aimé soit capable d'instaurer un rapport de domination sur lui-même ; et il implique enfin, dans le choix réfléchi qu'ils font l'un de l'autre, un rapport entre leurs deux modérations. On peut même noter une certaine tendance à privilégier le point de vue du garçon ; c'est surtout sur sa conduite à lui qu'on s'interroge et c'est à lui qu'on propose avis, conseils et préceptes : comme s'il était important avant tout de constituer une Érotique de l'objet aimé, ou du moins de l'objet aimé en tant qu'il a à se former comme sujet de conduite morale ; c'est bien ce qui apparaît dans un texte comme l'éloge d'Épicrate, attribué à Démosthène.

2

L'HONNEUR D'UN GARÇON

En face des deux grands *Banquets*, celui de Platon et de Xénophon, en face du *Phèdre*, l'*Eroticos* du Pseudo-Démosthène apparaît relativement pauvre. Discours d'apparat, c'est à la fois l'exaltation d'un jeune homme et une exhortation qu'on lui adresse : telle était bien la fonction traditionnelle de l'éloge — celle qui est évoquée dans le *Banquet* de Xénophon — « faire plaisir au jeune homme », et lui « apprendre en même temps ce qu'il doit être[1] ». Louange donc et leçon. Mais à travers la banalité des thèmes et de leur traitement — une sorte de platonisme un peu affadi —, il est possible de dégager quelques traits communs aux réflexions sur l'amour et à la manière dont on y posait la question des « plaisirs ».

1. Une préoccupation anime l'ensemble du texte. Elle est marquée par un vocabulaire qui, très constamment, se réfère au jeu de l'honneur et de la honte. Tout au long du discours, il est question de l'*aischunē*, cette honte qui est aussi bien le déshonneur dont on peut être marqué, que le sentiment qui en détourne ; il est question de ce qui est laid et honteux *(aischron)*, et qui s'oppose à ce qui est beau ou à la fois beau et juste. Il y est aussi beaucoup question de ce qui entraîne blâme et mépris *(oneidos, epitimē)*, de ce qui fait honneur et donne bonne réputation *(endoxos, entimos)*. Dès

---

1. XÉNOPHON, *Banquet*, VIII, 12. Sur les rapports entre éloge et précepte, cf. aussi ARISTOTE, *Rhétorique*, I, 9.

le début de l'*Eroticos* en tout cas, l'amoureux d'Épicrate souligne son objectif : que la louange apporte à l'aimé honneur et non pas honte, comme cela se produit lorsque les éloges sont prononcés par des poursuivants indiscrets[1]. Et il rappelle régulièrement cette préoccupation : il est important que le jeune homme se souvienne qu'en raison de sa naissance et de son statut, la moindre négligence sur une question d'honneur risque de le couvrir de honte ; il lui faut garder en mémoire, et à titre d'exemple, ceux qui, à force de vigilance, ont pu préserver leur honneur au cours de leur liaison[2] ; il doit prendre soin de ne pas « déshonorer ses qualités naturelles » et de ne pas tromper les espérances de ceux qui sont fiers de lui[3].

Le comportement d'un jeune homme apparaît donc comme un domaine particulièrement sensible au partage entre ce qui est honteux et ce qui est convenable, entre ce qui fait honneur et ce qui déshonore. C'est bien de cela que se préoccupent ceux qui veulent réfléchir sur les jeunes gens, sur l'amour qu'on leur porte et la conduite qu'ils doivent tenir. Pausanias, dans le *Banquet* de Platon, évoquant la diversité des mœurs et des coutumes, à propos des garçons, indique ce qui est jugé « honteux » ou « beau » en Élide, à Sparte, à Thèbes, en Ionie ou chez les Barbares et à Athènes enfin[4]. Et Phèdre rappelle le principe qu'on doit prendre pour guide dans la question de l'amour des jeunes gens comme dans la vie en général : « Aux vilaines choses s'attache le déshonneur ; aux belles, d'autre part, le désir d'estime : l'absence de l'un et de l'autre interdit à toute cité comme à tout particulier l'exercice d'une grande et belle activité[5]. » Mais il faut remarquer que cette question n'était pas simplement celle de quelques moralistes exigeants. La conduite d'un jeune homme, son honneur et son déshonneur étaient

---

1. DÉMOSTHÈNE, *Eroticos*, 1.
2. *Ibid.*, 5.
3. *Ibid.*, 53. La *Rhétorique* d'Aristote (I, 9) montre l'importance des catégories du *kalon* et de l'*aischron* dans l'éloge.
4. PLATON, *Banquet*, 182 a-d.
5. *Ibid.*, 178 d.

aussi l'objet de toute une curiosité sociale ; on y prêtait attention, on en parlait, on s'en souvenait : et pour attaquer Timarque, Eschine ne se fera pas scrupule de réactiver les ragots qui
ont pu courir, bien des années auparavant, lorsque son adversaire était encore un tout jeune homme[1]. D'ailleurs, l'*Eroticos*
montre bien en passant de quelle sollicitude soupçonneuse un
garçon était tout naturellement l'objet de la part de son entourage ; on l'observe, on le guette, on commente sa tenue et ses
relations ; autour de lui les mauvaises langues sont actives ; les
esprits malveillants sont prêts à le blâmer s'il se montre arro-
gant ou pimbêche ; mais ils se hâteront de le critiquer, s'il
manifeste trop de facilité[2]. On ne peut pas s'empêcher de
penser, évidemment, à ce qu'a pu être, dans d'autres sociétés, la situation des jeunes filles, lorsque, l'âge du mariage
étant considérablement reculé pour les femmes, leur
conduite prémaritale devenait, pour elle-même et pour leur
famille, un enjeu moral et social important.

2. Mais pour le garçon grec, l'importance de son honneur
ne concerne pas — comme plus tard pour la jeune fille
européenne — son futur mariage : elle touche plutôt son
statut, sa place à venir dans la cité. Bien sûr, on a mille
preuves que des garçons de réputation douteuse pouvaient
exercer les plus hautes fonctions politiques ; mais on a aussi
le témoignage que cela même pouvait leur être reproché —
sans compter les conséquences judiciaires considérables que
certaines inconduites pouvaient produire : l'affaire de Timarque le montre bien. L'auteur de l'*Eroticos* le rappelle
clairement au jeune Épicrate ; une part de son avenir, avec
le rang qu'il pourra occuper dans la ville, se joue, aujourd'hui même, d'après la manière, honorable ou non,
dont il saura se conduire : la cité, du moment qu'elle ne
veut pas faire appel aux premiers venus, saura tenir compte
des réputations acquises[3] ; et celui qui aura méprisé un bon

1. Eschine, *Contre Timarque*, 39-73.
2. Démosthène, *Eroticos*, 17-19.
3. *Ibid.*, 55.

conseil portera, sa vie entière, la peine de son aveuglement. Veiller, lorsqu'on est encore tout jeune, à sa propre conduite, mais surveiller aussi, lorsqu'on est devenu plus âgé, l'honneur des plus jeunes, sont donc deux choses nécessaires.

Cet âge de transition où le jeune homme est si désirable et son honneur si fragile constitue donc une période d'épreuve : un moment où s'éprouve sa valeur, en ce sens qu'elle a tout ensemble à se former, à s'exercer et à se mesurer. Quelques lignes, à la fin du texte, montrent bien le caractère de « test » que prend la conduite du garçon en cette période de sa vie. L'auteur de l'éloge, en exhortant Épicrate, lui rappelle qu'il va y avoir contestation *(agōn)*, et que le débat sera celui de la *dokimasie*[1] : il s'agit là du mot par lequel on désigne l'examen au terme duquel on accepte les jeunes gens dans l'éphébie ou les citoyens dans certaines magistratures. La conduite morale du jeune homme doit son importance et l'attention que tous doivent lui réserver à ce qu'elle vaut, aux yeux de tout le monde, épreuve qualificatrice. Le texte, d'ailleurs, le dit en clair : « Je pense... que notre cité te chargera d'administrer un de ses services, et que, plus tes dons sont éclatants, plus elle te jugera digne de postes importants, et plus vite elle voudra faire l'épreuve de tes capacités[2]. »

3. Sur quoi précisément porte l'épreuve ? Et à propos de quel type de conduite Épicrate doit-il veiller à opérer le partage entre ce qui est honorable et ce qui est déshonorant ? Sur les points bien connus de l'éducation grecque : la tenue du corps (éviter avec soin la *rhathumia*, cette mollesse qui est toujours un signe infamant), les regards (où peut se lire l'*aidōs*, la pudeur), la façon de parler (ne pas se réfugier dans la facilité du silence, mais savoir mêler propos sérieux et propos légers), la qualité des gens qu'on fréquente.

Mais c'est surtout dans le domaine de la conduite amoureuse que joue la distinction de l'honorable et du honteux.

1. *Ibid.*, 53.
2. *Ibid.*, 54.

Sur ce point, il convient d'abord de noter que l'auteur — et c'est en cela que le texte est éloge de l'amour en même temps que louange du jeune homme — critique l'opinion qui place l'honneur du garçon dans le rejet systématique des poursuivants : sans doute certains amoureux portent souillure à la relation elle-même *(lumainesthai tōi pragmati)*[1] ; mais on ne doit pas les confondre avec ceux qui font preuve de modération. Le texte ne trace pas la frontière de l'honneur entre ceux qui éconduisent leurs prétendants et ceux qui les acceptent. Pour un jeune homme grec, être poursuivi par des amoureux n'était évidemment pas un déshonneur : c'était plutôt la marque visible de ses qualités ; le nombre des soupirants pouvait être objet de fierté légitime, et parfois de vaine gloriole. Mais accepter la relation amoureuse, entrer dans le jeu (même si on ne jouait pas exactement celui que proposait l'amoureux) n'était pas non plus considéré comme une honte. À Épicrate, celui qui le loue fait comprendre qu'être beau et être aimé constitue une double chance *(eutuchia)*[2] : encore convient-il de s'en servir comme il faut *(orthōs chrēsthai)*. Là est le point sur lequel le texte insiste et où il marque ce qu'on pourrait appeler « le point de l'honneur » : ces choses *(ta pragmata)* ne sont pas, en elles-mêmes et absolument, bonnes ou mauvaises ; elles varient selon ceux qui les pratiquent *(para tous chrōmenous)*[3]. C'est « l'usage » qui détermine leur valeur morale, selon un principe qu'on trouve bien souvent formulé ailleurs ; ce sont en tout cas des expressions fort voisines qu'on rencontre dans le *Banquet* : « En cette matière rien d'absolu ; la chose n'a, toute seule et en elle-même, ni beauté ni laideur ; mais ce qui la fait belle, c'est la beauté de sa réalisation ; ce qui la fait laide, c'est la laideur de celle-ci[4]. »

Or, si on cherche à savoir comment, de façon précise, s'opère, dans la relation amoureuse, le partage de l'hon-

---

1. *Ibid.*, 3.
2. *Ibid.*, 5.
3. *Ibid.*, 4.
4. PLATON, *Banquet*, 183 d ; cf. aussi 181 a.

neur, il faut reconnaître que le texte est extrêmement ellip-
tique. Si le discours donne des indications sur ce qu'Épicrate doit faire ou a fait pour exercer son corps et former son
courage, ou pour acquérir les connaissances philosophiques
qui lui seront nécessaires, rien n'est dit sur ce qui, en
matière de relation physique, peut être admis ou rejeté. Une
chose est claire : tout ne doit pas être refusé (le jeune « accorde des faveurs »), mais tout ne doit pas être accepté :
« Personne n'est frustré de tes faveurs quand elles sont com-
patibles avec la justice et la morale ; pour celles qui aboutis-
sent à la honte, personne ne se risque à en concevoir même
l'espérance : si grande est la liberté que ta tempérance
accorde à tous ceux qui ont les meilleures intentions ; si
grand est le découragement qu'elle inspire à ceux qui veulent s'enhardir[1]. » La tempérance — la *sōphrosunē* —, qui
est exigée comme une des qualités majeures des garçons,
implique bien une discrimination dans les contacts physiques. Mais, de ce texte, on ne peut inférer les actes et les
gestes que l'honneur imposerait de refuser. Il faut remarquer que dans le *Phèdre* où pourtant le thème est développé
avec beaucoup plus d'ampleur, l'imprécision est presque
aussi grande. Tout au long des deux premiers discours sur
l'opportunité de céder à qui aime ou à qui n'aime pas, et
dans la grande fable de l'attelage de l'âme avec son cheval
rétif et son cheval docile, le texte de Platon montre que la
question de la pratique « honorable » est essentielle : et
pourtant les actes ne sont jamais désignés que par des
expressions comme « complaire » ou « accorder ses faveurs »
(charizesthai), « faire la chose » *(diaprattesthai)*, « tirer le
plus de plaisir possible de l'aimé », « obtenir ce qu'on veut »
(peithesthai), « prendre des plaisirs » *(apolauesthai)*. Dis-
crétion inhérente à ce genre de discours ? Sans aucun
doute, et les Grecs auraient trouvé indécent qu'on nomme
précisément dans un discours d'apparat des choses qui,
même dans des polémiques ou des plaidoyers, ne sont évo-
quées que de loin. On peut penser aussi qu'il n'était

---

1. DÉMOSTHÈNE, *Eroticos*, 20.

guère nécessaire d'insister sur des distinctions qui étaient connues de tous : chacun devait bien savoir ce qu'il est, pour un garçon, honorable ou honteux d'accepter. Mais on peut rappeler aussi ce qui était apparu déjà avec la Diététique et l'Économique : la réflexion morale s'attache moins alors à définir au plus juste les codes à respecter et le tableau des actes permis et défendus, et bien davantage à caractériser le type d'attitude, de rapport à soi-même qui est requis.

4. De fait, le texte fait bien voir, sinon les formes gestuelles à respecter et les limites physiques à ne pas franchir, du moins le principe général qui détermine en cet ordre de choses la manière d'être, la façon de se conduire. Tout l'éloge d'Épicrate renvoie à un contexte agonistique où le mérite et l'éclat du jeune homme doivent s'affirmer par sa supériorité sur les autres. Passons sur ces thèmes si fréquents dans les discours d'apparat : à savoir que celui dont on fait l'éloge l'emporte encore sur la louange qu'on en fait, et que les paroles risquent d'être moins belles que celui dont elles parlent[1] ; ou encore que le garçon est supérieur à tous les autres par ses qualités physiques et morales : sa beauté est incomparable, comme si la « Fortune », en combinant les qualités les plus diverses et les plus opposées, avait voulu « donner un exemple » à tous[2] ; non seulement ses dons mais sa conversation le mettent au-dessus des autres[3] ; parmi tous les exercices où on peut briller, il a choisi le plus noble, et le plus récompensé[4] ; son âme est préparée « aux rivalités de l'ambition » ; et non content de se distinguer par une qualité, il réunit « toutes celles dont un homme sensé pourrait se piquer[5] ».

Pourtant, le mérite d'Épicrate n'est pas seulement dans cette abondance de qualités qui lui permet de distancer tous

---

1. *Ibid.*, 7, 33, 16.
2. *Ibid.*, 8, 14.
3. *Ibid.*, 21.
4. *Ibid.*, 23, 25.
5. *Ibid.*, 30.

ses rivaux et de faire la gloire de ses parents[1] ; il consiste aussi en ce que, par rapport à ceux qui l'approchent, il garde toujours sa valeur éminente ; il ne se laisse dominer par aucun d'eux ; tous veulent l'attirer dans leur intimité — le mot *sunētheia* a à la fois le sens général de vie commune et de rapport sexuel[2] ; mais il l'emporte sur eux de telle manière, il prend sur eux un tel ascendant qu'ils trouvent tout leur plaisir dans l'amitié qu'ils éprouvent pour lui[3]. Ne pas céder, ne pas se soumettre, rester le plus fort, l'emporter par sa résistance, sa fermeté, sa tempérance *(sōphrosunē)*, sur les poursuivants et les amoureux : voilà comment le jeune homme affirme sa valeur dans le domaine amoureux.

Faut-il, sous cette indication générale, imaginer un code précis, et qui serait fondé sur l'analogie si familière aux Grecs entre les positions dans le champ social (avec la différence entre les « premiers » et les autres, les puissants qui commandent et ceux qui obéissent, les maîtres et les serviteurs) et la forme des relations sexuelles (avec les positions dominantes et dominées, les rôles actifs et passifs, la pénétration exercée par l'homme et subie par son partenaire) ? Dire qu'il ne faut pas céder, ne pas laisser les autres l'emporter, ne pas accepter une position inférieure où on aurait le dessous, c'est sans doute exclure, ou déconseiller, des pratiques sexuelles qui seraient pour le garçon humiliantes et par lesquelles il se trouverait mis en position d'infériorité[4].

Mais il est vraisemblable que le principe de l'honneur et de la « supériorité » maintenue se réfère — au-delà de quelques prescriptions précises — à une sorte de style général : il ne fallait pas (surtout aux yeux de l'opinion) que le garçon se conduise « passivement », qu'il se laisse faire et dominer, qu'il cède sans combat, qu'il devienne le partenaire

---

1. *Ibid.*, 31.
2. *Ibid.*, 17.
3. *Ibid.*, 17.
4. Sur l'importance de n'être pas dominé et les réticences à propos de la sodomie et de la fellation passives, dans les relations homosexuelles, cf. K. J. DOVER, *Homosexualité grecque*, pp. 125-134.

complaisant des voluptés de l'autre, qu'il satisfasse ses caprices, et qu'il offre son corps à qui veut et comme il veut, par mollesse, par goût de la volupté ou par intérêt. C'est là le déshonneur des garçons qui acceptent le premier venu, qui s'affichent sans scrupule, qui passent de main en main, qui accordent tout au plus offrant. C'est ce qu'Épicrate ne fait pas et ne fera pas, soucieux comme il l'est de l'opinion qu'on a de lui, du rang qu'il aura à tenir, et des relations utiles qu'il peut nouer.

5. Qu'il suffise de mentionner encore rapidement le rôle que l'auteur de l'*Eroticos* fait jouer à la philosophie dans ce gardiennage de l'honneur et ces joutes de supériorité auxquels le jeune homme est invité comme à des épreuves propres à son âge. Cette philosophie, dont le contenu n'est guère précisé autrement que par référence au thème socratique de l'*epimeleia heautou*, « du souci de soi »[1], et à la nécessité, elle aussi socratique, de lier savoir et exercice *(epistēmē-meletē)*, — cette philosophie n'apparaît pas comme un principe pour mener une autre vie, ni pour s'abstenir de tous les plaisirs. Elle est appelée par le Pseudo-Démosthène comme complément indispensable des autres épreuves : « Dis-toi qu'il est on ne peut plus insensé, d'un côté, de montrer de l'émulation et d'essuyer nombre d'épreuves pour augmenter son gain, sa vigueur physique et tous les avantages de cette sorte... et de ne pas chercher les moyens de perfectionner la faculté qui préside à tout le reste[2]. » Ce que la philosophie est capable de montrer, en effet, c'est à devenir « plus fort que soi » et lorsqu'on l'est devenu, elle donne en outre la possibilité de l'emporter sur les autres. Elle est, par elle-même, principe de commandement puisque c'est elle et elle seule qui est capable de diriger la pensée : « Dans les affaires humaines, la pensée mène tout et, à son tour, la philosophie peut bien la diriger en même temps que l'exercer[3]. » On voit

1. *Eroticos*, 39-43.
2. *Ibid.*, 38.
3. *Ibid.*, 37.

que la philosophie est un bien nécessaire à la sagesse du jeune homme ; non point cependant pour le détourner vers une autre forme de vie, mais pour lui permettre d'exercer la maîtrise de soi et la victoire sur les autres, dans le jeu difficile des épreuves à affronter et de l'honneur à sauvegarder.

Tout cet *Eroticos* tourne, on le voit, autour du problème de cette double supériorité sur soi et sur les autres en cette phase difficile où la jeunesse et la beauté du garçon attirent tant d'hommes qui cherchent à « l'emporter » sur lui. Dans la Diététique, il était question surtout de la maîtrise sur soi et sur la violence d'un acte périlleux ; dans l'Économique il était question du pouvoir qu'on doit exercer sur soi dans la pratique du pouvoir qu'on exerce sur la femme. Ici, dès lors que l'Érotique prend le point de vue du garçon, le problème est de savoir comment il va pouvoir assurer sa maîtrise en ne cédant pas aux autres. On est dans l'ordre, non de la mesure à apporter à son propre pouvoir, mais de la meilleure façon de se mesurer au pouvoir des autres en assurant sur soi-même sa propre maîtrise. En cela, un bref récit qui figure au milieu du discours prend une valeur symbolique. Il s'agit d'un lieu commun : la narration d'une course de chars. Mais le petit drame sportif qui est raconté est en relation directe avec l'épreuve publique que subit le jeune homme dans sa conduite avec ses poursuivants ; on y voit Épicrate conduire son attelage (la référence au *Phèdre* est vraisemblable) ; il frôle la défaite, son char est tout près d'être fracassé par un attelage adverse ; la foule, malgré le goût qu'elle a en général des accidents, se passionne pour le héros, tandis que lui, « plus fort même que la vigueur de son attelage, parvient à l'emporter sur les plus favorisés de ses rivaux[1] ».

Cette prose à Épicrate n'est certainement pas une des formes les plus hautes de la réflexion grecque sur l'amour. Mais elle fait bien apparaître dans sa banalité même quel-

1. *Ibid.*, 29-30.

ques aspects importants de ce qui constitue « le problème grec des garçons ». Le jeune homme — entre la sortie de l'enfance et le moment où il atteint le statut viril — constitue pour la morale et la pensée grecques un élément délicat et difficile. Sa jeunesse avec la beauté qui lui appartient (et à laquelle il est entendu que tout homme est, par nature, sensible), et le statut qui sera le sien (et auquel il doit, avec l'aide et sous la caution de son entourage, se préparer) forment un point « stratégique » autour duquel un jeu complexe est requis ; son honneur qui dépend pour une part de l'usage qu'il fait de son corps et qui va déterminer aussi dans une certaine mesure sa réputation et son rôle futurs est un enjeu important. Il y a là pour lui une épreuve qui demande application et exercice : il y a là aussi, pour les autres, occasion de souci et de soin. Tout à la fin de son éloge d'Épicrate, l'auteur rappelle que la vie du garçon, son *bios*, doit être une œuvre « commune » ; et comme s'il s'agissait d'une œuvre d'art à parfaire, il appelle tous ceux qui connaissent Épicrate à donner à cette figure à venir « le plus d'éclat possible ».

Plus tard, dans la culture européenne, la jeune fille ou la femme mariée, avec leur conduite, leur vertu, leur beauté et leurs sentiments, deviendront des thèmes de souci privilégié ; un art nouveau de les courtiser, une littérature de forme essentiellement romanesque, une morale exigeante et attentive à l'intégrité de leur corps et à la solidité de leur engagement matrimonial, tout cela attirera autour d'elles les curiosités et les désirs. Quelle que soit l'infériorité maintenue de leur position dans la famille ou dans la société, il y aura alors une accentuation, une valorisation du « problème » de la femme. Sa nature, sa conduite, les sentiments qu'elle inspire ou éprouve, le rapport permis ou défendu qu'on peut avoir avec elle deviendront des thèmes de réflexion, de savoir, d'analyse, de prescriptions. Il semble bien, en revanche, que ce soit à propos du garçon que la problématisation, dans la Grèce classique, a été la plus active, entretenant autour de sa beauté fragile, de son honneur corporel, de sa sagesse et de l'apprentissage qu'elle requiert, un intense souci moral. La singularité historique n'est pas en ceci que les Grecs trouvaient plaisir aux garçons, ni même qu'ils aient accepté ce plaisir comme légitime. Elle est en ceci que cette acceptation du plaisir n'était pas simple, et qu'elle a donné lieu à toute une élaboration culturelle. Pour parler schématiquement, ce qu'il faut saisir, ici, ce n'est pas pourquoi les Grecs avaient le goût des garçons mais pourquoi ils avaient une « pédérastie » : c'est-à-dire pourquoi, autour de ce goût, ils ont élaboré une pratique de cour, une réflexion morale et, on le verra, un ascétisme philosophique.

3

L'OBJET DU PLAISIR

Pour comprendre de quelle façon l'usage des *aphrodisia* est problématisé dans la réflexion sur l'amour des garçons, il faut se rappeler un principe qui n'est pas propre sans doute à la culture grecque, mais qui y a pris une importance considérable et a exercé, dans les appréciations morales, un pouvoir déterminant. Il s'agit du principe d'isomorphisme entre relation sexuelle et rapport social. Par là, il faut entendre que le rapport sexuel — toujours pensé à partir de l'acte-modèle de la pénétration et d'une polarité qui oppose activité et passivité — est perçu comme de même type que le rapport entre le supérieur et l'inférieur, celui qui domine et celui qui est dominé, celui qui soumet et celui qui est soumis, celui qui l'emporte et celui qui est vaincu. Les pratiques de plaisir sont réfléchies à travers les mêmes catégories que le champ des rivalités et des hiérarchies sociales : analogie dans la structure agonistique, dans les oppositions et différenciations, dans les valeurs affectées aux rôles respectifs des partenaires. Et à partir de là, on peut comprendre qu'il y a dans le comportement sexuel un rôle qui est intrinsèquement honorable, et qui est valorisé de plein droit : c'est celui qui consiste à être actif, à dominer, à pénétrer et à exercer ainsi sa supériorité.

De là plusieurs conséquences concernant le statut de ceux qui doivent être les partenaires passifs de cette activité. Les esclaves, cela va de soi, sont à la disposition du maître : leur condition en fait des objets sexuels à propos desquels il n'y a

pas à s'interroger ; au point même qu'il arrivait qu'on
s'étonne que la même loi interdise le viol des esclaves et
celui des enfants ; pour expliquer cette étrangeté, Eschine
avance qu'on a voulu montrer, en la prohibant même à
l'égard des esclaves, combien la violence était chose grave
quand elle s'adressait à des enfants de bonne naissance.
Quant à la passivité de la femme, elle marque bien une
infériorité de nature et de condition ; mais elle n'est pas à
blâmer comme conduite, puisque précisément elle est
conforme à ce qu'a voulu la nature et à ce qui impose le
statut. En revanche, tout ce qui dans le comportement
sexuel pourrait faire porter à un homme libre — et plus
encore à un homme qui par sa naissance, sa fortune, son
prestige occupe, ou devrait occuper, les premiers rangs parmi les autres — les marques de l'infériorité, de la domination subie, de la servitude acceptée ne peut être considéré
que comme honteux : honte plus grande encore s'il se prête
comme objet complaisant au plaisir de l'autre.

Or, dans un jeu de valeurs réglé selon de tels principes, la
position du garçon — du garçon de naissance libre — est
difficile. Bien sûr, il est encore en position « inférieure » en
ce sens qu'il est loin de bénéficier des droits et pouvoirs qui
seront les siens lorsqu'il aura acquis la plénitude de son
statut. Et pourtant, sa place n'est superposable ni à celle
d'un esclave, bien sûr, ni à celle d'une femme. Cela est déjà
vrai dans le cadre de la maisonnée et de la famille. Un passage d'Aristote, dans la *Politique*, le dit clairement. Traitant
des relations d'autorité et des formes de gouvernement propres à la famille, Aristote définit par rapport au chef de
famille la position de l'esclave, celle de la femme et celle de
l'enfant (mâle). Gouverner des esclaves, dit Aristote, ce
n'est pas gouverner des êtres libres ; gouverner une femme,
c'est exercer un pouvoir « politique » dans lequel les rapports sont de permanente inégalité ; le gouvernement des
enfants, en revanche, peut être dit « royal » parce qu'il repose « sur l'affection et la supériorité de l'âge[1] ». En effet, la

1. Aristote, *Politique*, I, 12, 1 259 a-b.

faculté délibérative manque chez l'esclave ; elle est bien présente chez la femme, mais elle n'exerce pas chez elle la fonction de décision ; chez le garçon, le défaut ne porte que sur le degré de développement qui n'a pas encore atteint son terme. Et si l'éducation morale des femmes est importante puisque celles-ci constituent la moitié de la population libre, celle des enfants mâles l'est davantage ; car elle concerne de futurs citoyens qui participeront au gouvernement de la cité[1]. On le voit bien : le caractère propre de la position d'un garçon, la forme particulière de sa dépendance, et la manière dont on doit le traiter, même dans l'espace où s'exerce le pouvoir considérable du père de famille, se trouvent marqués par le statut qui sera le sien dans l'avenir.

Il en est jusqu'à un certain point de même dans le jeu des relations sexuelles. Parmi les divers « objets » qui sont légitimés, le garçon occupe une position particulière. Il n'est certes pas un objet interdit ; à Athènes, certaines lois protègent les enfants libres (contre les adultes, qui pendant un temps au moins n'auront pas le droit d'entrer dans les écoles, contre les esclaves qui encourent la mort s'ils cherchent à les corrompre, contre leur père ou tuteur qui sont punis s'ils les prostituent)[2] ; mais rien n'empêche ni n'interdit qu'un adolescent soit aux yeux de tous le partenaire sexuel d'un homme. Et pourtant, dans ce rôle, il y a comme une difficulté intrinsèque : quelque chose qui tout à la fois empêche de définir clairement et de bien préciser en quoi consiste ce rôle dans la relation sexuelle, et qui attire pourtant l'attention sur ce point et fait accorder une grande importance et beaucoup de valeur à ce qui doit ou ne doit pas s'y passer. Il y a là tout ensemble comme une tache aveugle et un point de survalorisation. Le rôle du garçon est un élément où viennent se rejoindre beaucoup d'incertitude et un intérêt intense.

Eschine, dans le *Contre Timarque*, fait usage d'une loi qui est par elle-même fort intéressante parce qu'elle concerne

---

1. *Ibid.*, 1, 13, 1 260 b.
2. Cf. les lois citées par ESCHINE dans le *Contre Timarque*, 9-18.

les effets de disqualification civique et politique que la mauvaise conduite sexuelle d'un homme — très exactement la « prostitution » — peut entraîner parce qu'elle lui interdit par la suite « d'être admis au rang des neuf archontes, d'exercer un sacerdoce, de remplir les fonctions d'avocat public ». Celui qui s'est prostitué ne pourra plus exercer aucune magistrature dans la cité ou au-dehors, élective ou conférée par le sort. Il ne pourra remplir les fonctions de trésorier ni celles d'ambassadeur, ni devenir accusateur ou dénonciateur salarié, de ceux qui font partie d'une ambassade. Enfin, il ne pourra plus exprimer son opinion devant le Conseil ou devant le peuple, fût-il « le plus éloquent des orateurs[1] ». Cette loi fait donc de la prostitution masculine un cas d'atimie — de déshonneur public — qui exclut le citoyen de certaines responsabilités[2]. Mais la manière dont Eschine mène son plaidoyer, et cherche, à travers la discussion proprement juridique, à compromettre son adversaire, montre bien la relation d'incompatibilité « morale », autant que légale, qui est reconnue entre certains rôles sexuels chez les garçons et certains rôles sociaux et politiques chez l'adulte.

L'argumentation juridique d'Eschine consiste à partir de la « mauvaise conduite » de Timarque attestée par rumeurs, ragots et témoignages, à retrouver certains éléments constitutifs de la prostitution (nombre de partenaires, absence de choix, paiement de service) alors que certains autres font défaut (il n'a pas été enregistré comme prostitué et il n'a pas séjourné dans une maison). Quand il était jeune et joli, il est passé dans de nombreuses mains, et pas toujours bien honorables puisqu'on l'a vu vivre avec un homme de condition servile et chez un débauché notoire qui vivait entouré de chanteurs et de joueurs de cithare ; il a reçu des cadeaux, il a été entretenu, il a pris part aux extravagances de ses protecteurs ; on lui a connu Cidonide, Autoclide, Thersande, Migolas, Anticlès, Pittolacos, Hégésiclès. Il n'est donc pas

---

1. *Ibid.*, 19-20.
2. K. J. Dover (*Homosexualité grecque*, pp. 44-45) souligne que ce qui était condamnable, ce n'était pas la prostitution elle-même ; mais le fait, quand on avait été prostitué, d'enfreindre les incapacités qui en découlaient.

possible de dire seulement qu'il a vécu en ayant des liaisons *(hetairēkōs)*, mais qu'il s'est « prostitué » *(peporneumenos)* : « car celui qui se livre à ces pratiques sans choisir, avec tout le monde et pour un salaire, c'est bien de ce crime, n'est-il pas vrai, qu'il doit répondre[1] ? »

Mais l'accusation joue aussi sur un registre moral qui permet non pas simplement d'établir le délit, mais de compromettre globalement et politiquement l'adversaire. Timarque n'a peut-être pas été formellement un prostitué professionnel ; mais il est tout autre chose qu'un de ces hommes respectables qui ne cachent pas leur goût des amours masculines et qui entretiennent, avec des garçons libres, des relations honorables et précieuses pour le jeune partenaire : Eschine reconnaît qu'il partage volontiers lui-même ce genre d'amour. Il décrit Timarque comme un homme qui, au cours de sa jeunesse, s'est placé lui-même et s'est montré à tous dans la position inférieure et humiliante d'un objet de plaisir pour les autres ; ce rôle, il l'a voulu, il l'a cherché, il s'y est complu, et il en a tiré profit. Et c'est cela qu'Eschine fait valoir, devant ses auditeurs, comme moralement, politiquement incompatible avec les responsabilités et l'exercice du pouvoir dans la cité. Un homme qui a été marqué par le rôle où il s'est complu dans sa jeunesse ne saurait jouer maintenant, sans scandale, le rôle de celui qui, dans la cité, est supérieur aux autres, leur donne des amis, les conseille dans leurs décisions, les dirige et les représente. Ce qui est difficile à accepter pour les Athéniens — tel est, dans le discours contre Timarque, le sentiment qu'Eschine essaie d'attiser —, ce n'est pas qu'on ne saurait être gouverné par quelqu'un qui aime les garçons, ou qui, jeune, a été aimé par un homme ; mais qu'on ne peut pas accepter l'autorité d'un chef qui s'est identifié autrefois avec le rôle d'objet de plaisir pour les autres.

C'est bien d'ailleurs à ce sentiment qu'Aristophane avait fait si souvent appel dans ses comédies ; le point de la moquerie et ce qui devait faire scandale c'était que ces ora-

---

1. ESCHINE, *Contre Timarque*, 52.

teurs, ces chefs suivis et aimés, ces citoyens qui cherchaient
à séduire le peuple pour se placer au-dessus de lui, et le
dominer, Cléon de Clisthène comme Agyrrhios, étaient aussi des gens qui avaient accepté et acceptaient encore de jouer
pour les autres le rôle d'objets passifs et complaisants. Et
Aristophane ironisait sur cette démocratie athénienne où on
avait d'autant plus de chances d'être écouté de l'Assemblée
qu'on avait plus de goût pour les plaisirs de cette sorte[1]. De
la même façon et dans le même esprit, Diogène se moquait
de Démosthène et des mœurs qu'il avait, lui qui prétendait
être le conducteur (le *dēmagōgos*) du peuple athénien[2].
Lorsque, dans le jeu de relations de plaisir, on joue le rôle
du dominé, on ne saurait occuper valablement la place du
dominant dans le jeu de l'activité civique et politique.

Peu importe ce qu'il pouvait y avoir de justification, dans
la réalité, à ces satires et à ces critiques. Par leur seule existence, il y a au moins une chose qu'elles indiquent clairement : c'est, dans cette société qui admettait les relations
sexuelles entre hommes, la difficulté provoquée par la juxtaposition d'une éthique de la supériorité virile et d'une
conception de tout rapport sexuel selon le schéma de la
pénétration et de la domination mâle ; la conséquence en
est d'une part que le rôle de l'« activité » et de la domination
est affecté de valeurs constamment positives, mais d'autre
part qu'il faut prêter à l'un des partenaires dans l'acte
sexuel la position passive, dominée et inférieure. Et s'il n'y a
pas là de problème quand il s'agit d'une femme ou d'un
esclave, c'est tout autre chose quand il s'agit d'un homme.
C'est sans doute l'existence de cette difficulté qui explique à
la fois le silence dont on a entouré de fait ce rapport entre
adultes et la bruyante disqualification de ceux qui
justement brisaient ce silence en marquant leur acceptation, ou mieux, leur préférence, pour ce rôle « inférieur ».
C'est en fonction également de cette difficulté que toute l'at-

---

1. Aristophane, *Cavaliers*, v. 428 sq ; *Assemblée des femmes*, v. 112 sq. Cf. F. Buffière,
Éros adolescent, pp. 185-186.
2. Diogène Laërce, *Vie des Philosophes*, VI, 2, 34.

tention a été concentrée sur le rapport entre hommes et garçons, puisque là l'un des deux partenaires, par sa jeunesse et par le fait qu'il n'a pas encore atteint un statut viril, peut être, pour un temps qu'on sait bref, objet recevable de plaisir. Mais si le garçon, par son charme propre, peut bien être pour les hommes une proie qu'ils poursuivent sans qu'il y ait scandale ni problème, il ne faut pas oublier qu'il aura un jour à être homme, à exercer des pouvoirs et des responsabilités, ne pouvant plus être évidemment objet de plaisir : dans quelle mesure pourra-t-il l'avoir été ?

De là ce qu'on pourrait appeler l'« antinomie du garçon » dans la morale grecque des *aphrodisia*. D'un côté, le jeune homme est reconnu comme objet de plaisir — et même comme le seul objet honorable et légitime parmi les partenaires masculins de l'homme ; jamais on ne reprochera à quiconque d'aimer un garçon, d'en avoir envie et d'en jouir, pourvu que lois et convenances soient respectées. Mais d'un autre côté, le garçon, puisque sa jeunesse doit l'amener à être un homme, ne peut accepter de se reconnaître comme objet dans cette relation qui est toujours pensée dans la forme de la domination : il ne peut ni ne doit s'identifier à ce rôle. Il ne saurait être de son plein gré, à ses propres yeux et pour lui-même, cet objet de plaisir, alors que l'homme aime à le choisir tout naturellement comme objet de plaisir. En bref, éprouver de la volupté, être sujet de plaisir avec un garçon ne fait pas de problème pour les Grecs ; en revanche, être objet de plaisir et se reconnaître comme tel constitue pour le garçon une difficulté majeure. Le rapport qu'il doit établir à lui-même pour devenir un homme libre, maître de lui-même et capable de l'emporter sur les autres, ne saurait être en coïncidence avec une forme de rapport où il serait objet de plaisir pour un autre. Cette non-coïncidence est moralement nécessaire.

Une telle difficulté explique certains traits propres à la réflexion sur l'amour du garçon.

Et en tout premier lieu, une oscillation pour nous assez énigmatique à propos du caractère naturel ou « contre nature » de cet amour. D'un côté, on tient pour acquis que le mouvement qui porte vers les garçons est naturel comme l'est tout mouvement qui fait dériver ce qui est beau. Et pourtant, il n'est pas exceptionnel de trouver l'affirmation que le rapport entre deux hommes, ou plus généralement entre deux individus de même sexe, est *para phusin*, hors nature. On peut évidemment considérer que ce sont là deux opinions qui marquent deux attitudes : l'une favorable, l'autre hostile à l'égard de cette sorte d'amour. Mais la possibilité même de ces deux appréciations est inscrite vraisemblablement dans le fait que si on admet de toute évidence comme naturel de trouver du plaisir avec un garçon, il est beaucoup plus difficile d'accepter comme naturel ce qui fait d'un garçon un objet de plaisir. De sorte qu'à l'acte même qui se déroule entre deux individus masculins, on peut faire l'objection d'être *para phusin* — puisqu'il *féminise* un des partenaires — alors que le désir qu'on peut avoir de la beauté n'en est pas moins considéré comme naturel. Les cyniques n'étaient pas des adversaires de l'amour des garçons, même s'ils se moquaient avec beaucoup de hargne de tous les garçons qui par leur passivité acceptent de déchoir de leur nature et de se rendre ainsi « pires qu'ils en étaient[1] ». Quant à Platon, il n'est pas nécessaire de supposer que, partisan dans sa jeunesse de l'amour masculin, il s'était par la suite « assagi » au point de le condamner dans ses derniers textes comme un rapport « contre nature ». Il faut plutôt noter qu'au début des *Lois*, quand il oppose la relation avec les femmes comme un élément de nature, et la relation entre hommes (ou entre femmes) comme un effet de l'incontinence *(akrasia)*, il se réfère à l'acte lui-même de l'accouplement (prévu par la nature pour la procréation) et il pense aux institutions qui sont susceptibles de favoriser ou de pervertir les mœurs des citoyens[2]. De même, dans le passage du livre VIII où il envisage la nécessité — et la difficulté — d'une loi concernant les relations sexuelles, les arguments qu'il fait valoir concernent ce qu'il peut y avoir

---

1. DIOGÈNE LAËRCE, *Vie des Philosophes*, VI, 2, 59 (cf. aussi 54 et 46).
2. PLATON, *Lois*, I, 636 b-c.

de nocif à « user, comme des femmes », d'hommes et de jeunes garçons dans la conjonction sexuelle *(mixis aphrodisiōn)* : chez celui qui est séduit, comment pourrait se former « un caractère courageux, viril » *(to tēs andreias ethos)* ? Et chez le séducteur, « un esprit de tempérance » ? « De celui qui cède aux plaisirs et ne peut résister, tout le monde blâmera la mollesse », et « chez celui qui cherche à imiter la femme, tout le monde réprouvera l'image trop ressemblante qu'il en devient[1] ».

La difficulté à penser le garçon comme objet de plaisir se traduit aussi par une série de réticences fort marquées. Réticence à évoquer directement et en termes propres le rôle du garçon dans la relation sexuelle : tantôt on utilisera des expressions tout à fait générales, comme faire la chose *(diaprattesthai to pragma)*[2], tantôt on la désigne à travers l'impossibilité même de la nommer[3], tantôt encore — et c'est là ce qui est le plus significatif du problème posé par cette relation — en ayant recours à des termes qui relèvent des métaphores « agonistiques » ou politiques — « céder », « se soumettre » *(huperetein)*, « se mettre au service » *(therapeuein, hupourgein)*[4].

Mais réticence également à convenir que le garçon peut éprouver du plaisir. Cette « dénégation » est à prendre à la fois comme l'affirmation qu'un tel plaisir ne saurait exister et la prescription qu'il ne doit pas être éprouvé. Ayant à expliquer pourquoi si souvent l'amour tourne en haine lorsqu'il passe par des relations physiques, Socrate, dans le *Banquet* de Xénophon, évoque le désagrément qu'il peut y avoir pour un jeune homme à avoir rapport *(homilein)* avec un homme vieillissant. Mais il ajoute aussitôt comme principe général : « Un garçon d'ailleurs ne participe pas comme une femme aux voluptés amoureuses d'un homme, mais il

---

1. *Ibid.*, VIII, 836 c-d. Dans le *Phèdre*, la forme physique de la relation où l'homme se conduit « en bête à quatre pattes » est dite « contre nature » (250 e).

2. Ou *diaprattesthai*, cf. *Phèdre*, 256 c.

3. XÉNOPHON, *Banquet*, IV, 15.

4. XÉNOPHON, *Hiéron*, I et VII ; ou PLATON, *Banquet*, 184 c-d. Voir K. J. DOVER, *Homosexualité grecque*, p. 62.

reste le spectateur à jeun de son ardeur sensuelle[1]. » Entre
l'homme et le garçon, il n'y a pas — il ne peut pas et il ne
doit pas y avoir — communauté de plaisir. L'auteur des
Problèmes n'en admettra la possibilité chez quelques individus qu'au prix d'une irrégularité anatomique. Et personne
n'est plus sévèrement condamné que les garçons qui montrent par leur facilité à céder, par la multiplicité de leurs
liaisons, ou encore par leur tenue, leur maquillage, leurs
ornements ou leurs parfums qu'ils peuvent trouver du plaisir à jouer ce rôle.

Ce qui ne veut pas dire pour autant que le garçon, lorsqu'il lui arrive de céder, doive le faire en quelque sorte en
toute froideur. Il ne doit au contraire céder que s'il éprouve
à l'égard de son amant des sentiments d'admiration, ou de
reconnaissance et d'attachement, qui lui font souhaiter lui
faire plaisir. Le verbe *charizesthai* est couramment employé
pour désigner le fait que le garçon « accepte » et « accorde
ses faveurs »[2]. Le mot indique bien qu'il y a de l'aimé à
l'amant autre chose qu'une simple « reddition » ; le jeune
homme « accorde ses faveurs », par un mouvement qui
consent à un désir et à la demande de l'autre, mais qui n'est
pas de même nature. C'est une réponse ; ce n'est pas le partage d'une sensation. Le garçon n'a pas à être titulaire d'un
plaisir physique ; il n'a même pas exactement à prendre
plaisir au plaisir de l'homme ; il a, s'il cède quand il faut,
c'est-à-dire sans trop de précipitation, ni trop de mauvaise
grâce, à ressentir un contentement à donner du plaisir à
l'autre.

Le rapport sexuel avec le garçon demande donc, de la
part de chacun des deux partenaires, des conduites particulières. Conséquence du fait que le garçon ne peut s'identifier
au rôle qu'il a à jouer, il devra refuser, résister, fuir, se
dérober[3] ; il faudra aussi qu'il mette au consentement, si en
fin de compte il l'accorde, des conditions concernant celui à

1. XÉNOPHON, *Banquet*, VIII, 21.
2. PLATON, *Banquet*, 184 e.
3. *Ibid.*, 184 a.

qui il cède (sa valeur, son statut, sa vertu) et le bénéfice qu'il peut en attendre (bénéfice plutôt honteux s'il ne s'agit que d'argent, mais honorable s'il s'agit de l'apprentissage du métier d'homme, des appuis sociaux pour l'avenir, ou d'une amitié durable). Et justement, ce sont des bienfaits de ce genre que l'amant doit pouvoir fournir, en plus des cadeaux plus statutaires qu'il convient de faire (et dont l'importance et la valeur varient avec la condition des partenaires). De sorte que l'acte sexuel, dans la relation entre un homme et un garçon, doit être pris dans un jeu de refus, d'esquives et de fuite qui tend à le reporter aussi loin que possible, mais aussi dans un processus d'échanges qui fixe quand et à quelles conditions il est convenable qu'il se produise.

En somme, le garçon a à donner par complaisance, et donc pour autre chose que son propre plaisir, quelque chose que son partenaire cherche pour le plaisir qu'il va y prendre : mais celui-ci ne peut le demander légitimement sans la contrepartie de cadeaux, de bienfaits, de promesses et d'engagements qui sont d'un tout autre ordre que le « don » qui lui est fait. De là cette tendance si manifestement marquée dans la réflexion grecque sur l'amour des garçons : comment intégrer ce rapport dans un ensemble plus vaste et lui permettre de se transformer en un autre type de relation : une relation stable, où la relation physique n'aura plus d'importance et où les deux partenaires pourront partager les mêmes sentiments et les mêmes biens ? L'amour des garçons ne peut être moralement honorable que s'il comporte (grâce aux bienfaits raisonnables de l'amant, grâce à la complaisance réservée de l'aimé) les éléments qui constituent les fondements d'une transformation de cet amour en un lien définitif et socialement précieux, celui de *philia*.

On aurait bien tort de croire que les Grecs, puisqu'ils n'interdisaient pas ce genre de rapport, ne s'inquiétaient pas de ses implications. Plus que toute autre relation sexuelle, celle-ci les « intéressait » et tout montre qu'ils s'en souciaient. Mais on peut dire que, dans une pensée comme la nôtre, le rapport entre deux individus de même sexe est interrogé avant tout du point de vue du sujet du désir : comment peut-il se faire, chez un homme, qu'un désir se forme qui a pour objet un autre homme ? Et on sait bien que c'est du côté d'une certaine structuration de ce désir (du côté de son ambivalence, ou de son manque) qu'on cherchera le principe d'une réponse. La préoccupation des Grecs, en revanche, ne concernait pas le désir qui pouvait porter à ce genre de relation, ni le sujet de ce désir ; leur inquiétude allait à l'objet du plaisir, ou plus exactement à cet objet dans la mesure où il aura à devenir à son tour le maître dans le plaisir qu'on prend avec les autres et dans le pouvoir qu'on exerce sur soi-même.

C'est en ce point de la problématisation (comment de l'objet de plaisir faire le sujet maître de ses plaisirs ?) que l'érotique philosophique, ou en tout cas la réflexion socratico-platonicienne sur l'amour va prendre son point de départ.

CHAPITRE V

Le véritable amour

C'est encore de l'Érotique, comme art réfléchi de l'amour (et singulièrement de l'amour des garçons), qu'il va être question dans ce chapitre. Mais elle sera, cette fois, envisagée comme cadre de développement du quatrième des grands thèmes d'austérité qui ont parcouru, tout au long de son histoire dans le monde occidental, la morale des plaisirs. Après le rapport au corps et à la santé, après le rapport à la femme et à l'institution du mariage, après le rapport au garçon, à sa liberté et à sa virilité, envisagés comme motifs de problématisation de l'activité sexuelle, voici maintenant le rapport à la vérité. Car c'est là un des points les plus remarquables de la réflexion grecque sur l'amour des garçons : non seulement elle montre comment, pour des raisons qu'on a pu voir, cet amour constituait un point difficile demandant une élaboration de la conduite et une stylisation assez délicate de l'usage des *aphrodisia* ; mais c'est à son sujet que s'est développée la question des rapports entre usage des plaisirs et accès à la vérité, sous la forme d'une interrogation sur ce que doit être le véritable amour.

Dans les cultures chrétienne et moderne, ces mêmes questions — de la vérité, de l'amour et du plaisir — seront rapportées beaucoup plus volontiers aux éléments constitutifs de la relation entre homme et femme : les thèmes de la virginité, des noces spirituelles, de l'âme-épouse marqueront très tôt le déplacement effectué à partir d'un paysage essentiellement masculin — habité par l'éraste et l'éromène

— vers un autre, marqué par les figures de la féminité et du rapport entre les deux sexes[1]. Beaucoup plus tard, *Faust* sera un exemple de la manière dont la question du plaisir et celle de l'accès à la connaissance se trouvent liées au thème de l'amour pour la femme, de sa virginité, de sa pureté, de sa chute et de son pouvoir rédempteur. Chez les Grecs, en revanche, la réflexion sur les liens réciproques entre l'accès à la vérité et l'austérité sexuelle semble avoir été développée surtout à propos de l'amour des garçons. Bien sûr, il faut tenir compte du fait que peu de choses nous sont restées de ce qui, dans les milieux pythagoriciens de l'époque, avait pu être dit et prescrit sur les rapports entre la pureté et la connaissance ; il faut tenir compte aussi du fait que nous ne connaissons pas les traités sur l'amour qui ont été écrits par Antisthène, Diogène le Cynique, Aristote ou Théophraste. Il serait donc imprudent de généraliser les caractères propres à la doctrine socratico-platonicienne, en supposant qu'elle résume à elle seule toutes les formes qu'a pu prendre, dans la Grèce classique, la philosophie de l'Éros. Il n'en demeure pas moins qu'elle est restée pendant très longtemps un pôle de la réflexion comme le montrent bien des textes comme le dialogue de Plutarque, les *Amours* du Pseudo-Lucien ou les discours de Maxime de Tyr.

Telle qu'elle apparaît en tout cas, dans le *Banquet* ou le *Phèdre*, et grâce aux références qu'elle fait aux autres manières de discourir sur l'amour, on peut voir quelle distance la sépare de l'érotique courante qui s'interroge sur la bonne conduite réciproque du jeune homme et de son poursuivant, et sur la façon dont elle peut se concilier avec l'honneur. On peut voir aussi comment, tout en s'enracinant très profondément dans les thèmes habituels de l'éthique des plaisirs, elle ouvre des questions dont l'importance sera très grande, par la suite, pour la transformation de cette éthique en une morale de la renonciation et pour la constitution d'une herméneutique du désir.

---

1. Ce qui ne veut pas dire que les figures de l'amour masculin aient disparu entièrement. Cf. J. Boswell, *Christianity, Social Tolerance, and Homosexuality*.

Toute une large part du *Banquet* et du *Phèdre* est consacrée à la « reproduction » — imitation ou pastiche — de ce
qui se dit habituellement dans les discours sur l'amour :
tels sont les « discours-témoins » de Phèdre, de Pausanias,
d'Éryximaque, d'Agathon, dans le *Banquet*, ou celui de
Lysias dans le *Phèdre*, ainsi que le premier contre-discours
ironique que propose Socrate. Ils rendent présent l'arrière-
plan de la doctrine platonicienne, la matière première que
Platon élabore et transforme quand il substitue à la pro-
blématique de la « cour » et de l'honneur celle de la vérité
et de l'ascèse. Dans ces discours-témoins, un élément est
essentiel : à travers l'éloge de l'amour, de sa puissance, de
sa divinité revient sans cesse la question du consentement : le jeune homme doit-il céder, à qui, dans quelles
conditions et avec quelles garanties ? Et celui qui l'aime
peut-il légitimement souhaiter de le voir facilement céder ? Question caractéristique d'une Érotique conçue comme art de la joute entre celui qui courtise et celui qui est
courtisé.

C'est cette question qui apparaît sous forme d'un principe
absolument général et plaisamment tautologique dans le
premier discours du *Banquet* chez Agathon : « aux vilaines
choses *(aischrois)* s'attache le déshonneur *(aischunē)*, aux
belles, le désir d'estime[1] » ; mais Pausanias le reprend aussitôt avec plus de sérieux, distinguant les deux amours, celui
« qui ne regarde qu'à la réalisation de l'acte », et celui qui
tient à faire, avant toutes choses, l'épreuve de l'âme[2]. On
peut noter encore que, dans le *Phèdre*, les deux discours
initiaux — ceux qui vont être rejetés l'un dans une reprise
ironique, l'autre dans une palinodie réparatrice — posent
chacun à sa manière la question du « à qui céder ? » ; et
qu'ils y répondent en disant qu'il faut céder à celui qui
n'aime pas ou en tout cas qu'il ne faut pas céder à celui qui
aime. Et tous ces premiers discours font appel à une théma-

---

1. PLATON, *Banquet*, 178 d. Sur les discours du *Banquet*, cf. Luc BRISSON, in *Dictionnaire des mythologies, s.v.* Eros.
2. *Banquet*, 181 b-d.

tique commune : celle des amours fugitives qui se rompent
quand l'aimé prend de l'âge, et le laissent à l'abandon[1] ;
celle des relations déshonorantes qui placent le garçon sous
la dépendance de l'amant[2], qui le compromettent aux yeux
de tous, et le détournent de sa famille ou de relations honorables dont il pourrait tirer profit[3] ; celle des sentiments de
dégoût et de mépris que l'amant peut concevoir pour le garçon du fait même des complaisances que celui-ci lui accorde
ou de la haine que le jeune homme peut éprouver pour
l'homme vieillissant qui lui impose des relations sans agrément[4] ; celle du rôle féminin auquel est conduit le garçon,
et des effets de détérioration physique et morale qui sont
appelés par ce genre de rapports[5] ; celle des récompenses,
bienfaits et services souvent lourds que l'amant doit s'imposer, auxquels il essaie de se dérober en laissant son ancien
ami dans la honte et la solitude[6]. Tout cela constitue la pro-
blématique élémentaire des plaisirs et de leur usage dans
l'amour des garçons. À ces difficultés, les convenances, les
pratiques de cour, les jeux réglés de l'amour essayaient de
répondre.

On peut penser que le discours d'Aristophane dans le
Banquet fait exception : racontant le partage des êtres pri-
mitifs par la colère des dieux et leur séparation en deux
moitiés (mâles et femelles, ou toutes deux de même sexe,
selon que l'individu originaire était androgyne ou bien tout
entier masculin ou féminin), il semble aller bien au-delà
des problèmes de l'art de courtiser. Il pose la question de ce
qu'est l'amour en son principe ; et il peut passer pour une
approche plaisante — ironiquement placée dans la bouche
d'Aristophane, le vieil adversaire de Socrate — des thèses
même de Platon. N'y voit-on pas les amoureux chercher
leur moitié perdue, comme les âmes de Platon gardent le

---

1. *Ibid.*, 183 d-e ; *Phèdre*, 231 a-233 a.
2. PLATON, *Banquet*, 182 a ; *Phèdre*, 239 a.
3. *Phèdre*, 231 e-232 a ; 239 e-240 a.
4. *Ibid.*, 240 d.
5. *Ibid.*, 239 c-d.
6. *Ibid.*, 241 a-c.

souvenir et la nostalgie de ce qui fut leur patrie ? Cependant, pour s'en tenir aux éléments du discours qui concernent l'amour masculin, il est clair qu'Aristophane tend lui aussi à répondre à la question du consentement. Et ce qui fait la singularité un peu scandaleuse de son discours et son ironie, c'est que sa réponse est totalement positive. Mieux, il bouscule, par son récit mythique, le principe si généralement admis d'une dissymétrie d'âge, de sentiment, de comportement entre l'amant et l'aimé. Entre eux, il établit symétrie et égalité, puisqu'il les fait naître du partage d'un être unique ; le même plaisir, le même désir portent l'un vers l'autre l'éraste et l'éromène ; par nature, s'il est une moitié de mâle, le garçon aimera les hommes : il aura « du plaisir » à « coucher avec les mâles » et à « être enlacé avec eux » *(sumpeplegmenoi)*[1]. Et par là, loin de révéler une nature féminine, il montre qu'il n'est que la « tessère » d'un être entièrement viril. Et Platon s'amuse à faire retourner par Aristophane le reproche que celui-ci, dans ses comédies, avait fait si souvent aux hommes politiques d'Athènes : « leur formation achevée, les individus de cette espèce sont les seuls à se révéler hommes par leurs aspirations politiques[2] ». Dans leur jeunesse, ils se sont donnés à des hommes, parce qu'ils recherchaient leur moitié mâle ; pour la même raison, devenus adultes, ils rechercheront les garçons. « Aimer les garçons », « chérir les amants » (être *paiderastēs* et *philerastēs*)[3], ce sont là les deux versants du même être. À la question traditionnelle d'un consentement, Aristophane donne donc une réponse directe, simple, entièrement positive et qui abolit en même temps le jeu des dissymétries qui organisait les rapports complexes entre l'homme et le garçon : toute la question de l'amour et de la conduite à tenir n'est plus alors que de retrouver sa moitié perdue.

Or, l'Érotique socratico-platonicienne est profondément

1. PLATON, *Banquet*, 191 e.
2. *Ibid.*, 192 a.
3. *Ibid.*, 192 b.

différente : non seulement par la solution qu'elle propose ; mais aussi et surtout parce qu'elle tend à poser la question en de tout autres termes. Il ne s'agira plus, pour savoir ce qu'est le véritable amour, de répondre à la question : qui faut-il aimer et à quelles conditions l'amour peut-il être honorable pour l'aimé comme pour l'amant ? Ou, du moins, toutes ces questions se trouveront subordonnées à une autre, première et fondamentale : qu'est-ce que l'amour dans son être même[1] ?

*

Pour prendre la mesure de l'élaboration platonicienne et de la distance qui la sépare de l'érotique courante, on peut rappeler la façon dont Xénophon répond à cette même question ; il y fait valoir les éléments traditionnels : l'opposition entre l'amour qui ne cherche que le plaisir de l'amant et celui qui s'intéresse à l'aimé lui-même ; la nécessité de transformer l'amour fugitif en une amitié égalitaire, réciproque et durable. Dans le *Banquet* et dans les *Mémorables*, Xénophon présente un Socrate qui trace une ligne de partage rigoureuse entre l'amour de l'âme et l'amour du corps[2], disqualifie en lui-même l'amour du corps[3], fait de celui de l'âme l'amour véritable et cherche dans l'amitié, dans la *philia*, le principe qui donne valeur à toute relation *(sunousia)*[4]. De là suit qu'il ne suffit pas d'associer l'amour de l'âme à celui du corps ; il faut affranchir tout attachement de ses dimensions physiques (quand on aime « le corps et l'âme à la fois », c'est le premier qui l'emporte, et la flétrissure de la jeunesse fait passer l'amitié elle-même)[5] ; on doit, comme Socrate en donne la leçon, fuir tous les contacts, renoncer aux baisers qui sont de nature à entraver l'âme, faire même en sorte que le corps ne touche pas au corps, et

---

1. Sur la réponse de Socrate à Aristophane, cf. *Banquet*, 205 e.
2. Xénophon, *Banquet*, VIII, 12.
3. *Ibid.*, VIII, 25.
4. *Ibid.*, VIII, 13.
5. *Ibid.*, VIII, 14.

n'en subisse pas « la morsure »[1]. En revanche, toute relation
doit s'édifier sur les éléments constitutifs de l'amitié : bienfaits et services rendus, efforts pour l'amélioration du garçon aimé, affection réciproque, lien permanent et établi une
fois pour toutes[2]. Est-ce à dire que pour Xénophon (ou pour
le Socrate qu'il met en scène) il ne saurait y avoir, entre
deux hommes, aucun *Éros*, mais seulement un rapport de
philia ? C'est bien cet idéal que Xénophon croit pouvoir
reconnaître dans la Sparte de Lycurgue[3]. Les hommes qui
étaient épris des corps de garçons y étaient, selon lui, décla-
rés « infâmes », alors qu'on louait et qu'on encourageait les
adultes « honnêtes » qui n'aimaient rien d'autre que l'âme
des jeunes gens et aspiraient seulement à s'en faire des
amis ; de sorte qu'à Lacédémone « les amants n'étaient pas
moins retenus dans leur amour pour les enfants que les
pères à l'égard de leurs fils, ou les frères à l'égard de leurs
frères ». Mais dans le *Banquet*, Xénophon donne une image
moins schématique de ce partage. Il esquisse une conception
de l'Éros et de ses plaisirs qui aurait pour objet l'amitié
elle-même : de celle-ci, de ce qu'elle peut comporter de vie
commune, d'attention réciproque, de bienveillance l'un
pour l'autre, de sentiments partagés, Xénophon ne fait pas
ce qui doit se substituer à l'amour ou prendre sa relève,
quand le temps est venu ; il en fait cela même dont les
amants doivent être amoureux : *erōntes tēs philias*, dit-il
dans une expression caractéristique qui permet de sauver
l'Éros, d'en maintenir la force, mais en ne lui donnant pour
contenu concret que les conduites d'affection réciproque et
durable qui relèvent de l'amitié[4].

L'érotique platonicienne est construite très différemment, même si le point de départ de la réflexion est bien
dans la question familière de la place à faire aux *aphrodisia*
dans la relation d'amour. Mais c'est que justement Platon
ne reprend ces interrogations traditionnelles que pour mon-

1. *Ibid.*, IV, 26 ; cf. aussi *Mémorables*, I, 3.
2. XÉNOPHON, *Banquet*, VIII, 18.
3. ID., *République des Lacédémoniens*, II, 12-15.
4. ID., *Banquet*, VIII, 18.

trer comment, dans les réponses hâtives qu'on leur donne, on manque le problème essentiel.

Les deux premiers discours de *Phèdre*, celui, naïf, de Lysias et celui, moqueur, de Socrate, soutiennent qu'un garçon ne devrait pas céder à celui qui l'aime. De tels propos, remarque Socrate, ne sauraient dire vrai : « Il n'y a pas de vérité dans un langage *(ouk esti etumos logos)* qui, la présence d'un amoureux étant admise, prétendra que c'est à celui qu'on n'aime pas qu'on doit de préférence accorder ses faveurs et cela pour le motif que le premier est en délire, et le second de sens rassis[1]. » Les discours du début du *Banquet*, tout à l'opposé, et dans le souci de louer l'amour plutôt que de l'offenser, affirment qu'il est beau de céder si on le fait comme il faut, à un amant de valeur[2], qu'il n'y a rien là d'impudique ni de honteux, et que sous la loi de l'amour « le bon gré s'accorde au bon gré[3] ». Ces discours, pour être plus respectueux de l'amour, ne sont pas plus *etumoi* que ceux de Lysias et de son censeur ironique dans le *Phèdre*.

En face d'eux, les paroles de Diotime, rapportées dans le *Banquet*, et la grande fable du *Phèdre* racontée par Socrate lui-même, apparaissent comme discours *etumoi* : discours vrais, et apparentés par leur origine à la vérité qu'ils disent. En quoi le sont-ils ? Où est la différence avec les éloges ou les disqualifications qui les précédaient ? Elle n'est pas en ceci que Diotime ou Socrate sont plus rigoureux ou plus austères que les autres interlocuteurs ; ils ne s'opposent pas à eux parce que ceux-ci seraient trop complaisants et accorderaient aux corps et aux plaisirs trop de place dans un amour qui ne devrait s'adresser qu'aux âmes. Ils tranchent sur eux parce qu'ils ne posent pas le problème comme eux ; par rapport au jeu de questions qui étaient traditionnelles dans les débats sur l'amour, ils opèrent un certain nombre de transformations et déplacements essentiels.

---

1. PLATON, *Phèdre*, 244 a.
2. PLATON, *Banquet*, 184 e ; 185 b.
3. *Ibid.*, 196 c.

1. *Passage de la question de la conduite amoureuse à l'interrogation sur l'être de l'amour.*

Dans le débat tel que le formulent les autres discours, l'amour et le mouvement si intense et si fort qui emporte l'amant sont présupposés ; le point essentiel de la préoccupation est alors de savoir — cet amour « étant admis[1] » — comment devront se conduire les deux partenaires : comment, sous quelle forme, jusqu'à quel point, à l'aide de quels moyens de persuasion ou en donnant quel gage d'amitié, l'amoureux devra chercher à atteindre « ce à quoi il aspire » ; et comment, dans quelles conditions, après quelles résistances et épreuves, l'aimé de son côté devra céder. Question de conduite, sur fond d'un amour préexistant. Or, ce sur quoi Diotime et Socrate s'interrogent, c'est l'être même de cet amour, sa nature et son origine, ce qui constitue sa force, et ce qui le porte avec un tel entêtement ou une telle folie vers son objet : « Qu'est-ce que l'amour lui-même, quelle est sa nature et ensuite quelles sont ses œuvres[2] ? » Interrogation ontologique et non plus question de déontologie. Tous les autres interlocuteurs orientent leurs discours vers la louange ou la critique, vers le partage entre le bon et le mauvais amour, vers la délimitation de ce qu'il convient de faire et de ne pas faire ; dans la thématique habituelle à une recherche de convenance et à l'élaboration d'un art de courtiser, l'objet premier de la réflexion, c'est la conduite ou le jeu des conduites réciproques. Au moins provisoirement, Platon repousse cette question et, par-delà le partage du bien et du mal, il pose la question de savoir ce que c'est qu'aimer[3].

Or, formuler ainsi la question implique d'abord un déplacement de l'objet même du discours. À Socrate — mais en fait à tous les auteurs des éloges précédents —, Diotime fait

1. PLATON, *Phèdre*, 244 a.

2. PLATON, *Banquet*, 201 d.

3. Après les discours de Phèdre, Socrate rappelle qu'il doit y avoir dans la pensée de celui qui parle « une connaissance de la vérité du sujet sur lequel il aura à parler » (*Phèdre*, 259 e).

reproche d'avoir cherché du côté de l'élément « aimé » *(ton erōmenon)* le principe de ce qu'il fallait dire de l'amour ; ils se sont donc laissé éblouir par le charme, la beauté, la perfection du garçon aimé, et ces mérites, ils les ont indûment prêtés à l'amour même ; celui-ci ne saurait manifester sa propre vérité que si on la demande à ce qu'il est et non à ce qu'il aime. Il faut donc revenir de l'élément aimé à celui qui aime *(to erōn)*, et l'interroger en lui-même[1]. C'est aussi ce qui sera fait dans le *Phèdre* lorsque, pour répondre aux deux premiers contre-éloges, Socrate effectue le long détour par la théorie des âmes. Mais, conséquence de ce déplacement, le discours sur l'amour devra affronter le risque de n'être plus un « éloge » (dans la forme mixte et confuse de la louange adressée tout ensemble à l'amour et à l'aimé) ; il aura à dire — comme dans le *Banquet* — la nature « intermédiaire » de l'amour, le défaut qui le marque (puisqu'il n'est pas en possession des choses belles qu'il désire), la parenté de misère et de ruse, d'ignorance et de savoir dans laquelle il prend naissance ; il aura aussi à dire, comme dans le *Phèdre*, de quelle façon en lui se mêlent l'oubli et le souvenir du spectacle supracéleste, et ce qui est le long chemin de souffrance qui le mènera finalement jusqu'à son objet.

2. *Passage de la question de l'honneur du garçon à celle de l'amour de la vérité.*

Dire avec Diotime qu'il vaut mieux détourner son regard de l'élément aimé pour le reporter sur le principe aimant ne veut pas dire que la question de l'objet ne se pose plus : au contraire, tout le développement qui suit cette formulation essentielle est consacré à déterminer ce qui, dans l'amour, est aimé. Mais dès lors qu'on entreprend de parler de l'amour dans un discours qui veut dire son être et non chanter ce qu'il aime, la question de l'objet se posera en termes différents.

---

1. *Ibid.*, 204 e.

Dans le débat traditionnel, le point de départ du questionnement était du côté de l'objet même de l'amour : étant donné ce qu'est, et ce que doit être celui qu'on aime — la beauté non seulement de son corps mais aussi de son âme, la formation qui lui est nécessaire, le caractère libre, noble, viril, courageux qu'il doit acquérir, etc. —, quelle est la forme d'amour honorable, pour lui et pour l'amant, qu'on doit lui porter ? C'était le respect de l'aimé, dans ce qu'il est en réalité, qui devait donner sa forme propre et son style retenu à ce qu'on pouvait demander de lui. En revanche, dans l'interrogation platonicienne, c'est la considération de ce qu'est l'amour lui-même qui doit mener à la détermination de ce qu'est, en vérité, son objet. Au-delà des différentes choses belles auxquelles l'amoureux peut s'attacher, Diotime montre à Socrate que l'amour cherche à enfanter dans la pensée, et à voir « le beau en lui-même », selon la vérité de sa nature, selon sa pureté sans mélange et « l'unicité de sa forme ». Et dans le *Phèdre*, c'est Socrate lui-même qui montre comment l'âme, si elle a, de ce qu'elle a vu au-dessus du ciel, un souvenir assez fort, si elle est énergiquement conduite et si elle ne se laisse pas fléchir dans son élan par des appétits impurs, ne s'attache à l'objet aimé que pour ce qu'il porte en lui de reflet et d'imitation de la beauté elle-même.

On trouve bien chez Platon le thème que c'est à l'âme des garçons plutôt qu'à leur corps que l'amour doit s'adresser. Mais il n'était ni le premier ni le seul à le dire. Avec des conséquences plus ou moins rigoureuses, c'était un thème qui courait à travers les débats traditionnels sur l'amour, et auquel Xénophon donne — en la prêtant à Socrate — une forme radicale. Ce qui est propre à Platon, ce n'est pas ce partage, mais la manière dont il établit l'infériorité de l'amour pour les corps. Il la fonde en effet, non sur la dignité du garçon aimé et le respect qu'on lui doit, mais sur ce qui, dans l'amant lui-même, détermine l'être et la forme de son amour (son désir d'immortalité, son aspiration au beau dans sa pureté, la réminiscence de ce qu'il a vu au-dessus du ciel). En outre (et là-dessus le *Banquet* comme le *Phèdre* sont fort explicites) il ne trace pas une ligne de partage nette, définitive et infranchissable entre le mauvais amour du corps et le bel amour de l'âme ; aussi dévalorisé, aussi inférieur que soit le rapport au corps quand on le compare à ce mouvement vers le beau, aussi dangereux qu'il puisse être parfois puisqu'il peut le détourner et l'arrêter, il n'est pas pour autant exclu d'emblée ni condamné pour toujours. D'un beau corps, vers les beaux corps, selon la formule célèbre du *Banquet*, et ensuite de ceux-ci vers les âmes, puis vers ce qu'il y a de beau dans « les occupations », « les règles de conduite », « les connaissances », jusqu'à ce qu'enfin le regard atteigne « la vaste région déjà occupée par le beau »[1], le mouvement est continu. Et le *Phèdre*, tout en chantant le courage et la perfection des âmes qui n'ont pas cédé, ne voue pas au châtiment celles qui, menant une vie attachée à l'honneur plutôt qu'à la philosophie, se sont laissé surprendre et à qui il est arrivé, emportées par leur ardeur, de « commettre la chose » ; sans doute, au moment où, la vie ici-bas arrivant à son terme, leur âme quitte leur corps, ils sont dépourvus d'ailes (à la différence de ce qui se passe pour ceux qui sont restés « maîtres d'eux-mêmes ») ; ils ne pourront donc pas aller au plus haut ; mais ils ne seront pas astreints au voyage souterrain ; en compagnie l'un de l'autre, les deux amants feront le voyage au-dessous du ciel, jusqu'à ce qu'à leur tour, « en raison de leur amour », ils aient reçu des ailes[2]. Ce n'est pas l'exclusion du corps qui caractérise essentiellement, pour Platon, le véritable amour ; c'est qu'il est, à travers les apparences de l'objet, rapport à la vérité.

3. *Passage de la question de la dissymétrie des partenaires à celle de la convergence de l'amour.*

Selon les conventions reçues, il était entendu que l'*Éros* venait de l'amant ; quant à l'aimé, il ne pouvait être, au

1. *Ibid.*, 210 c-d.
2. *Phèdre*, 256 c-d.

même titre que l'éraste, sujet actif de l'amour. Sans doute, demandait-on de lui un attachement en retour, un *Antéros*. Mais la nature de cette réponse posait problème : elle ne pouvait être symétrique exactement de ce qui la provoquait ; plus qu'au désir et au plaisir de l'amant, c'était à sa bienveillance, à ses bienfaits, à sa sollicitude, à son exemple que le garçon devait faire écho ; et il fallait attendre le moment où l'emportement de l'amour aurait cessé et où l'âge, en excluant les ardeurs, aurait écarté les dangers, pour que les deux amis puissent être liés entre eux par un rapport d'exacte réciprocité.

Mais si l'Éros est rapport à la vérité, les deux amants ne pourront se rejoindre qu'à la condition que l'aimé, lui aussi, ait été porté au vrai par la force du même Éros. Dans l'érotique platonicienne, l'aimé ne saurait s'en tenir à la position d'objet par rapport à l'amour de l'autre, en attendant tout simplement de recueillir, au titre de l'échange auquel il a droit (puisqu'il est aimé), les conseils dont il a besoin et les connaissances auxquelles il aspire. Il convient qu'il devienne effectivement sujet dans cette relation d'amour. C'est bien la raison pour laquelle se produit, vers la fin du troisième discours du *Phèdre*, le retournement qui fait passer du point de vue de l'amant à celui de l'aimé. Socrate a décrit le parcours, l'ardeur, les souffrances de celui qui aime, et le dur combat qu'il a dû mener pour maîtriser son attelage. Voilà maintenant qu'il évoque l'aimé : son entourage, peut-être, avait fait croire au jeune garçon qu'il n'était pas bon de céder à un amoureux ; il se met pourtant à accepter la fréquentation de son amant ; la présence de celui-ci le met hors de lui ; à son tour, il se sent soulevé par la vague du désir, des ailes et des plumes poussent à son âme[1]. Bien sûr, il ne sait encore quelle est la nature vraie de ce à quoi il aspire, et pour la nommer les mots lui manquent ; mais « il jette les bras » autour de son amant et « lui donne des baisers »[2]. Ce moment est important : à la diffé-

---

1. *Phèdre*, 255 b-c.
2. *Ibid.*, 255 e-256 a.

rence de ce qui se passe dans l'art de courtiser, la « dialectique d'amour » appelle ici chez les deux amants deux mouvements exactement semblables ; l'amour est le même, puisqu'il est, pour l'un et pour l'autre, le mouvement qui les
porte vers le vrai.

4. *Passage de la vertu du garçon aimé à l'amour du maître et
à sa sagesse.*

Dans l'art de courtiser, il appartenait à l'amant de poursuivre ; et même s'il lui était demandé de garder la maîtrise
de lui-même, on savait bien que la force de contrainte de
son amour risquait de l'emporter malgré lui. Le point solide
de la résistance, c'était l'honneur du garçon, sa dignité,
l'entêtement raisonnable qu'il pouvait mettre à résister.
Mais du moment que l'Éros s'adresse à la vérité, c'est celui
qui est le plus avancé sur ce chemin de l'amour, celui qui
est le plus vraiment amoureux de la vérité qui pourra le
mieux guider l'autre et l'aider à ne pas s'avilir dans tous les
plaisirs bas. Celui qui est le plus savant en amour sera aussi
le maître de vérité ; et ce sera son rôle d'apprendre à l'aimé
comment triompher de ses désirs et devenir « plus fort que
lui-même ». Dans la relation d'amour, et comme conséquence de ce rapport à la vérité qui désormais la structure,
un personnage nouveau apparaît : celui du maître, qui vient
occuper la place de l'amoureux, mais qui par la maîtrise
complète qu'il exerce sur lui-même renverse le sens du jeu,
retourne les rôles, pose le principe d'une renonciation aux
aphrodisia et devient, pour tous les jeunes gens avides de
vérité, objet d'amour.

Tel est le sens qu'il convient sans doute de donner dans
les dernières pages du *Banquet* à la description des rapports
que Socrate entretient non seulement avec Alcibiade, mais
aussi avec Charmide, fils de Glaucon, avec Euthydème, fils
de Dioclès, et avec bien d'autres encore[1]. La distribution des

1. PLATON, *Banquet*, 222 b. Sur les rapports de Socrate et d'Éros, cf. P. HADOT, *Exercices spirituels et philosophie antique*, pp. 69-82.

rôles est entièrement inversée : ce sont les jeunes garçons —
eux qui sont beaux et que tant de soupirants poursuivent —
qui sont les amoureux de Socrate ; ils le suivent à la
trace, ils cherchent à le séduire, ils voudraient bien qu'il
leur accorde ses faveurs, c'est-à-dire qu'il leur communique
le trésor de sa sagesse. Ils sont en position d'érastes, et lui, le
vieil homme au corps disgracieux, est en position d'éromène. Mais ce qu'ils ne savent pas, et ce qu'Alcibiade découvre
au cours de la fameuse « épreuve », c'est que Socrate n'est
aimé par eux que dans la mesure même où il est capable de
résister à leur séduction ; ce qui ne veut pas dire qu'il est
pour eux sans amour ni désir, mais qu'il est porté par la
force du véritable amour, et qu'il sait véritablement aimer
le vrai qu'il faut aimer. Diotime l'avait dit auparavant :
c'est lui entre tous qui est savant en matière d'amour. La
sagesse du maître désormais (et non plus l'honneur du garçon) marque à la fois l'objet du véritable amour et le principe qui empêche de « céder ».

Le Socrate qui apparaît dans ce passage est revêtu de pouvoirs propres au personnage traditionnel du *theios anēr* :
endurance physique, aptitude à l'insensibilité, capacité de
s'absenter de son corps et de concentrer en lui-même toute
l'énergie de son âme[1]. Mais il faut comprendre que ces puissances viennent prendre effet ici dans le jeu très particulier
de l'Éros ; elles y assurent la domination que Socrate est
capable d'exercer sur lui-même ; et donc elles le qualifient à
la fois comme le plus haut objet d'amour auquel puissent
s'adresser les jeunes gens, mais aussi comme le seul qui
puisse mener leur amour jusqu'à la vérité. Dans le jeu
amoureux où s'affrontaient des dominations diverses (celle
de l'amant cherchant à s'emparer de l'aimé, celle de l'aimé
cherchant à échapper, et par cette résistance réduisant
l'amant en esclavage), Socrate introduit un autre type de
domination : celle qui est exercée par le maître de vérité et
pour laquelle il est qualifié par la souveraineté qu'il exerce
sur soi.

---

1. H. JOLY, *Le Renversement platonicien*, 1974, pp. 61-70.

L'érotique platonicienne peut apparaître ainsi sous trois aspects. D'un côté, elle est une manière de donner réponse à une difficulté inhérente, dans la culture grecque, aux rapports entre hommes et garçons : à savoir la question du statut à donner à ceux-ci comme objets de plaisir ; sous cet angle, la réponse de Platon semble seulement plus complexe et plus élaborée que celles qui pouvaient être proposées dans les divers « débats » sur l'amour, ou, sous le nom de Socrate, dans les textes de Xénophon. En effet, Platon résout la difficulté de l'objet du plaisir en reportant la question de l'individu aimé à la nature de l'amour lui-même ; en structurant le rapport d'amour comme un rapport à la vérité ; en dédoublant ce rapport et en le plaçant aussi bien chez celui qui est aimé que chez celui qui est amoureux ; et en inversant le rôle du jeune homme aimé pour en faire un amoureux du maître de vérité. Dans cette mesure, on peut bien dire qu'il satisfait au défi lancé par la fable d'Aristophane : il a donné à celle-ci un contenu vrai ; il a montré comment c'était bien le même amour qui, dans un même mouvement, pouvait rendre aussi bien *paiderastēs* que *philerastēs*. Les dissymétries, les décalages, les résistances et les fuites qui organisaient dans la pratique de l'amour honorable les rapports toujours difficiles entre l'éraste et l'éromène — le sujet actif et l'objet poursuivi — n'ont plus de raison d'être ; ou plutôt elles peuvent se développer selon un tout autre mouvement, en prenant une tout autre forme, et en imposant un jeu bien différent : celui d'un cheminement où le maître de vérité apprend au garçon ce qu'est la sagesse.

Mais par là même, on voit que l'érotique platonicienne — et c'est là son autre profil — introduit comme question fondamentale dans le rapport d'amour la question de la vérité. Et cela, sous une tout autre forme que celle du *logos* auquel il faut soumettre ses appétits dans l'usage des plaisirs. La tâche de l'amoureux (et elle lui permettra en effet d'atteindre à ce qui est son but), c'est de reconnaître ce qu'est véritablement l'amour qui s'est saisi de lui. Et là, la réponse au défi d'Aristophane transforme la réponse que celui-ci donnait : ce n'est pas l'autre moitié de lui-même que l'individu recherche dans l'autre ; c'est le vrai auquel son âme est apparentée. Par conséquent, le travail éthique qu'il lui faudra faire sera de découvrir et de tenir, sans se relâcher jamais, ce rapport à la vérité qui était le support caché de son amour. Et on voit alors comment la réflexion platonicienne tend à se détacher d'une problématisation courante qui gravitait autour de l'objet et du statut à lui donner, pour ouvrir un questionnement sur l'amour qui gravitera autour du sujet et de la vérité dont il est capable.

Enfin, l'érotique socratique, telle que Platon la fait apparaître, pose bien des questions qui étaient habituelles dans les discussions sur l'amour. Mais elle ne vise pas à définir la conduite convenable où s'équilibreraient la résistance suffisamment longue de l'aimé et le bienfait suffisamment précieux de l'amant ; elle essaie de déterminer par quel mouvement propre, par quel effort et quel travail sur lui-même l'Éros de l'amant va pouvoir dégager et établir pour toujours son rapport à l'être vrai. Au lieu de vouloir tracer une fois pour toutes la ligne qui permet de partager l'honorable et le déshonorant, elle cherche à décrire le cheminement — avec ses difficultés, ses péripéties, ses chutes — qui conduit au point où il retrouve son être propre. Le *Banquet* et le *Phèdre* indiquent le passage d'une érotique modelée sur la pratique de « cour » et la liberté de l'autre à une érotique tournant autour d'une ascèse du sujet et de l'accès commun à la vérité. Du fait même, l'interrogation se trouve déplacée : dans la réflexion sur la *chrēsis aphrodisiōn*, elle portait sur le plaisir et sa dynamique, dont il convenait, par la maîtrise de soi, d'assurer la juste pratique et la distribution légitime ; dans la réflexion platonicienne sur l'amour, l'interrogation concerne le désir qu'il faut conduire à son véritable objet (qui est la vérité) en le reconnaissant lui-même pour ce qu'il est dans son être vrai. La vie de tempérance, de *sōphrosunē*, telle qu'elle est décrite dans les *Lois*, est une existence « bénigne à tous égards, avec des douleurs tranquilles, des plaisirs tranquilles, des désirs souples *(ēremaiai hēdonai, malakai epithumiai)* et des amours sans fureur

(erōtes ouk emmaneis)[1] ; on est là dans l'ordre d'une économie des plaisirs assurée par la domination qu'on exerce de
soi sur soi. À l'âme dont le *Phèdre* décrit les périples et les
ardeurs amoureuses, il est également prescrit, si elle veut
obtenir sa récompense et retrouver sa patrie d'au-delà du
ciel, de mener « un régime ordonné » *(tetagmenē diaitē)* qui
est assuré parce qu'elle est « maîtresse d'elle-même » et
qu'elle a « souci de la mesure », parce qu'elle a réduit à
« l'esclavage ce qui fait naître le vice » et donne au contraire
« la liberté à ce qui produit la vertu »[2]. Mais le combat
qu'elle aura eu à soutenir contre la violence de ses appétits,
elle n'aura pu le mener que dans un double rapport à la
vérité : rapport à son propre désir questionné dans son être,
rapport à l'objet de son désir reconnu comme être vrai.

On voit ainsi se marquer un des points où se formera
l'interrogation de l'homme de désir. Ce qui ne veut pas dire
que l'érotique platonicienne a donné congé d'un coup et
définitivement à une éthique des plaisirs et de leur usage.
On verra au contraire comment celle-ci a continué à se
développer et à se transformer. Mais la tradition de pensée
qui dérive de Platon jouera un rôle important lorsque, bien
plus tard, la problématisation du comportement sexuel sera
réélaborée à partir de l'âme de concupiscence et du déchiffrement de ses arcanes.

Cette réflexion philosophique à propos des garçons comporte un paradoxe historique. À cet amour masculin, et plus
précisément à cet amour pour les jeunes garçons et les adolescents, qui devait être par la suite si longtemps et si sévèrement condamné, les Grecs ont accordé une légitimité où
nous aimons reconnaître la preuve de la liberté qu'ils s'ac-
cordaient en ce domaine. Et pourtant, c'est à son propos,
beaucoup plus qu'à propos de la santé (dont ils se préoccu-
paient aussi), beaucoup plus qu'à propos de la femme et du
mariage (au bon ordre duquel cependant ils veillaient),

---

1. PLATON, *Lois*, V, 734 a.
2. PLATON, *Phèdre*, 256 a-b.

qu'ils ont formulé l'exigence des austérités les plus rigoureuses. Certes, sauf exception, ils ne l'ont pas condamné ni
interdit. Et pourtant, c'est dans la réflexion sur l'amour des
garçons qu'on voit se formuler le principe d'une « abstention indéfinie », l'idéal d'un renoncement dont Socrate, par
sa résistance sans faille à la tentation, donne le modèle, et le
thème que ce renoncement détient par lui-même une haute
valeur spirituelle. D'une façon qui peut surprendre au premier regard, on voit se former, dans la culture grecque et à
propos de l'amour des garçons, quelques-uns des éléments
majeurs d'une éthique sexuelle qui le rejettera au nom précisément de ce principe : l'exigence d'une symétrie et d'une
réciprocité dans la relation amoureuse, la nécessité d'un
combat difficile et de longue haleine avec soi-même, la purification progressive d'un amour qui ne s'adresse qu'à l'être
même dans sa vérité, et l'interrogation de l'homme sur lui-
même comme sujet de désir.

On manquerait l'essentiel si on imaginait que l'amour
des garçons a suscité son propre interdit, ou qu'une ambiguïté propre à la philosophie n'en a accepté la réalité qu'en
exigeant son dépassement. Il faut garder à l'esprit que cet
« ascétisme » n'était pas une manière de disqualifier
l'amour des garçons ; c'était au contraire une façon de le
styliser et donc, en lui donnant forme et figure, de le valo-
riser. Il n'en demeure pas moins qu'il y avait là une exigence d'abstention totale et un privilège accordé à la question
du désir qui introduisaient des éléments auxquels il n'était
pas facile de faire place dans une morale organisée autour
de la recherche de l'usage des plaisirs.

CONCLUSION

Donc, dans le champ des pratiques reconnues (celle du régime, celle de la gestion domestique, celle de la « cour » faite aux jeunes gens) et à partir des réflexions qui tendaient à les élaborer, les Grecs se sont interrogés sur le comportement sexuel comme enjeu moral, et ils ont cherché à définir la forme de modération qui s'y trouvait requise.

Cela ne veut pas dire que les Grecs en général ne s'intéressaient aux plaisirs sexuels qu'à partir de ces trois points de vue. On trouverait dans la littérature qu'ils ont pu nous laisser bien des témoignages attestant l'existence d'autres thèmes et d'autres préoccupations. Mais si on s'en tient, comme j'ai voulu le faire ici, aux discours prescriptifs par lesquels ils ont essayé de réfléchir et de régler leur conduite sexuelle, ces trois foyers de problématisation apparaissent comme étant de beaucoup les plus importants. Autour d'eux, les Grecs ont développé des arts de vivre, de se conduire et d'« user des plaisirs » selon des principes exigeants et austères.

Au premier regard, on peut avoir l'impression que ces différentes formes de réflexion se sont approchées au plus près des formes d'austérité qu'on trouvera plus tard dans les sociétés occidentales chrétiennes. En tout cas, on peut être tenté de corriger l'opposition encore assez couramment admise entre une pensée païenne « tolérante » à la pratique de la « liberté sexuelle » et les morales tristes et restrictives qui lui feront suite. Il faut bien voir en effet que le principe

d'une tempérance sexuelle rigoureuse et soigneusement pratiquée est un précepte qui ne date ni du christianisme, bien
sûr, ni de l'Antiquité tardive, ni même des mouvements
rigoristes qu'on a pu connaître avec les stoïciens par exemple, à l'époque hellénistique et romaine. Dès le IVe siècle, on
trouve très clairement formulée l'idée que l'activité sexuelle
est en elle-même assez périlleuse et coûteuse, assez fortement liée à la perte de la substance vitale, pour qu'une économie méticuleuse doive la limiter pour autant qu'elle n'est
pas nécessaire ; on trouve aussi le modèle d'une relation
matrimoniale qui exigerait de la part des deux conjoints
une égale abstention de tout plaisir « extra-conjugal » ; on
trouve enfin le thème d'un renoncement de l'homme à tout
rapport physique avec un garçon. Principe général de tempérance, soupçon que le plaisir sexuel pourrait être un mal,
schéma d'une stricte fidélité monogamique, idéal de chasteté rigoureuse : ce n'est évidemment pas selon ce modèle que
vivaient les Grecs ; mais la pensée philosophique, morale et
médicale qui s'est formée au milieu d'eux n'a-t-elle pas formulé quelques-uns des principes fondamentaux que des
morales ultérieures — et singulièrement celles qu'on a pu
trouver dans les sociétés chrétiennes — semblent n'avoir eu
qu'à reprendre ? Pourtant on ne peut en rester là ; les prescriptions peuvent bien être formellement semblables : cela
ne prouve après tout que la pauvreté et la monotonie des
interdits. La manière dont l'activité sexuelle était constituée, reconnue, organisée comme un enjeu moral n'est pas
identique du seul fait que ce qui est permis ou défendu,
recommandé ou déconseillé est identique.

On l'a vu : le comportement sexuel est constitué comme
domaine de pratique morale, dans la pensée grecque, sous la
forme d'*aphrodisia*, d'actes de plaisir relevant d'un champ
agonistique de forces difficiles à maîtriser ; ils appellent,
pour prendre la forme d'une conduite rationnellement et
moralement recevable, la mise en jeu d'une stratégie de la
mesure et du moment, de la quantité et de l'opportunité ; et
celle-ci tend, comme à son point de perfection et à son terme, à une exacte maîtrise de soi où le sujet est « plus fort »

que lui-même jusque dans l'exercice du pouvoir qu'il exerce sur les autres. Or, l'exigence d'austérité impliquée par la constitution de ce sujet maître de lui-même ne se présente pas sous la forme d'une loi universelle à laquelle chacun et tous devraient se soumettre ; mais plutôt comme un principe de stylisation de la conduite pour ceux qui veulent donner à leur existence la forme la plus belle et la plus accomplie possible. Si on veut fixer une origine à ces quelques grands thèmes qui ont donné forme à notre morale sexuelle (l'appartenance du plaisir au domaine dangereux du mal, l'obligation de la fidélité monogamique, l'exclusion de partenaires de même sexe), non seulement il ne faut pas les attribuer à cette fiction qu'on appelle la morale « judéochrétienne », mais surtout il ne faut pas y chercher la fonction intemporelle de l'interdit, ou la forme permanente de la loi. L'austérité sexuelle précocement recommandée par la philosophie grecque ne s'enracine pas dans l'intemporalité d'une loi qui prendrait tour à tour les formes historiquement diverses de la répression : elle relève d'une histoire qui est, pour comprendre les transformations de l'expérience morale, plus décisive que celle de codes : une histoire de l'« éthique » entendue comme l'élaboration d'une forme de rapport à soi qui permet à l'individu de se constituer comme sujet d'une conduite morale.

D'autre part, chacun des trois grands arts de se conduire, des trois grandes techniques de soi, qui étaient développés dans la pensée grecque — la Diététique, l'Économique et l'Érotique — a proposé sinon une morale sexuelle particulière, du moins une modulation singulière de la conduite sexuelle. Dans cette élaboration des exigences de l'austérité, non seulement les Grecs n'ont pas cherché à définir un code de conduites obligatoires pour tous, mais ils n'ont pas non plus cherché à organiser le comportement sexuel comme un domaine relevant dans tous ses aspects d'un seul et même ensemble de principes.

Du côté de la Diététique, on trouve une forme de tempérance définie par l'usage mesuré et opportun des *aphrodisia* ; l'exercice de cette tempérance appelait une attention

surtout centrée sur la question du « moment » et sur la corrélation entre les états variables du corps et les propriétés
changeantes des saisons ; et au cœur de cette préoccupation
se manifestaient la peur de la violence, la crainte de l'épuisement et le double souci de la survie de l'individu et du
maintien de l'espèce. Du côté de l'Économique, on trouve
une forme de tempérance définie non point par la fidélité
réciproque des conjoints, mais par un certain privilège que
le mari conserve à l'épouse légitime sur laquelle il exerce
son pouvoir ; l'enjeu temporel n'y est pas la saisie du
moment opportun, mais le maintien, tout au long de l'existence, d'une certaine structure hiérarchique propre à l'organisation de la maisonnée ; c'est pour assurer cette permanence que l'homme doit redouter tout excès et pratiquer la
maîtrise de soi dans la maîtrise qu'il exerce sur les autres.
Enfin, la tempérance demandée par l'Érotique est encore
d'un autre type : même si elle n'impose pas l'abstention
pure et simple, on a pu voir qu'elle y tend et qu'elle porte
avec elle l'idéal d'un renoncement à tout rapport physique
avec les garçons. Cette Érotique est liée à une perception du
temps très différente de celle qu'on trouve à propos du corps
ou à propos du mariage : c'est l'expérience d'un temps fugitif qui conduit fatalement à un terme prochain. Quant au
souci qui l'anime, c'est celui du respect qui est dû à la virilité de l'adolescent et à son statut futur d'homme libre : il
ne s'agit plus simplement pour l'homme d'être maître de
son plaisir ; il s'agit de savoir comment on peut faire place à
la liberté de l'autre dans la maîtrise qu'on exerce sur soi-
même et dans l'amour vrai qu'on lui porte. Et en fin de
compte, c'est dans cette réflexion à propos de l'amour des
garçons que l'érotique platonicienne a posé la question des
relations complexes entre l'amour, la renonciation aux plaisirs et l'accès à la vérité.

On peut rappeler ce que K. J. Dover écrivait naguère :
« Les Grecs n'ont pas hérité de la croyance qu'une puissance
divine avait révélé à l'humanité un code de lois qui
réglaient le comportement sexuel, et ils ne l'ont pas entretenue eux-mêmes. Ils n'avaient pas non plus d'institution qui

avait le pouvoir de faire respecter des interdictions sexuelles. Confrontés à des cultures plus anciennes, plus riches et
plus élaborées que les leurs, les Grecs se sentirent libres de
choisir, d'adapter, de développer et surtout d'innover[1]. » La
réflexion sur le comportement sexuel comme domaine moral n'a pas été chez eux une manière d'intérioriser, de justifier ou de fonder en principe des interdits généraux imposés
à tous ; ce fut plutôt une manière d'élaborer, pour la plus
petite partie de la population constituée par les adultes
mâles et libres, une esthétique de l'existence, l'art réfléchi
d'une liberté perçue comme jeu de pouvoir. L'éthique
sexuelle qui est pour une part à l'origine de la nôtre reposait
bien sur un système très dur d'inégalités et de contraintes
(en particulier à propos des femmes et des esclaves) ; mais
elle a été problématisée dans la pensée comme le rapport
pour un homme libre entre l'exercice de sa liberté, les formes de son pouvoir et son accès à la vérité.

En prenant une vue cavalière, et très schématique, de
l'histoire de cette éthique et de ses transformations sur une
chronologie longue, on peut noter d'abord un déplacement
d'accent. Dans la pensée grecque classique, il est clair que
c'est le rapport avec les garçons qui constitue le point le plus
délicat, et le foyer le plus actif de réflexion et d'élaboration ;
c'est là que la problématisation appelle les formes d'austérité les plus subtiles. Or, au cours d'une évolution très lente,
on pourra voir ce foyer se déplacer : c'est autour de la femme que petit à petit les problèmes seront centrés. Ce qui ne
veut dire ni que l'amour des garçons ne sera plus pratiqué,
ni qu'il cessera de s'exprimer, ni qu'on ne s'interrogera plus
du tout sur lui. Mais c'est la femme et le rapport à la femme
qui marqueront les temps forts de la réflexion morale sur
les plaisirs sexuels : que ce soit sous la forme du thème de la
virginité, de l'importance prise par la conduite matrimoniale, ou de la valeur accordée à des rapports de symétrie et de
réciprocité entre les deux conjoints. On peut d'ailleurs voir
un nouveau déplacement du foyer de problématisation

---

1. K. J. Dover, *Homosexualité grecque*, p. 247.

(cette fois, de la femme vers le corps) dans l'intérêt qui s'est manifesté à partir du XVII⁰ et du XVIII⁰ siècle pour la sexualité de l'enfant, et d'une façon générale pour les rapports entre le comportement sexuel, la normalité et la santé.

Mais en même temps que ces déplacements, une certaine unification se produira entre les éléments qu'on pourrait trouver répartis dans les différents « arts » d'user des plaisirs. Il y a eu l'unification doctrinale — dont saint Augustin a été un des opérateurs — et qui a permis de penser dans le même ensemble théorique le jeu de la mort et de l'immortalité, l'institution du mariage et les conditions d'accès à la vérité. Mais il y a eu aussi une unification qu'on pourrait dire « pratique », celle qui a recentré les différents arts de l'existence autour du déchiffrement de soi, des procédures de purification et des combats contre la concupiscence. Du coup, ce qui s'est trouvé placé au cœur de la problématisation de la conduite sexuelle, ce fut non plus le plaisir avec l'esthétique de son usage, mais le désir et son herméneutique purificatrice.

Ce changement sera l'effet de toute une série de transformations. De ces transformations en leurs débuts, avant même le développement du christianisme, on a le témoignage dans la réflexion des moralistes, des philosophes et des médecins aux deux premiers siècles de notre ère.

INDEX DES TEXTES CITÉS[1]

ANTIPHON,

Discours, texte établi et traduit par L. Gernet, Collection des universités de France (C.U.F.).
Pp. 77-78.

APULÉE,

Les Métamorphoses, traduction par P. Grimal, Paris, Gallimard, La Pléiade, 1963.
P. 25.

ARÉTÉE DE CAPPADOCE,

Traité des signes, des causes et de la cure des maladies aiguës et chroniques, texte dans le *Corpus Medicorum Graecorum*, II, Berlin, 1958 ; traduction par L. Renaud, Paris, 1834.
P. 22.

ARISTOPHANE,

Les Acharniens, texte établi par V. Coulon et traduit par H. Van Daele (C.U.F.).
P. 211.

L'Assemblée des femmes, texte établi par V. Coulon et traduit par H. Van Daele (C.U.F.).
P. 242.

Les Cavaliers, texte établi par V. Coulon et traduit par H. Van Daele (C.U.F.).
P. 242.

Les Thesmophories, texte établi par V. Coulon et traduit par H. Van Daele (C.U.F.).
Pp. 26, 211.

ARISTOTE,

De l'âme, texte établi par A. Jannone, traduit et annoté par E. Barbotin (C.U.F.).
Pp. 58, 151.

1. Ma reconnaissance va à la Bibliothèque du Saulchoir et à son directeur. Je remercie Nicole et Louis Évrard, ainsi qu'Hélène Monsacré dont l'aide m'a été précieuse pour la mise au point de ce livre.

Éthique à Eudème, texte et traduction par H. Rackham (Loeb classical Library).
P. 49.

Éthique à Nicomaque, texte et traduction par H. Rackham (Loeb classical Library) ; traduction française par R.-A. Gauthier et J.-Y. Jolif, Louvain-Paris, 1970.
Pp. 49-50, 53-55, 58-62, 75-78, 81-82, 88, 99, 101, 196-197, 200.

De la génération des animaux, texte et traduction par P. Louis (C.U.F.).
Pp. 56, 58, 63, 134, 148-149, 151-152.

De la génération et de la corruption, texte et traduction par Ch. Mugler (C.U.F.).
P. 151.

Histoire des animaux, texte et traduction par P. Louis (C.U.F.).
Pp. 51, 55-56, 63, 69.

Les Parties des animaux, texte et traduction par P. Louis (C.U.F.).
P. 52.

La Politique, texte et traduction par H. Rackham (Loeb classical Library).
Pp. 24, 94-95, 98, 118, 138-140, 191, 194, 197, 200, 238.

La Rhétorique, texte et traduction par J. Voilquin et J. Capelle, Paris, 1944.
Pp. 64, 225-226.

PSEUDO-ARISTOTE,

Économique, texte et traduction par A. Wartelle (C.U.F.).
Pp. 194-196, 201.

Problèmes, texte et traduction par W. S. Hett (Loeb classical Library).
Pp. 50, 56, 126, 131, 134-135, 140, 150.

Sur la stérilité, texte et traduction par P. Louis, t. III de l'*Histoire des animaux* (C.U.F.).
Pp. 55, 161.

AUBENQUE, P.,

La Prudence chez Aristote, Paris, P.U.F., 1963.
P. 68.

AUGUSTIN, saint,

Les Confessions, texte établi par M. Skutella et traduit par E. Trehorel et G. Bouisson, in *Œuvres*, t. XIII, Paris, 1962.
P. 49.

AULU-GELLE,

Les Nuits attiques, texte et traduction par R. Macache (C.U.F.).
P. 142.

BOSWELL, J.,

Christianity, Social Tolerance, and Homosexuality, Chicago, 1980.
P. 252.

BRISSON, L.,

Article « Éros » du *Dictionnaire des mythologies*, Paris, Flammarion, 1981.
P. 253.

BUFFIÈRE, F.,

Éros adolescent. La pédérastie dans la Grèce antique, Paris, Les Belles Lettres, 1980.
Pp. 211, 214-215, 218, 242.

CLÉMENT D'ALEXANDRIE,

Le Pédagogue, texte et traduction par M. Harl, Paris, Éd. du Cerf, 1960.
P. 143.

DAUVERGNE, H.,

Les Forçats, Paris, 1841.
P. 25.

DÉMOSTHÈNE,

Contre Nééra, texte et traduction par L. Gernet (C.U.F.).
Pp. 159, 162.

Eroticos, texte établi et traduit par R. Clavaud (C.U.F.).
Pp. 70, 226-234.

DIOCLÈS,

Du Régime, in ORIBASE, *Collection médicale*, t. III, texte établi et traduit par U. Bussemaker et Ch. Daremberg, Paris, 1858.
Pp. 124, 126, 128-130, 134-135.

DIOGÈNE LAËRCE,

Vie des Philosophes, texte et traduction par R. D. Hicks (Loeb classical Library) ; traduction française par R. Genaille, Paris, Garnier-Flammarion, 1965.
Pp. 54, 58, 60, 64-65, 81-82, 86, 93, 99, 134, 147, 162, 208, 242, 244.

DION DE PRUSE,

Discours, texte et traduction par J. W. Cohoon (Loeb classical Library).
Pp. 25, 54.

DOVER, K. J.,

« Classical Greek Attitudes to Sexual Behaviour », *Arethusa*, 6, 1973.
P. 43.

Greek Popular Morality in the Time of Plato and Aristotle, Oxford, 1974.
Pp. 43, 48.

Greek Homosexuality, Londres, 1978 ; traduction française par S. Saïd : *Homosexualité grecque*, Grenoble, 1982.
Pp. 43, 48, 209, 217, 221, 232, 240, 245.

DUBY, G.,

Le Chevalier, la Femme et le Prêtre, Paris, Hachette, 1981.
P. 29.

ÉPICTÈTE,

Entretiens, texte et traduction par J. Souilhé (C.U.F.).
P. 25.

ESCHINE,

Contre Timarque, texte et traduction par V. Martin et G. de Budé (C.U.F.).
Pp. 216, 218, 227, 239-241.

EURIPIDE,

Ion, texte et traduction par L. Parmentier et H. Grégoire (C.U.F.).
P. 182.

Médée, texte et traduction par L. Méridier (C.U.F.).
P. 182.

FLANDRIN, J.-L.,

Un Temps pour embrasser, Paris, Éd. du Seuil, 1983.
P. 131.

FRAISSE, J.-Cl.,

Philia, la notion d'amitié dans la philosophie antique, Paris, Vrin, 1974.
Pp. 200, 222.

FRANÇOIS DE SALES,

Introduction à la vie dévote, texte établi et présenté par Ch. Florisoone (C.U.F.).
P. 23.

HADOT, P.,

Exercices spirituels et philosophie antique, Paris, « Études augustiniennes », 1981.
P. 264.

HIPPOCRATE,

L'Ancienne Médecine, texte et traduction par A.-J. Festugière, Paris, 1948 ; New York, 1979.
P. 113.

Aphorismes, texte et traduction par W. H. S. Jones (Loeb classical Library).
P. 126.

Épidémies, texte et traduction par W. H. S. Jones (Loeb classical Library).
Pp. 115, 136.

De la génération, texte et traduction par R. Joly (C.U.F.).
Pp. 143-147.

Maladies II, texte et traduction par J. Jouanna (C.U.F.).
P. 135.

De la nature de l'homme, texte et traduction par W. H. S. Jones (Loeb classical Library).
Pp. 124, 126.

Du régime, texte et traduction par R. Joly (C.U.F.).
Pp. 117, 120, 125-131, 133.

Du régime salubre, texte et traduction par W. H. S. Jones (Loeb classical Library).
P. 124.

Le Serment, texte et traduction par W. H. S. Jones (Loeb classical Library).
P. 57.

ISOCRATE,

À Nicoclès, texte et traduction par G. Mathieu et E. Brémond (C.U.F.).
P. 193.

Nicoclès, texte et traduction par G. Mathieu et E. Brémond (C.U.F.).
Pp. 24, 78, 95, 167, 189-193.

Joly, H.,

Le Renversement platonicien, logos, epistēmē, polis, Paris, Vrin, 1974.
Pp. 107, 265.

Lacey, W. K.,

The Family in Classical Greece, Ithaca, 1968.
P. 166.

Leski, E.,

« Die Zeugungslehre der Antike », *Abhandlungen der Akademie der Wissenschaften und Literatur*, XIX, Mayence, 1950.
P. 43.

Lucien (Pseudo-),

Les Amours, texte et traduction par M. D. MacLeod (Loeb classical Library).
P. 50.

Lysias,

Sur le meurtre d'Ératosthène, texte et traduction par L. Gernet et M. Bizos (C.U.F.).
P. 163.

Manuli, P.,

« Fisiologia e patologia del feminile negli scritti hippocratici », *Hippocratica*, Paris, 1980.
P. 56

North, H.,

Sophrosyne. Self-Knowledge and Self-Restraint in Greek Literature, « Cornell Studies in Classical Philology », XXXV, Ithaca, 1966.
Pp. 75-76.

Paul d'Égine,

Chirurgie, traduction par R. Briau, Paris, 1855.
Pp. 124, 129.

Philostrate,

Vie d'Apollonius de Tyane, traduction par P. Grimal, Paris, Gallimard, La Pléiade, 1963.
P. 27.

Platon,

Alcibiade, texte et traduction par M. Croiset (C.U.F.).
P. 85.

Le Banquet, texte et traduction par L. Robin (C.U.F.).
Pp. 27, 53, 58, 61, 65, 70, 151, 209, 212, 216, 220, 229, 245-246, 253-256, 258-260, 264, 267.

Charmide, texte et traduction par A. Croiset (C.U.F.).
P. 215.

Euthydème, texte et traduction par L. Méridier (C.U.F.).
P. 214.

Gorgias, texte et traduction par A. Croiset (C.U.F.).
Pp. 53, 67, 75, 78, 85, 95, 104, 210.

Lettres, texte et traduction par J. Souilhé (C.U.F.).
  Pp. 78, 80.

Les Lois, texte et traduction par É. des Places et A. Diès (C.U.F.).
  Pp. 53-54, 59-60, 68, 75, 77-81, 83-84, 87, 89, 101, 121, 136-140, 150-153, 161, 185-188, 208, 244, 268.

Phèdre, texte et traduction par L. Robin (C.U.F.).
  Pp. 26, 53, 60, 78, 80, 102, 221, 245, 251, 258-263, 267-268.

Philèbe, texte et traduction par A. Diès (C.U.F.).
  Pp. 52, 59, 142.

Le Politique, texte et traduction par A. Diès (C.U.F.).
  P. 58.

Protagoras, texte et traduction par A. Croiset (C.U.F.).
  Pp. 78, 220.

La République, texte et traduction par E. Chambry (C.U.F.).
  Pp. 50, 53, 55, 58-61, 63, 67, 72, 75, 78, 80-84, 86-87, 89, 93-94, 100, 104, 114, 118-120, 138, 207-208.

Timée, texte et traduction par A. Rivaud (C.U.F.).
  Pp. 54, 59-60, 115, 119, 122, 148.

PSEUDO-PLATON,

Les Rivaux, texte et traduction par J. Souilhé (C.U.F.).
  Pp. 116, 221.

PLINE L'ANCIEN,

Histoire naturelle, texte et traduction par J. Beaujeu (C.U.F.).
  P. 23.

PLUTARQUE,

Propos de table, texte et traduction par F. Fuhrmann (C.U.F.).
  P. 69.

Vie de Caton le Jeune, texte et traduction par R. Flacelière et E. Chambry (C.U.F.).
  P. 24.

Vie de Solon, texte et traduction par E. Chambry, R. Flacelière, M. Juneaux (C.U.F.).
  P. 162

POLYBE,

Histoires, texte et traduction par R. Weil et Cl. Nicolet (C.U.F.).
  Pp. 63-64.

POMEROY, S.,

Goddesses, Whores, Wives and Slaves. Women in Classical Antiquity, New York, 1975.
  P. 163.

PORPHYRE,

Vie de Pythagore, texte et traduction par É. des Places (C.U.F.).
  P. 117.

ROMILLY, J. de,

La Loi dans la pensée grecque des origines à Aristote, Paris, Les Belles Lettres, 1971.
  P. 64.

RUFUS D'ÉPHÈSE,

Œuvres, texte et traduction par Ch. Daremberg et Ch.-E. Ruelle, Paris, 1878.
P. 58.

SÉNÈQUE LE RHÉTEUR,

Controverses et suasoires, traduction par H. Bornecque, Paris, Garnier, 1932.
P. 25.

SMITH, W. D.,

« The Development of Classical Dietetic Theory », *Hippocratica*, Paris, 1980.
P. 124.

VAN GULIK, R.,

La Vie sexuelle dans la Chine ancienne, traduction française par L. Évrard,
Paris, Gallimard, 1971.
Pp. 154, 159

VERNANT, J.-P.,

Mythe et pensée chez les Grecs, Paris, Maspero, 1966.
P. 175.

XÉNOPHON,

Agésilas, texte et traduction par E. C. Marchant (Loeb classical Library) ; traduction française par P. Chambry, Paris, Garnier-Flammarion, 1967.
Pp. 27, 53, 71.

Anabase, texte et traduction par C. L. Brownson et O. J. Todd (Loeb classical
Library) ; traduction française par P. Chambry, Paris, 1967.
Pp. 53, 210, 220.

Le Banquet, texte et traduction par C. L. Brownson et O. J. Todd (Loeb classical Library) ; traduction française par P. Chambry, Paris, 1967.
Pp. 55, 65, 164, 166, 209-210, 221-223, 225, 245-246, 256-257.

La Cyropédie, texte et traduction par M. Bizos et É. Delebecque (C.U.F.).
Pp. 69, 75, 95, 105, 208.

Économique, texte et traduction par P. Chantraine (C.U.F.).
Pp. 83, 88, 97, 161, 169-183.

Hiéron, texte et traduction par E. C. Marchant et G. W. Bowersock (Loeb classical Library) ; traduction française par P. Chambry, Paris, 1967.
Pp. 56, 59, 71, 77, 181, 219, 245.

Les Mémorables, texte et traduction par E. C. Marchant (Loeb classical Library) ; traduction française par P. Chambry, Paris, 1967.
Pp. 48, 50, 53, 61, 66-68, 70, 72, 78, 84-85, 91, 93, 100-101, 117, 123, 171,
257.

La République des Lacédémoniens, traduction française par P. Chambry, Paris,
1967.
Pp. 139, 257.

DU MÊME AUTEUR

Aux Éditions Gallimard

HISTOIRE DE LA FOLIE À L'ÂGE CLASSIQUE

RAYMOND ROUSSEL

LES MOTS ET LES CHOSES

L'ARCHÉOLOGIE DU SAVOIR

L'ORDRE DU DISCOURS

MOI, PIERRE RIVIÈRE, AYANT ÉGORGÉ MA MÈRE, MA SŒUR ET MON FRÈRE... *(ouvrage collectif)*

SURVEILLER ET PUNIR

HERCULINE BARBIN DITE ALEXINA B.

LE DÉSORDRE DES FAMILLES *(en collaboration avec Arlette Farge)*

HISTOIRE DE LA SEXUALITÉ
   I. LA VOLONTÉ DE SAVOIR.
  II. L'USAGE DES PLAISIRS.
 III. LE SOUCI DE SOI.

Chez d'autres éditeurs

NAISSANCE DE LA CLINIQUE : UNE ARCHÉOLOGIE DU REGARD MÉDICAL (P.U.F.).

LES MACHINES À GUÉRIR *(ouvrage collectif)*. (Éditions Mardaga).

BIBLIOTHÈQUE DES HISTOIRES

Volumes publiés

BIBLIOTHÈQUE ILLUSTRÉE DES HISTOIRES

MICHAEL BAXANDALL : *L'Œil du Quattrocento.*
RENÉ DE BERVAL : *Présence du Bouddhisme.*
ANDRÉ CHASTEL : *Le Sac de Rome, 1527.*
DAVID S. LANDES : *L'heure qu'il est.*
MICHEL VOVELLE : *La Mort et l'Occident de 1300 à nos jours.*
OUVRAGE COLLECTIF (sous la direction de Pierre Nora) :
   Les Lieux de mémoire, I : *La République.*
   Les Lieux de mémoire, II : *La Nation* (3 volumes).

*Composé par SEP 2000 à Paris
et achevé d'imprimer
par l'Imprimerie Floch à Mayenne
le 10 mars 1988.
Dépôt légal : mars 1988.
1er dépôt légal : avril 1984.
Numéro d'imprimeur : 26509.*

ISBN 2-07-070056-9 / Imprimé en France.